Inhaltsverzeichnis

Vorwort

„Für Aufsätze kann man nicht lernen, entweder das Talent ist einem angeboren oder nicht ..." – Glaubst du das etwa? Diese Aussage spukt zwar in vielen Schülerköpfen, ist aber einfach falsch. **Jede Aufsatzform hat bestimmte Merkmale und Regeln, die man lernen und beachten muss.** Außerdem kann auch das richtige Lesen und Formulieren geübt werden.

Und genau dabei möchte dir (und deinen Eltern) dieses Buch helfen. Die Lernhilfe bietet dir zunächst eine **Einführung** in jede Aufsatzform, damit die Grundidee klar wird. Dann folgen zahlreiche **Übungen** (natürlich mit **Lösungen** im Anhang) mit unterschiedlich schweren Texten. Die Ergebnisse werden immer wieder in **Checklisten und Infoboxen** zusammengefasst, so dass du auch schnell etwas nachschlagen kannst. Außerdem findest du in diesem Buch an vielen Stellen **Beispiele aus Schüleraufsätzen**, die zum Teil sehr gelungen sind, die zum Teil aber auch typische Fehler aufzeigen, aus denen man sehr viel für sich lernen kann.

Der Inhalt des Buches folgt den **neuen Lehrplänen**, hier wird besonders der steigenden Bedeutung von **Sachtexten** Rechnung getragen, die in zwei Kapiteln bearbeitet werden. Auch die recht neuen Aufgabenstellungen zur **Auswertung von Diagrammen und Statistiken** werden in einem Kapitel geübt. Natürlich kommt aber auch der Umgang mit **fiktionaler Literatur** nicht zu kurz: Hier gibt es Kapitel zu **Kurzgeschichten, Romanen, Dramen, Novellen und Gedichten.** Bei Romanen, Dramen und Novellen wurden jeweils zwei Werke ausgewählt, das eine auf dem Niveau der Klasse 9, das zweite auf dem der Klasse 10. Die Aufgaben in diesem Buch sind alle so gestaltet, dass die Textkenntnis der abgedruckten Auszüge ausreicht.

Viele **Techniken aus den Klassen 7 und 8**, so z. B. das Schreiben einer Inhaltsangabe, werden in diesem Band nochmals wiederholt und vertieft.

Durch die Einteilung der Aufsatzformen in kleine Bausteine kannst du mit der vorliegenden Lernhilfe auf zwei Arten arbeiten. Entweder arbeitest du ein ganzes Kapitel der Reihe nach durch, wenn diese Aufsatzform in der Schule gerade „dran" ist. Oder du bearbeitest nur einzelne Teile eines Kapitels, weil du merkst, dass dieser Teil dir noch Schwierigkeiten bereitet. Wenn du also z. B. mit

Kurzgeschichten gut zurechtkommst, allerdings noch nicht genau verstanden hast, was eine Erzählperspektive ist, bearbeitest du nicht das gesamte Kapitel 10, sondern gehst sofort zu Kapitel 10.3.

Ich wünsche dir viel Erfolg bei den einzelnen Übungen, aber auch viel Spaß beim Lernen, denn damit geht bekanntlich alles besser!

Legende
Diese Logos helfen dir, dich besser im Übungsbuch zurechtzufinden.

Lesetext Info Übung

► Querverweis auf Lösungen

In der **Reihe Königs Lernhilfen – Wie schreibe ich einen Aufsatz?** sind ebenfalls erschienen:
Wie schreibe ich einen Aufsatz? Klasse 5 und 6
Wie schreibe ich einen Aufsatz? Klasse 7 und 8

Außerdem gibt es noch eine interessante Reihe mit **Musteraufsätzen,** die mittlerweile auch für alle Jahrgangsstufen vom Eintritt ins Gymnasium bis zum Deutsch-Abitur erhältlich sind.

1. Bewerbungsschreiben und Lebenslauf

1.1 Die Bedeutung der Bewerbungsmappe

Lesetext

Immobilien Heintze

Wir bilden aus!!!

Unser junges, aufstrebendes Unternehmen ist auf Expansionskurs. Deshalb möchten wir ab dem 01.01.20.. eine Ausbildungsstelle zum / zur

Immobilienkaufmann/-frau

besetzen.

Wir bieten:

- einen modernen Ausbildungsberuf
- abwechselungsreiche Tätigkeiten
- ein gutes und lockeres Arbeitsklima

Wir suchen:

- Stressresistenz und Engagement
- Zuverlässigkeit
- einen guten Schulabschluss
- ein gepflegtes Erscheinungsbild
- Geschick im Umgang mit Menschen

Senden Sie Ihre aussagekräftigen Bewerbungsunterlagen an:
Immobilien Heintze
Hoher Steinweg 79
60431 Frankfurt a.M.

Laura liest diese Anzeige und telefoniert sogleich mit ihrer Freundin Susanne.

LAURA: Du, da ist eine Anzeige in der Zeitung mit einer Ausbildungsstelle, die mich interessiert. Es geht um den Beruf der Immobilienkauffrau, da habe ich bei der Berufsberatung schon einiges von erfahren. Außerdem klingt die Anzeige locker und freundlich. Ich glaube, ich bewerbe mich mal.

SUSANNE: Super, aber weißt du wie das geht? Ich glaube, man darf nicht einfach irgendwie einen Brief schreiben?

LAURA: Ja, ich denke ich sollte am Computer schreiben und auch ein Passfoto machen, aber so genau weiß ich das auch nicht....

Laura und Susanne ahnen schon ganz richtig, dass die Bewerbungsunterlagen nach ganz bestimmten „Spielregeln" erstellt werden müssen. Diese einzuhalten ist ganz wichtig, da die Bewerbung bzw. die Bewerbungsmappe, die du beim Unternehmen einreichst, der erste Eindruck ist, den du beim zukünftigen Arbeitgeber machst. Du willst mit dieser Mappe Werbung für deine eigene Person machen.

Im vorliegenden Kapitel erfahrt ihr die grundlegenden Regeln, wie eine Bewerbungsmappe zusammengestellt wird.

Was gehört in eine Bewerbungsmappe?

- **das persönliche Anschreiben / das Bewerbungsschreiben (vgl. Kapitel 1.2)**
- **der Lebenslauf (vgl. Kapitel 1.3)**
- **ein gutes Passfoto**
- **Kopien der letzten Zeugnisse**
- **ggf. Zertifikate, Praktikumsbescheinigungen oder Hinweise auf ehrenamtliche Tätigkeiten**

Übung 1

Überlege dir, wie die einzelnen Teile deiner Bewerbungsmappe wohl aussehen müssen, damit du die Ausbildungsstelle oder den Arbeitsplatz sicher **nicht** bekommst.
Lege einen Stichwortzettel an.
▶ Lösung Seite 167

1.2 Das Bewerbungsschreiben

Übung 2

Versetze dich in die Situation des Immobilienmaklers Heintze (s. Stellenanzeige auf Seite 9). Was möchte er gerne über Laura erfahren? Welche Informationen braucht er, um zu entscheiden, ob er sie zu einem Vorstellungsgespräch einladen möchte?
Schreibe Stichworte auf.
▶ Lösung Seite 167

Übung 3

Laura hat am Computer das folgende Anschreiben erstellt. Sie bittet ihre Freundin Susanne es nochmals durchzuschauen. Susanne ist noch nicht zufrieden, was ist Susanne alles aufgefallen? Markiere die Stellen, die Susanne aufgefallen sein könnten.

▶ Lösung Seite 167

Laura Linke
Am Weiher 32
60123 Frankfurt a.M.
Tel.: (069) 1234567

Immobilien Heintze
Hoher Steinweg 79
60431 Frankfurt a.M.

Sehr geehrte Damen und Herren,
in den Frankfurter Neuen Nachrichten vom 13.12.20.. las ich in Ihrer Anzeige, dass Sie zur Immobilienkauffrau ausbilden. Da ich im nächsten Sommer voraussichtlich die Schule mit dem Realschulabschluss verlasse, würde ich gerne eine Ausbildung in Ihrem Unternehmen beginnen.

Über die Möglichkeit, mich Ihnen persönlich vorstellen zu dürfen, würde ich mich sehr freuen.

Das Bewerbungsschreiben

Ein Bewerbungsschreiben wird an der Schreibmaschine oder am PC geschrieben werden, nur auf besonderen Hinweis der Firma schreibt man es von Hand. Es sollte eine DIN A4-Seite nicht überschreiten, das Papier ist unliniert und natürlich muss der Text fehlerfrei, ohne nachträgliche Korrekturen sein. Das Anschreiben besteht aus standardisierten Teilen. Dies sind:

- Absender
- Datum
- Anschrift
- Betreffzeile
- Anrede
- Einleitung
- Argumente (Begründung: warum bin ich der richtige Bewerber?)
- Bitte um Einladung
- Grußformel

- Unterschrift (handschriftlich)
- Hinweis auf die Anlagen

Übung

Übung 4

Versuche, mit Hilfe der oben stehenden Info-Box Lauras Anschreiben nochmals zu schreiben.
Tipp: Falls du diese Übung am PC erledigst, kannst du dich mit verschiedenen Einstellungen (rechts-/linksbündig, Fettdruck,...) vertraut machen.

▶ Lösung Seite 167 f.

Übung

Übung 5

Stelle dir vor, du möchtest dich auf die folgende Stellenanzeige aus dem „Glückshafener Boten" vom 15.12.20.. bewerben. Erstelle das Anschreiben! Achte besonders darauf, das du auf die Anforderungen, die die Anzeige an dich stellt, eingehst.

▶ Lösung Seite 168 f.

Lesetext

HAIR 4U

Schule aus – was nun?
Sie arbeiten gerne mit Menschen?
Sie sind kontaktfreudig und behalten auch in stressigen Situationen einen klaren Kopf?
Sie möchten kreativ sein und sich entfalten dürfen?

Dann kommen Sie zu uns!
Wir suchen zum 01.09.20.. **einen Auszubildenden / eine Auszubildende als Friseur / Friseurin.**
Wir freuen uns auf Ihre Bewerbung!

Haarstudio Hair4U
Marktstraße 17
12345 Glückshafen

1.3 Der Lebenslauf

Du hast den Lebenslauf im Kapitel 1.1 als einen Bestandteil der Bewerbungsmappe kennen gelernt. Zumeist erstellt man den Lebenslauf heute tabellarisch, damit er für den Leser übersichtlich ist. Einen ausführlichen Lebenslauf (also einen fortlaufenden Text) schreibt man nur, wenn er in der Bewerbung ausdrücklich gefordert wird.

Übung 6

Laura, die dir in den vorangegangenen Teilkapiteln begegnet ist, hat einen guten Lebenslauf geschrieben. Welche Informationen und Daten stellt sie zusammen?

▶ Lösung Seite 169

Lebenslauf

Name:	Laura Linke Anschrift: Am Weiher 32 60123 Frankfurt a.M. Telefon: (069) 1234567 Handy: (0109)1234567 E-Mail: Laura92@iii.de
Geburtsdatum:	04.10.1992
Geburtsort:	Frankfurt a.M.
Staatsangehörigkeit:	deutsch
Eltern:	Peter Linke, Grundschullehrer Melanie Linke, Industriekauffrau
Geschwister:	ein Bruder (9 Jahre)
Schulausbildung:	1998–2002 Grundschule seit 2002 Realschule Juni 20.. voraussichtlich Realschulabschluss
Praktikum:	02.05.–02.06.2007 Sparkasse Rüsselsheim
Lieblingsfächer:	Mathematik, Erdkunde
Besondere Kenntnisse:	PC-Kenntnisse (Word, Excel, Internet)
Hobbies:	Geräteturnen, Leitung einer Kinderturngruppe

Frankfurt a.M., den 14.12.20.. Laura Linke

Übung

Übung 7

Erstelle nun deinen eigenen Lebenslauf!
Tipp: Speichere ihn im PC ab, sicherlich wirst du ihn irgendwann benutzen können.
▶ Lösung Seite 169

Einige weitere Tipps

- Banken und Krankenkassen halten in der Regel hilfreiche Broschüren über gelungene Bewerbungen bereit. Mit diesen Heften kannst du dich dann auch auf Bewerbungsgespräche vorbereiten.
- Verschicke immer Kopien in der Anlage (z.B. von deinen Zeugnissen) nie Originale.
- Die „Verpackung" deiner Bewerbung hinterlässt einen wichtigen ersten Eindruck. In Schreibwarengeschäften findest du sehr ansprechende DIN-A4-Klarsicht-Klemm-Mappen. Das Anschreiben muss unbedingt oben in der Mappe liegen bzw. abgeheftet sein.

2. Umgang mit Sachtexten I: die Sachtextanalyse

2.1 Funktionen von Sach- und Gebrauchstexten

Übung 1

Lies die beiden Texte, in denen jeweils etwas zum Thema „Lesen" steht! Welche Unterschiede erkennst du? In welchem Buch sind die beiden Texte wohl abgedruckt?

▶ Lösung Seite 169

Text 1

Mein Vater hat mir dieses Buch beim letzten Heimfahrtwochenende gegeben. Es riecht noch ziemlich frisch. Ein schöner Geruch. Auf dem roten Titelblatt ist ein alter Mann abgebildet. Er legt den Arm um einen kleinen Jungen. An der Seite fährt ein großer Balken mit der Aufschrift *Nobelpreis* ins Bild. Dieses Buch muss prämiert worden sein. Keine Ahnung, wie dieser Preis einzuordnen ist. Aber darum geht es mir auch nicht. Rechts an der Seite heißt es in weißer, dicht gedrängter Schrift: Der alte Mann und das Meer von Ernest Hemingway. Ein toller Titel, finde ich. Der schmeckt gleich nach etwas. Man möchte sofort lesen. Und das tue ich auch. Langsam schlage ich das Buch auf. (...) Die Buchstaben und Sätze fliegen mir zu. Es ist ein schönes Buch. Jeder Ausdruck, jede Bemerkung trifft in mein Herz. Schon früh habe ich Tränen in den Augen.

Text 2

Wie eine Studie der Stiftung Lesen zeigt, besteht auch bei den 14- bis 19-Jährigen wenig Anlass, generell von einem Rückgang des Leseinteresses zu sprechen, zumal Lesen prinzipiell für die Schule notwendig ist. Veränderungen ergeben sich vor allem in den Lesestilen/-qualitäten. So sagen jetzt mit 30 Prozent dreimal so viele Jugendliche wie noch vor zehn Jahren, dass sie Texte oft nur überfliegen und sich das Wichtigste herauspicken. Auch die Zahl derjenigen, die Bücher in kleinen Portionen lesen, ist in diesem Zeitraum deutlich gewachsen.

Was ist ein Sachtext?

Texte kann man in zwei verschiedene Gruppen aufteilen: fiktionale Texte und nichtfiktionale Texte.

Fiktionale Texte sind frei erfunden, der Autor denkt sich eine eigene Welt (z.B. Personen, Orte, ...) aus. Romane (z.B. der Roman „Crazy" von Benjamin Lebert), Erzählungen, Gedichte und Kurzgeschichten sind fiktionale Texte.

Nichtfiktionale Texte heißen auch Gebrauchs- oder Sachtexte. Der Autor denkt sich keine eigene Welt aus, sondern berichtet über die Wirklichkeit. So sind z.B. alle Zeitungsartikel, alle Lexikoneinträge oder auch Artikel in Geschichtsbüchern Sachtexte. Alle Ereignisse und Personen in diesen Texten existieren wirklich. Nichtfiktionale Texte wollen uns zumeist über **etwas informieren, etwas erklären, etwas mitteilen, das Denken und Erinnern unterstützen, auf etwas aufmerksam machen,...**

2.2 Einen Text markieren und einen Gedankengang grafisch veranschaulichen

Übung

Übung 2

Lukas hat sich seit langer Zeit angewöhnt, Text immer mit dem Bleistift in der Hand zu lesen. Lies den folgenden Sachtext und schaue dir an, wie Lukas ihn bearbeitet hat.
Welche Mittel, Zeichen, Abkürzungen setzt Lukas ein? Was bedeuten sie?
Wieso helfen die Markierungen Lukas bei der Bearbeitung des Textes?
► Lösung Seite 169

Lesetext

Martin Walser

Warum liest man überhaupt?

Eigene Haltung

Weil die Großmutter aufgehört hat zu erzählen; sei es, weil sie tot oder sich endgültig vor dem Fernsehapparat eingerichtet hat. Warum richte ich mich nicht auch endgültig vor dem Fernsehapparat ein? Weil es mir auf die Dauer zu anstrengend ist, so passiv zu sein. Ist das nur eine Papierblüte, dass das Passivsein, also das Nichtstun anstrengend sei, oder steckt etwas dahinter? ?

Bewusstsein und Lesen

Wenn das Bewusstsein oder die Seele oder der Geist – egal, wie wir unsere innere Unruhe nennen –, wenn diese imaginäre Wesensmilch längere Zeit nicht selber brodeln darf, wird sie sauer. Unser Bewusstseinsseelengeist will ja selber ein Film sein, der andauernd läuft, und er geht einfach ein, wenn er längere Zeit bloß dem Beschluss oder Genuss fix und fertiger Filme ausgesetzt ist. Wird also die Seele oder das Bewusstsein beim Lesen aktiver als beim Filmanschauen? Ja, weil das Geschriebene unfertig ist und von jedem Leser erst zum Leben erweckt und dadurch vollendet werden muss; kein bisschen anders als die Notenschrift des Komponisten durch den Sänger, den Pianisten und so weiter. Der Leser ist vergleichbar eher dem, der musiziert, als dem, der Musik hört. Der Leser braucht die gleichen Voraussetzungen, die der Musizierende braucht. Ich spreche nicht von Bildungsquanten. Wie klänge ein Schubert-Lied, wenn der, der es singt, nichts hätte als eine Stimme und eine Ausbildung, von dem Unerträglichen aber, gegen das diese Lieder geschrieben wurden, hätte er keine Ahnung! So wenig genügt es, lesen gelernt zu haben, um Kafka lesen zu können. Wer zum Beispiel unter Umständen lebt, die ihn über seine Lage hinwegtäuschen, liest nicht. Wer glaubt, nichts mehr zu fürchten und nichts mehr zu wünschen zu haben, kann ganz sicher keinen Kafka mehr lesen. Wer zum Beispiel glaubt, er sei an der Macht, er sei oben, er sei erstklassig, er sei gelungen, er sei vorbildlich, wer also zufrieden ist mit sich, der hat aufgehört, ein Leser zu sein. Der geht wahrscheinlich in die Oper. Wer aber noch viel zu wünschen und noch mehr zu fürchten hat, der liest.

Geschriebenes und Lesen

Vergleich mit Musik

Wer nicht mehr liest! Beispiele

!!!

Übung 3

Überprüfe nun, ob du den – zugegebenermaßen nicht ganz leichten Text – verstanden hast, indem du folgende Fragen schriftlich und mit eigenen Worten beantwortest:

- Welche Gründe kann es haben, dass Großmütter heute nicht mehr erzählen?
- Wie unterscheidet sich Fernsehen vom Lesen?
- Erläutere den Vergleich zwischen dem Hören von Musik und dem Lesen?
- Was bedeutet der letzte Satz des Auszugs „Wer also noch viel zu wünschen und noch mehr zu fürchten hat, der liest."?

▶ Lösung Seite 170

Übung

Übung 4

Lies den folgenden Text „Warum ich chatte" mit einem Bleistift in der Hand: unterstreiche, markiere und mache Randnotizen! (Tipp: Lies zunächst den Infokasten am Ende dieses Teilkapitels.) Kläre auch alle dir unbekannten Begriffe mit Hilfe eines Wörterbuchs.

▶ Lösung Seite 170

Übung

Lesetext

Fredrika Gers

Warum ich chatte

Seit ich es 1987 endlich zu einem PC gebracht habe, bin ich fast jeden Abend online. (...)

Im Cyberspace laufen wirklich die nettesten Männer frei herum. Nette Frauen auch, aber leider immer noch viel zu wenig. Für mich hat das natürlich den Vorteil, immer Henne im Korb zu sein. (Hallo Frauen, dies war jetzt ein offizieller Geheimtipp, verdammt noch mal!)

In der Disko entscheidet ein kurzer Blick, ob der Baggerkönig Chancen hat oder nicht. Dabei ist es ganz egal, was er gegen den Lärm anbrüllt. Im Chat ist es genau umgekehrt. Das Aussehen ist zunächst völlig gleichgültig, es geht ausschließlich um Worte – um die getippten Zeilen auf dem Bildschirm. Zu jung, zu alt, falsche Klamotten – sorry, diese Krücken fehlen. Vielleicht ist es das, was manchen Menschen Angst macht: Sie haben keine Angriffsfläche für ihre Vorurteile.

In diesem Medium lernt man Menschen von innen her kennen. Hat der andere was in der Birne? Hat er Humor, welche politischen Ansichten hat er, ist er schnell beleidigt, was bewegt ihn – was für ein Mensch ist er?

Danke für den Zwischenruf, ja ja, es gibt auch Fakes, Leute die sich online total verstellen. Ich habe aber in fast zehn Jahren erst einen einzigen kennen gelernt. Der hat drei Monate durchgehalten und ein paar Computerkids in sich verliebt gemacht.

Die meisten Leute haben keinen derart langen Atem. Außerdem ist es auch nicht sinnvoll, denn beim ersten persönlichen Treffen kommt sowieso alles raus. Wenn der Chatpartner sich beharrlich weigert, zu einem Treffen, selbst mit mehreren Leuten, im unverbindlichen Rahmen zu erscheinen, ist das ein Indiz, dass Schein und Wirklichkeit nicht ganz zusammenpassen. (...)

Vergessen wir die Fakes. Thema Kontaktanbahnung. Genauso wie im wirklichen Leben passieren auch online die besten Sachen, wenn man sie einfach geschehen lässt. Wer sofort nach Betreten des Chats anfängt, alle Personen des anderen beziehungsweise gleichen Geschlechts oder beide wild anzubaggern, hat hier noch weniger Chancen als in der Dorfdisko. Er wird entweder rausgeworfen oder ignoriert. Und dieses Ignorieren geht weit über geflissentliche Nichtbeachtung hinaus. Einfach ignore Harald eintippen und Nachrichten von Harald werden mir gar nicht mehr angezeigt. Ende der Fahnenstange.

Ich sitze da also friedlich, gemütlich und sicher zu Hause bei einem Weißbier und schwatze online per Tastatur mit fünf, sechs Typen, die kreuz und quer über die Republik verstreut sind. Einer hat sich auch aus USA zugeschaltet, um sein Deutsch aufzupolieren. Wir reden über dieses und das, und die Bemerkungen von dem einen Kerl finde ich immer besonders treffsicher und witzig. (...)

Info

Um einen Sachtext richtig erfassen zu können, solltest du dir angewöhnen, ihn zunächst aktiv – also mit einem Bleistift in der Hand – zu lesen:

- Wichtiges unterstreichen (einfach, doppelt)
- Schlüsselwörter markieren (evtl. mit einem Textmarker)
- Einfügen von Zeichen am Ende eines Gedankens / Absatzes
- Stichworte am Rand
- Zeichen am Rand (Def., ?, !, s.o.,...)

Du musst mit der Zeit ein eigenes „Zeichensystem" für dich entwickeln, in dem die Zeichen ganz individuell sind .

Achtung: Die meisten Schüler markieren und unterstreichen zu viel, zwinge dich dazu, sparsam mit dem Textmarker und dem Bleistift umzugehen!

2.3 Die Text- und Inhaltsstruktur erkennen

Übung 5

Übung

Lies nochmals den Text „Warum ich chatte" aus dem letzten Kapitel und schreibe die folgenden Begriffe an die richtige Stelle an den Rand: 5. Argument – Widerlegung eines Gegenarguments – 1. Argument – 2. Argument – Einleitung – 6. Argument – 3. Argument – 4. Argument

▶ Lösung Seite 170

Übung 6

Übung

Ermittle den Aufbau des folgenden Sachtextes! Unterstreiche und markiere dazu zunächst, überlege dann, aus welchen Bausteinen sich der Text zusammensetzt. Schreibe diese an den Rand!

▶ Lösung Seite 170

Lesetext

Gabriele Wohmann
Was hat mich zum Lesen gebracht?
Was hat mich zum Lesen gebracht? Das neugierige Verlangen, in fremde Welten einzutauchen, ziemlich wahllos war ich büchersüchtig.

Da fehlen selbstverständlich im Rückblick Titel und erst recht die Namen der Verfasser. Und ebenso selbstverständlich waren Kinderbücher meine erste Lektüre, denn sobald ich das Lesen gelernt hatte, wurde das Lesen meine wichtigste Passion und, durch die Bücher, das selbständige Weiterphantasieren der Handlung; ein ausgelesenes Buch hat ein Loch in den Lebenszusammenhang gerissen, und sofort, während ich noch ein ausgelesenes Buch in mir selber durchs Weitererfinden verlängerte, musste ich mich in neuen Lesestoff vertiefen. „Lesen wir?" war eine Frage zwischen meiner Schwester, Freundinnen und mir , und zwischen anderem Zeitvertreib hieß immer auch die Antwort: „Ja, wir lesen."

Stets brauchten wir Vorrat, und dauernd wurde Vorrat verbraucht. „Die Kinder am Meer" – ein Lieblingsbuch, mit dessen Personen ich in einer Extra-Welt lebte – aber wer hat es überhaupt geschrieben? Ein bisschen Kranksein war schön, denn das Lesen wurde durch nichts unterbrochen. Ich las sehr gerne auch alte UHU-Hefte und ein dickes, altertümliches, interessant bebildertes Astronomiebuch.

Später, als ich etwas älter war, wanderte ich durch die große Bibliothek meines Vaters, speziell auf der Suche nach Literatur, die noch zu schwierig für mich war: wie soll ich diesen Genuss deuten? Als Eitelkeit oder als Erfahrungstrieb? Ach, angenehme Zeiten, als das Lesen noch beides war: Zugriff und Schutz, und zwei Chancen gleichermaßen bot: die Zufuhr von Wirklichkeit, die sich erweiterte, und die Isolation mit der eigenen Phantasie.

Info

Nach dem gründlichen aktiven Lesen eines Sachtextes, muss man sich immer den Aufbau verdeutlichen. Dies gelingt am besten, indem man die Struktur (Einleitung, Argument, Beispiel, Gegenargument, Definition, Zitat, Schluss, ...) mit dem Bleistift an den Rand schreibt.

2.4 Einen Text zusammenfassen: resümieren und paraphrasieren

Übung 7

Stefan und Sibylle hatten folgende Hausaufgabe: „Fasse die Ergebnisse des Textes „Was hat mich zum Lesen gebracht?" zusammen." Im Folgenden sind die beiden Lösungen der Schüler abgedruckt. Wer hat die Aufgabe deiner Meinung nach besser erfüllt? Warum?

▶ Lösung Seite 170

Stefans Hausaufgabe:
In ihrem Text „Was hat mich zum Lesen gebracht?" von Gabriele Wohmann kommt die Autorin zu dem Schluss, dass sie immer schon so gerne gelesen hat, weil dies ihre Phantasie anregt und ihr neue Welten eröffnet. Gleichzeitig hat sie aus dem Lesen aber auch immer sehr viel lernen können über die reale Welt.

Sibylles Hausaufgabe:
In ihrem Text „Was hat mich zum Lesen gebracht?" erzählt die Autorin Gabriele Wohmann, dass sie schon immer sehr viel gelesen hat. Dies hat sie oft mit Freundinnen getan. Auch wenn sie sich heute an viele Titel und Autoren nicht mehr erinnern kann, hat sie immer nach dem Lesen eines Buches gleich mit dem nächsten angefangen. Sie ist beim Lesen in eine Phantasiewelt eingetaucht und hat die Handlung in ihrem Kopf immer weitergesponnen. Sie konnte also neue Welten kennen lernen, die nur in ihrem Kopf entstanden. Später hat sie dann immer häufiger Bücher ihres Vaters gelesen, die oft sehr anspruchsvoll war. Diese Literatur hat ihr die Möglichkeit gegeben, sehr viel Neues auch über die wirkliche, reale Welt zu lernen. Lesen war also auch ein „Erfahrungstrieb", der Wunsch zu lernen und Neues zu erfahren.

Resümieren und paraphrasieren
Sachtexte liest man oft, um daraus bestimmte Erkenntnisse zu gewinnen / Ergebnisse zu erzielen. Fasst man diese **Ergebnisse eines Textes** knapp und präzise zusammen, spricht man vom **Resümieren**. (Stefans Hausaufgabe)

Oft sind Sachtexte aber komplex und für den Leser schwer zu verstehen. Dann kann es auch die Aufgabe für dich als Schüler sein, die Aussagen des Textes mit deinen eigenen Worten zu **erklären**. Bei diesem ausführlichen Erläutern spricht man vom **Paraphrasieren**. (Sibylles Hausaufgabe)

Tipp: Achte bei jeder Aufgabe zu einem Sachtext darauf, ob du die Aussagen des Textes erläutern oder zusammenfassen sollst!

Übung 8

a) Resümiere die Ergebnisse des Textes „Warum liest man überhaupt?“ aus dem Teilkapitel 2.2.
b) Paraphrasiere die zentralen Aussagen dieses Textes.
c) Vergleiche deine beiden Lösungen. Welche Unterschiede stellst du fest?

▶ Lösung Seite 170 f.

Übung 9

a) Resümiere die Ergebnisse des Textes „Warum ich chatte“ aus dem Teilkapitel 2.2.
b) Paraphrasiere die zentralen Aussagen dieses Textes.
c) Vergleiche deine beiden Lösungen. Welche Unterschiede stellst du fest?

▶ Lösung Seite 171

2.5 Aufbau und sprachliche Gestaltung einer Sachtextanalyse

Arbeitsschritte für die schriftliche Analyse eines Sachtextes

1. Text **aktiv** lesen! Wichtige Aussagen / zentrale Schlüsselworte / ... markieren und unterstreichen!
2. Alle unbekannten Begriffe klären (Fremdwörterbuch).
3. Den **Aufbau** des Textes erfassen und auch am Rand mit Stichworten notieren.
4. Die zentralen Aussagen des Textes herausarbeiten und für sich **paraphrasieren** (dann wird für dich auch deutlich, ob du die Aussagen selbst verstanden hast).
5. Die **Ergebnisse** des Textes resümieren.
6. Es kann sehr viele weitere Schritte geben, dies kann z.B. sein: Intention (Aussageabsicht eines Textes) erschließen, sprachliche Gestaltung untersuchen, zu den Aussagen kritisch Stellung nehmen,...

Übung 10

Führe die ersten fünf Arbeitsschritte für den folgenden Auszug aus einem Interview mit dem Schriftsteller Günter Grass durch. Vergleiche die Kritik des Autors mit deinen eigenen Unterrichtserfahrungen! (Diese Aufgabe kannst du entweder knapp beantworten oder du orientierst dich an dem Schema der textgebundenen Erörterung in Kapitel 5.6.)

▶ Lösung Seite 171 f.

Übung

Günter Grass

„Interpretationssucht" statt „Lust am Lesen"

Lesetext

Auszug aus einem Interview

FRAGE: Wie schätzen Sie die Rolle zeitgenössischer Literatur in der Schule ein? Haben Sie Kenntnisse aus eigener Anschauung von dem, was unter dem Stichwort Literatur in der Schule geschieht?

GRASS: Vorausschicken muss ich, dass ich fünf Kinder in die Welt gesetzt habe. Die vier aus erster Ehe – von denen haben drei die Schule hinter sich, der Jüngste geht noch zur Schule. Meine jüngste Tochter Helene fängt jetzt mit der Schule an. Meine zweite Frau hat zwei Kinder in die Ehe mitgebracht, die auch noch zur Schule gehen. Ich bin also von morgens bis abends mit dem deutschen pädagogischen Wahn konfrontiert, mit all den Schwierigkeiten und all den rechten Rückschlägen und linken Vorstellungen und mit all dem, was das bei Kindern anrichtet – und dann natürlich auch bei den Eltern anrichtet. Dadurch bin ich seit Jahren mit dieser Problematik konfrontiert.

Literatur in deutschen Schulen ist – solange ich zurückdenken kann, bis in meine relativ kurze Schulzeit (ich bin nur bis zum Alter von 15 Jahren zur Schule gegangen) – eigentlich immer ein Alptraum gewesen. Früher war das alles von rechts gefüttert, dann kam die Phase von links, aber in den Grundverhaltensweisen hat sich leider nichts geändert: Es herrscht vor die Interpretationssucht. Literarische Texte werden nicht an den Schüler herangebracht, um bei ihm die Lust am Lesen auszulösen, um ihm die Chance zu geben – und sei es mit den verschiedensten Gedanken -, sich mit einem Text zu identifizieren, sich selbst zu erleben, sondern um ihn auf eine schlüssige Interpretation hinzuführen. Das tötet die Literatur ab.

Literatur ist trotz der deutschen Schule lebensfähig geblieben, aber dies tötet in einem sehr frühen Alter die Lust am Lesen ab. Literatur hat mit Kunst zu tun, es ist eine Kunstform und in erster Linie ästhetischen Gesetzen verpflichtet. Dieses Produkt der Kunst lebt davon, dass es vieldeutig ist, doppelbödig ist und eine Menge von Interpretationen zulassen kann. Er muss erst mal respektiert werden, dass der, der auf ein Bild, auf ein Buch reagiert, etwas für ihn Wichtiges erlebt. Dies ist erst einmal richtig, auch wenn es sich nicht mit der Interpretation des Lehrers deckt.

Und nun kommt das in die Schulmühle hinein, es wird Interpretation gefordert – ob es sich um einen Gedichttext, um die „Braut von Messina" oder Wallraff oder was auch immer handelt: Es wird Interpretation abverlangt. Es ist im Grund natürlich eine Aufforderung zum Opportunismus, weil die Schüler unter Leistungsdruck versuchen herauszuhören, welche Interpretation ist denn die des Lehrers – um sich dann anzupassen. (...)

2.6 Die Ausarbeitung einer Sachtextanalyse

Oft lautet die Aufgabe in einer Deutscharbeit zu einem Sachtext einfach: „Analysiere den vorliegenden Text". Dann sollte man sich sehr genau eine gute Struktur für seine Ausführungen überlegen. Hier kann dir die folgende Infobox helfen.

Info

Der Aufbau einer Sachtextanalyse

1. einleitender Satz: Autor, Quelle, Erscheinungsdatum, Thema des Textes, evtl. zentrales Ergebnis
2. Aufbau des Textes darstellen (Stichworte vom Rand verbalisieren)
3. Inhalt des Textes paraphrasieren
4. evtl. auf sprachliche Besonderheiten eingehen
5. Ergebnisse resümieren

Übung

Übung 11

Erstelle eine Sachtextanalyse zu dem Text „Warum ich gerne chatte".

▶ Lösung Seite 172

Übung

Übung 12

Erstelle eine Sachtextanalyse zu dem Text „„Interpretationssucht" statt „Lust am Lesen"".

▶ Lösung Seite 173

3. Umgang mit Sachtexten: die kritische Auseinandersetzung mit Sachtexten

3.1 Wiederholung: die Sachtextanalyse an einem anspruchsvollen Beispiel

Übung 1

Lies nochmals im Kapitel 2 nach, wie man eine Sachtextanalyse schreibt. Ist dir der Aufbau noch klar? Weißt du auch noch, was der Unterschied zwischen Sachtexten und fiktionalen Texten ist?

▶ Lösung Seite 173

Übung 2

a) Lies nun den folgenden Text und bearbeite ihn nach den Schritten, die du in Kapitel 2.2 kennen gelernt hast.

b) Beantworte folgende Fragen in ganzen Sätzen:
   - Wie hat sich die Arbeitswelt durch die Entwicklung im Computerbereich verändert?
   - Welche Folge hat das für die Nachfrage nach Arbeitskräften? Welche Berufsgruppen sind von diesen Folgen betroffen?
   - Was bedeutet Rifkins Prognose, dass im Jahre 2050 nur noch 5 % der erwachsenen Bevölkerung benötigt werden, damit die Industrie weiter so arbeitet wie bisher?
   - Erläutere den letzten Satz des Textauszuges!

c) Erstelle dann eine vollständige Analyse des folgenden Textes.

▶ Lösung Seite 173 f.

Jeremy Rifkin

Das Ende der Arbeit und ihre Zukunft (Auszug)

Die Welt steckt mitten in einem radikalen Wandel des Wesens der Arbeit, der tiefgreifende Konsequenzen für die Gesellschaft hat. Im Industriezeitalter produzierten Massen menschlicher Arbeitskräfte Seite an Seite mit Maschinen die Waren und Dienstleistungen des Grundbedarfs. Im Informationszeitalter ersetzten zunehmend intelligente Maschinen in Form von Computersoftware, Robotoren, Nano- und Biotechnologie in der Landwirtschaft, in der Industrie und im Dienstleistungssektor die menschliche Arbeitskraft. Bauernhöfe, Fabriken und viele Weiße-Kragen-Dienstleistungsbetriebe werden in rascher Folge automatisiert. Immer mehr körperliche und geistige Arbeit, von den einfachsten, immer gleichen Hilfstätigkeiten bis hin zu konzeptionell höchst anspruchsvollen Spezialaufgaben, wird im 21. Jahrhundert von billigeren und leistungsfähigeren Maschinen erledigt werden. Die preiswertesten Arbeitskräfte auf der Welt werden wahrscheinlich nicht so billig sein wie die Online-Technologie, die sie ersetzen wird. In den mittleren Jahrzehnten des 21. Jahrhunderts wird die kommerzielle Sphäre über alles technologisch Notwendige und die Organisationskapazität verfügen, um Waren und Grunddienstleistungen für eine wachsende menschliche Bevölkerung mit einem Bruchteil der heute beschäftigten Arbeitskräfte zur Verfügung zu stellen. Vielleicht werden nur noch 5 Prozent der erwachsenen Bevölkerung nötig sein, um im Jahr 2050 die traditionellen Industrien zu managen und am Laufen zu halten. Farmen, Fabriken und Büros fast ohne Arbeitskräfte werden in allen Ländern die Regel sein. (...)

Natürlich wird die kommende Epoche alle möglichen neuartigen Waren und Dienstleistungen mit sich bringen, die wiederum neue berufliche Qualifikationen verlangen, vor allem Spezialwissen. Diesen neuen Jobs kommen jedoch ihrem Wesen nach nur für eine Elite infrage und sind nicht sehr zahlreich. (...)

Sogar die höhere Qualifikationen voraussetzenden Arbeitsplätze laufen zunehmend Gefahr, von Technologie verdrängt zu werden. Ausgeklügelte Diagnosetechniken ersetzen die arbeitsintensiveren Tests, die bislang von Ärzten, Krankenschwestern und Laboranten durchgeführt wurden. CAD-Programme (Computer Aided Design) haben viele Konstrukteure und Ingenieure freigesetzt. Neue Software hat einen Großteil der Standardarbeiten übernommen, die zuvor von Buchhaltern erledigt wurden. Während man die besten und intelligentesten Profis noch immer brauchen wird, werden auf den meisten Gebieten die normalen Fachkräfte wahrscheinlich ausgesondert, wenn sich intelligente Technologie als geschicktere, schnellere und billigere Alternative erweist. Die Arbeitskräfte der Zukunft werden ein zunehmend exklusiver Zirkel sein.

3.2 Sachtexte in ihrer Absicht einschätzen

Übung

Übung 3

Welches Ziel verfolgt Jeremy Rifkin mit seinem Buch „Das Ende der Arbeit und ihre Zukunft", aus dem du eben einen Ausschnitt gelesen hast wohl? Was will er mit dem Buch erreichen?

▶ Lösung Seite 174

Übung 4

Lies nun den folgenden Sachtext zum Thema Arbeitszeit. Arbeite am Text nach den Regeln in Kapitel 2.2.

a) Erläutere den Begriff „Mobilzeit". Was versteht Norbert Blüm, der ehemalige Bundesarbeitsminister unter diesem Begriff?

b) Nenne Beispiele für Betriebe, die „wechselnden Arbeitsanfall" (Z. 27) haben. Wieso ist Mobilzeit für diese von Vorteil?

c) Welches Ziel verfolgt der Autor mit seinem Text? An welchen Stellen im Text wird seine Absicht deutlich?

▶ Lösung Seite 175

Norbert Blüm

Mobilzeit

MOBILZEIT – was bedeutet das? Bisher haben wir immer von Teilzeitarbeit gesprochen. Dieser Begriff ist aber zu eng und zudem missverständlich. Teilzeit hat – zu Unrecht – für viele einen negativen Klang. Teilzeit gilt oft als nicht ganz vollwertige Arbeit, weil sie vom „Normalfall" der Vollzeit abweicht. Und wer will schon nur ein Teil und nicht die ganze Arbeit leisten? Zudem wird vielfach unter Teilzeitarbeit nichts anderes als eine Halbtagsbeschäftigung verstanden.

Aus diesen Denkschablonen müssen wir heraus. Wir müssen weg von den starren, unflexiblen Arbeitszeitformen. Wir brauchen Arbeitszeitregelungen, die den Arbeitnehmern mehr Freiräume geben, die Produktivität in den Betrieben verbessern und zusätzliche Beschäftigungsverhältnisse ermöglichen.

Ein passender Begriff dafür ist MOBILZEIT. MOBILZEIT steht ebenso für eine nach den individuellen Wünschen und Möglichkeiten vereinbarte Wochen- und Tagesarbeitszeit als auch für flexible Jahresarbeitszeitregelungen, gleitenden Altersruhestand, angesparten Langzeiturlaub und vieles mehr. Der Fantasie sind keine Grenzen gesetzt. MOBILZEIT steht für eine Arbeitszeit nach Maß mit Flexibilität und Mobilität.

Für viele, die arbeiten wollen, ermöglicht eine MOBILZEIT unterhalb der Vollzeit-Standards überhaupt erst die gewünschte Beteiligung am Erwerbsleben. Da sind Kinder oder pflegebedürftige Angehörige zu betreuen, neben der Erwerbsarbeit wird eine Weiterbildung angestrebt oder es besteht eine gesundheitliche Beeinträchtigung. Für viele geht es dabei auch um die berufliche Überbrückung einer bestimmten Lebensphase. Man will trotz zeitweiser anderer Verpflichtungen den Anschluss an die Arbeitswelt nicht verlieren. Betriebe können mit MOBILZEIT-Modellen auf wechselnden Arbeitsanfall besser reagieren. Sonst notwendig gewordener Personalabbau kann dadurch vermieden oder abgemildert werden. MOBILZEIT kann aber auch zu zusätzlichen Dauerarbeitsplätzen führen. (...)

In unserer Gesellschaft gilt es mobil zu sein. Mobilität beginnt in den Köpfen. Also: Denken Sie verstärkt über die Chancen und Möglichkeiten durch MOBILZEIT nach!

Die Funktion von Sachtexten
Autoren von Sachtexten haben immer ein bestimmtes Ziel, dieses Ziel kann man auch als Funktion des Textes bezeichnen. Man unterscheidet:

- **darstellende Texte,** die sachlich Informationen geben wollen, hier sind die Lexikoneinträge sehr gute Beispiele
- **erklärende Texte,** die die Informationen nicht nur zusammenstellen, sondern dem Leser auch Hilfen geben, diese besser zu verstehen, oft sind Sachbücher zu einem Thema (z.B. die bekannte „Was ist was?"- Reihe) nicht nur eine Darstellung von Inhalten, sondern auch eine erklärende Hilfe
- **argumentierende Texte,** die den Leser von einer bestimmten Meinung überzeugen wollen und so z.B. nur die Vorteile eines Themas nennen, wie es der Text von Norbert Blüm macht
- **appellierende Texte** stellen Forderungen an den Leser, sie rufen ihn auf, auf eine bestimmte Art zu handeln, der letzte Satz im Text von Norbert Blüm ist ein ganz deutlicher Appell an den Leser

Die meisten Texte sind eine **Mischung** aus den oben genannten Textarten. So ist der Text von Norbert Blüm eine Mischung aus einem argumentierenden und einem appellierenden Text.

Übung 5
Welche Funktionen hat der Text von Jeremy Rifkin?
▶ Lösung Seite 175

Übung 6
Blättere nochmals zurück in das 2. Kapitel. Dort findest du im Teilkapitel 2.5 ein Schema für den Aufbau einer Sachtextanalyse. An welcher Stelle würdest du die Absicht bzw. die Funktion eines Textes erwähnen?
▶ Lösung Seite 175

Übung 7

Erstelle nun eine vollständige Sachtextanalyse für den Text „Mobilzeit“ von Norbert Blüm.

▶ Lösung Seite 175 f.

3.3 Kritische Überprüfung von Argumentationen

Übung 8

Welche Position hat Norbert Blüm zum Thema „Mobilzeit“?

▶ Lösung Seite 176

Übung 9

Nenne Argumente, die du gegen die Position von Norbert Blüm ins Feld führen kannst. Überlege dir z.B., welche Folgen es für dich und deine Familie hätte, wenn deine Eltern in einem Mobilzeitmodell beschäftigt wären. Fertige ein Stichwortkonzept an.

▶ Lösung Seite 176

Kritische Bewertung eines Sachtextes

Jeder Sachtext kann am Ende der Analyse einer kritischen Bewertung unterzogen werden. Hier kann man völlig unterschiedliche Kriterien überprüfen. Mögliche Fragen sind:

- Ist die Darstellung vollständig? Fehlen wichtige Argumente?
- Ist der Text gut strukturiert?
- Sind die Gedanken nachvollziehbar und logisch? Gibt es inhaltliche Brüche oder gar Widersprüche?
- Ist der Text anschaulich?
- Ist der Text nützlich für …?
- Ist der Inhalt fachlich richtig?
- Ist die Darstellung einseitig und z.B. von einem bestimmten Ziel beeinflusst?
- Ist die Position des Autors mit Gegenargumenten zu widerlegen?

Diese kritischen Anmerkungen sollten am Ende der Analyse stehen und runden sie ab.

Übung 10

Lies nochmals das Interview mit dem Autoren Günter Grass (Kapitel 2.5). Hinterfrage die Aussagen kritisch!

▶ Lösung Seite 176

Übung 11

Lies den folgenden Text aus der Autobiographie von Henry Ford, dem Gründer der gleichnamigen Automarke.

a) Gliedere den Text in Sinnabschnitte.
b) Unterstreiche wichtige Aussagen, markiere Schlüsselwörter.
c) Paraphrasiere, welche zwei Arten von Arbeit Ford unterscheidet. Erläutere diese mit eigenen Worten.
d) Welche Auffassung vertritt er zu den zwei Arten von Arbeit?
e) Überprüfe die Überzeugungskraft seiner Argumente kritisch! Beachte dabei auch, aus welcher Position H. Ford heraus argumentiert (Besitzer einer Autofirma).

► Lösung Seite 176 f.

Henry Ford
Mein Leben und Werk (S. 120 f.)

Repetitive Arbeit – die ständige Wiederholung ein und derselben Tätigkeit in ein und derselben Weise – hat für bestimmte Menschen etwas Abschreckendes. Mir wäre es ein grauenvoller Gedanke. Unmöglich könnte ich tagaus, tagein das gleiche tun; für andere, ja für die meisten Menschen ist das Denkenmüssen eine Strafe. Ihnen schwebt als Ideal eine Arbeit vor, die keinerlei Ansprüche an den Schöpferinstinkt stellt. Arbeiten, die Denken im Verein mit Körperkraft beanspruchen, finden selten Abnehmer – wir sind stets auf der Suche nach Leuten, die eine Sache um ihrer Schwierigkeit willen lieben. Der Durchschnittsarbeiter wünscht sich – leider – eine Arbeit, bei der er sich weder körperlich noch vor allem geistig anzustrengen braucht. Menschen mit, sagen wir, schöpferischen Begabungen, denen infolgedessen jegliche Monotonie ein Gräuel ist, neigen sehr leicht zu der Ansicht, dass ihre Mitmenschen ebenso ruhelos sind und spenden ihr Mitgefühl ganz unnötigerweise dem Arbeiter, der tagaus, tagein fast die gleiche Verrichtung tut. (...)

Ich habe bisher nicht finden können, dass repetitive Arbeit den Menschen schädigt. Salonexperten haben mir zwar wiederholt versichert, dass repetitive Arbeit auf Körper und Seele zerstörend wirke, unsere Untersuchungen widersprechen dem jedoch. Wir hatten einen Arbeiter, der tagaus, tagein fast nichts anderes zu tun hatte, als eine bestimmte Tretbewegung mit einem Fuß auszuführen. Er meinte, die Bewegung mache ihn einseitig; die ärztliche Untersuchung war zwar negativ, er erhielt aber selbstverständlich eine Tätigkeit zugewiesen, bei der eine andere Muskelgruppe in Tätigkeit gesetzt wurde. Wenige Wochen später bat er wieder um seine alte Arbeit.

4. Texte und Bilder zueinander in Beziehung setzen

4.1 Die Interpretation einer Karikatur

Quelle: Mester/CCC, www.c5.net

Übung 1

a) Schau dir die Karikatur über dieser Aufgabe genau an. Beschreibe die Einzelheiten.
b) Welche zeichnerischen Mittel sind angewendet worden?
c) Welches Problem unserer Gesellschaft wird mit Hilfe der Karikatur angesprochen?
d) Welche Aussage trifft der Zeichner?

▶ Lösung Seite 177

Was ist eine Karikatur?

Das Wort Karikatur ist italienischen Ursprungs (ital. *caricare* = überladen, übertreiben) und kann auch als Zerrbild übersetzt werden. Durch Übertreibung einzelner, erkennbarer Charakterzüge bei Personen, die aber dennoch als existierende Personen

im Leben erkennbar bleiben, oder Überzeichnung einzelner Situationen wirken die Zeichnungen komisch oder satirisch, manchmal sogar spöttisch. Karikaturen dienen aber der Kritik mit der Absicht, durch Darstellung von Schwächen und Aufdeckung von Misständen zu deren Abstellung auf politischem, sozialem Gebiet aufzufordern. Mit einer Karikatur nimmt der Zeichner bzw. der Karikaturist Stellung zu einem Problem.
Um Karikaturen zu verstehen, benötigt man häufig ein Vorkenntnisse zu dem Thema, so muss man z.B. die Politiker kennen, die in einer Karikatur vorkommen.

Karikaturen sind ein Teil unserer Alltagskultur. Man findet sie in Tageszeitungen und Zeitschriften.

Thomas Plaßmann auf http://www.thomasplassmann.de/

Übung 2

a) Schau dir die Karikatur über dieser Aufgabe genau an. Beschreibe die Einzelheiten.
   Welche zeichnerischen und textlichen Mittel sind angewendet worden?
b) Welches Problem unserer Gesellschaft wird mit Hilfe der Karikatur angesprochen?
   Welche Aussage trifft der Zeichner?

c) Welche Wirkung erzeugt die Karikatur bei dir?
Welche Haltung habe ich zu dem dargestellten Problem?

▶ Lösung Seite 177 f.

Das Interpretieren einer Karikatur

Bereits in Übung 2 hast du das **„Drei-Fragen-Modell"** für Karikaturen angewendet.

1. **Was sehe ich?** In diesem ersten Schritt beschreibst du nur. (Hier ist es wichtig, dass du die Methode der Bildbeschreibung beherrscht, schlage ansonsten nochmals in deinen Deutschunterlagen Klasse 6 nach.)
2. **Zu welchem Problem nimmt der Karikaturist Stellung?** Man deutet hier die Absicht des Zeichners. Achtung: an dieser Stelle benötigt man oft Vorwissen über politische oder geschichtliche Zusammenhänge.
3. **Welche Wirkung erzeugt die Karikatur bei mir?** Hier bewertet man die Karikatur aus eigener Sicht (sehe ich das Problem auch?, wie stehe ich zu der Aussage des Zeichners?,...).

Quelle: Mester/CCC, www.c5.net

Übung

Übung 3

Analysiere die oben abgebildete Karikatur nach der „Drei-Fragen-Methode".

▶ Lösung Seite 178

4.2 Lesen verschiedener Grafiken – Daten verbalisieren

4.2.1 Informationen einer Tabelle entnehmen

Info

In **Tabellen** werden Zahlen oder kategoriale Daten (Begriffe, Namen usw.) in Spalten und Zeilen übersichtlich angeordnet. Wenn man sie richtig lesen will, muss man die Spalten- und Zeilenüberschriften genau wahrnehmen. Bei numerischen Einträgen in der Tabelle muss man prüfen, ob es sich um Prozentwerte oder absolute Zahlen handelt.

Bundesländer (Auswahl)	Einwohner in Mio.	Ausländische Bevölkerung in %	Wirtschaftskraft in Mrd. Euro	Arbeitslosenquote in % (Jahresdurchschnitt)	Zuzüge über die Grenzen Deutschlands (Ausländer/innen)	Zuzüge aus einem anderen Bundesland	Überschuss der Zu- (+) bzw. Fortzüge (-) insgesamt
Baden-Württemberg	10,7	11,9	330,2	7,0	105.736	18.631	+12.316
Bayern	12,5	9,5	403,0	7,8	103.125	16.890	+17.665
Berlin	3,4	13,7	79,5	19,0	37.048	9.288	+17.741
Brandenburg	2,6	2,6	48,4	18,3	7.537	2.933	-136
Hessen	6,1	11,4	197,7	9,7	53.152	14.584	+7.810
Niedersachsen	8,0	6,7	188,6	11,6	58.668	10.194	+4.956
Nordrhein-Westfalen	18,1	10,7	487,5	12,0	114.136	22.311	+15.166
Rheinland-Pfalz	4,1	7,7	97,7	8,8	24.281	9.289	+5.968
Sachsen	4,3	2,8	85,7	18,3	14.657	3.348	+1.884
Sachsen-Anhalt	2,5	1,9	48,3	20,3	7.273	2.165	-435

Quellen: Statistische Ämter des Bundes und der Länder, Bundesministerium der Finanzen, Arbeitskreis »Volkswirtschaftliche Gesamtrechnung der Länder«

Übung 4

a) Was ist in den einzelnen Spalten dieser achtspaltigen Tabelle angegeben? Beachte dabei besonders, ob die Zahlen in Prozent oder als absolute Zahlen angeben werden.

b) Schreibe fünf Aussagen zum Thema „Arbeitslosenquote“ auf. (Achte z.B. auf den größten Wert (Maximum), Unterschiede zwischen zwei Bundesländern,...).

c) Schaue dir nun die letzten drei Spalten der Tabelle an. Formuliere Aussagesätze für die Bundesländer Baden-Württemberg, Bayern, Brandenburg und Sachsen-Anhalt. Kannst du eine allgemeine Aussage aus deinen Ergebnissen ableiten?

d) Stelle nochmals alle Daten für ein Bundesland in einem fortlaufenden Text vor. (Beschreibe nun also eine Zeile der Tabelle.).

e) Wähle ein zweites Bundesland aus und vergleiche es mit deinen Ergebnissen aus Aufgabenteil d.

▶ Lösung Seite 178 f.

4.2.2 Säulendiagramme als Informationsquelle

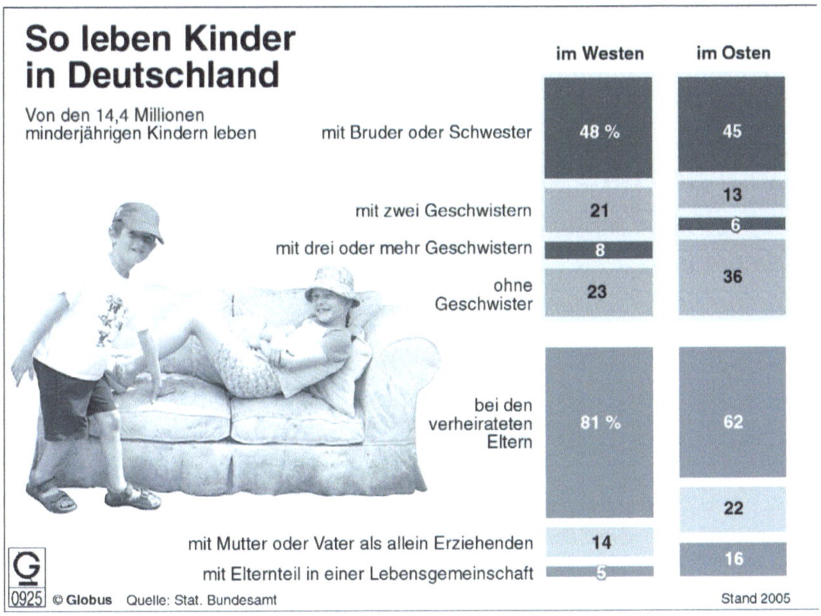

Übung 5

a) Was stellen die vier Säulen genau dar?
b) Was bedeuten die einzelnen Beschriftungen an den Säulen?
c) Was bedeuten die Zahlen in den einzelnen Abschnitten der Stäbe?
d) Berechne die Zahl der Kinder, die im Westen mit drei oder mehr Geschwistern zusammenleben!

► Lösung Seite 179

In **Säulendiagrammen** werden unterschiedliche Daten in waagerechten oder senkrechten Balken dargestellt und so grafisch vergleichbar gemacht. Durch die Größe der Säulen oder Balken werden Unterschiede, Maxima (größte Werte) oder Minima (kleinste Werte) sehr deutlich.

Übung 6

Betrachte nochmals das Säulendiagramm (s. o.)

a) Schreibe drei Aussagesätze mit Informationen aus dem Säulendiagramm.
b) Formuliere in einem kurzen Text einen Vergleich zwischen den Kinderzahlen in Ost und West.
c) Welche Funktion hat das Foto von den zwei Kindern?

► Lösung Seite 179

Übung 7

a) Schaue dir das Diagramm „Gebildet und kinderlos“ genau an. Was wird hier dargestellt (beachte, was in den einzelnen Zeilen und Spalten dargestellt wird)?
b) Welche Bedeutung haben die Zahlen in den einzelnen Balken?
c) Vergleiche die Zahlen der alten Länder. Was kann man über den Zusammenhang zwischen Schulabschluss und Kinderlosigkeit sagen?
d) Wieso hat der Statistiker den Titel „Gebildet und kinderlos“ für das Diagramm gewählt?
e) Welche Funktion hat die Zeichnung der beiden Frauen vor dem Bücherregal über dem Diagramm?

► Lösung Seite 179 f.

4.2.3 Lesen von Kurvendiagrammen

Kurvendiagramme kennst du wahrscheinlich aus Börsenberichten, wenn über die Veränderung von Aktienkursen oder Wertveränderungen einzelner Währungen berichtet wird. In **Kurvendiagrammen** kann man besonders gut die Veränderung einer Variablen über die Zeit darstellen. Dabei wird auf der Rechtsachse (der x-Achse, der Abszisse) die Zeit abgetragen, auf der Hochachse (der y-Achse, der Ordinate) der Wert, z.B. der Aktie, abgetragen. Diese Werte verbindet man zur besseren Übersicht mit einer Kurve.

Geburten und Sterbefälle in Deutschland

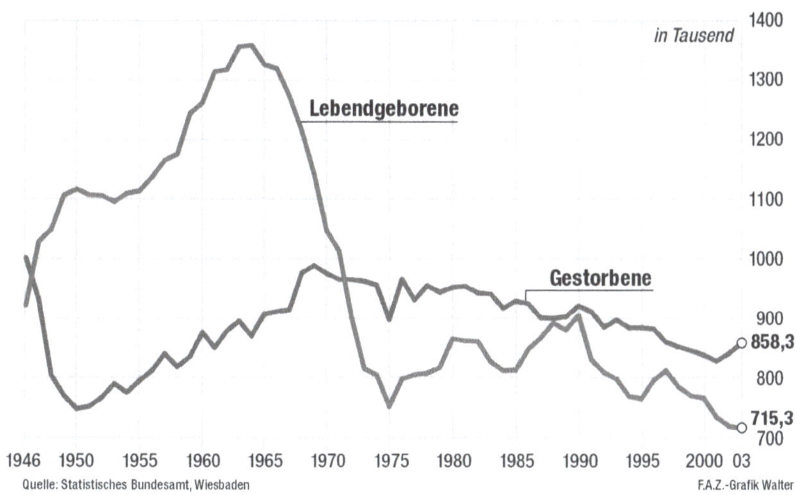

Quelle: Statistisches Bundesamt, Wiesbaden

Besonders geeignet ist das Kurvendiagramm zum Vergleich zweier Entwicklungen, wenn man zwei Kurven in ein Koordinatensystem einträgt.

Übung

Übung 8

a) Betrachte das Diagramm „Geburten und Sterbefälle" in Deutschland! Was ist auf der x-Achse, was auf der y-Achse abgetragen?
b) Beschreibe die Entwicklung der Geburten in Deutschland!
c) Was bedeutet es, dass die Kurve der Geburten seit 1972 unter der Kurve für Sterbefälle liegt?
d) In den 60er-Jahren wurde die Pille in Deutschland eingeführt, d.h., Frauen können seitdem sehr einfach und gezielt verhüten. Wo findest du diese Tatsache im Kurvendiagramm wieder?
e) Welches Problem kann man aus dem Kurvendiagramm ablesen?

▶ Lösung Seite 180

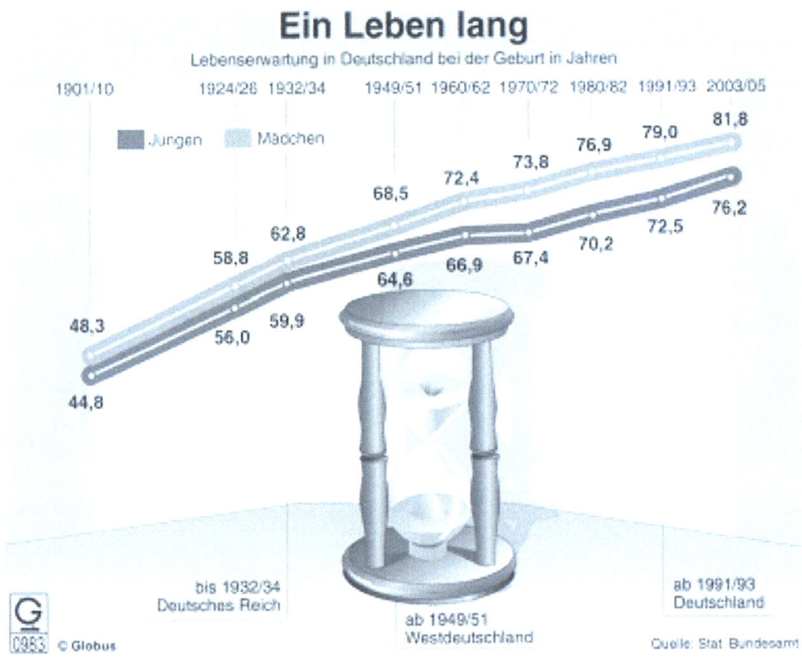

Übung

Übung 9

a) Betrachte das Diagramm „Ein Leben lang" in Deutschland! Was ist auf den beiden Achsen abgetragen?
b) Welche zentrale Aussage kann man mit einem Blick aus den Kurven ablesen?
c) Wie erklärst du dir den permanenten Anstieg der Kurven?

▶ Lösung Seite 180

5. Erörterung von Thesen

5.1 Zwei Arten von Erörterungen

Übung 1

Timo soll einen Aufsatz zu dem Thema „Sollen Jugendliche schon mit 16 Jahren an der Bundestagswahl teilnehmen?“ schreiben. Seine ältere Schwester Tanja lacht und erzählt, dass sie diesen Aufsatz im letzten Jahr auch geschrieben habe. Als sie dann aber ihr Heft rausholt, stellen die beiden fest, dass Tanja das Thema „Was spricht für die Einführung des Wahlrechts bei Bundestagswahlen ab 16 Jahren?“ bearbeitet hatte. Wodurch unterscheiden sich die beiden Aufgabenstellungen?

Timos Thema verlangt, dass er ______________________________

____

____

Tanjas Thema verlangt, dass sie ______________________________

____

____

► Lösung Seite 180

Bei ganz vielen Fragen im Alltag sind Menschen unterschiedlicher Meinung. Oft ist es deshalb notwendig, seinen Standpunkt, begründet und sachlich vorzutragen, um auch andere von dieser Meinung zu überzeugen.

Diesen Vorgang nennt man **Argumentieren**. Argumentiert man schriftlich in einem Aufsatz, so nennt man diesen eine **Erörterung**. Es gibt zwei Arten von Erörterungen: die **lineare und die dialektische Erörterung.**

Bei der **linearen (oder auch steigernden) Erörterung**, die auch **Stellungnahme** genannt wird, wirbt der Schreiber nur für seine Position, d.h. er nennt nur Argumente, die seine Meinung unterstützen. Er nimmt also aus seiner Sicht Stellung zu dem Problem. Das Thema kann bei dieser Form der Erörterung so formuliert sein, dass die Meinung, die du vertreten sollst, vorgegeben ist (Beispiel: Warum sollen Jugendliche in den Ferien jobben? – hier wird von dir verlangt, nur Pro-Argumente zu erläutern).

Die **dialektische (oder auch abwägende) Erörterung** beschäftigt sich demgegenüber mit beiden Seiten eines Problems. Es werden **Argumente der Pro- und der Contra-Seite** aufgelistet und dann gegeneinander abgewogen. Das Ziel dieser Erörterung ist es, dass sich der Leser eine eigene Meinung bilden kann. Dazu werden ihm alle wichtigen Argumente vorgestellt (Beispiel: Sollen Schüler in den Ferien jobben? – hier wird von dir verlangt, Pro- und Contra-Argumente zu erläutern).

Übung 2

Schaue nochmals in die Übung 1. Welche Art von Erörterung sollte Timo in seinem Unterricht schreiben, welche Tanja?

▶ Lösung Seite 180

Übung 3

Im Folgenden findest du Beispielthemen für Erörterungen. Bei welchen Themen kann man schon an der Formulierung erkennen, dass der Lehrer eine lineare Erörterung erwartet?

- Warum soll das Rauchen in der Öffentlichkeit verboten werden?
- Soll an deutschen Schulen eine Schuluniform eingeführt werden?
- Nenne Gründe, warum Jugendliche in einer politischen Partei aktiv sein sollten!
- „Frauen sollten sich der Familie widmen, nicht dem Beruf!" – Was denkst du über diese Aussage?
- Erörtere den Sinn und Unsinn von Taschengeld für Jugendliche!

▶ Lösung Seite 180

5.2 Die Stoffsammlung und Gliederung

Info

Vor dem Schreiben einer Erörterung

- Jede Erörterung besteht aus Einleitung, Hauptteil und Schluss (vgl. Kapitel 5.3 bis 5.5). Diese schreibt man aber erst, wenn einige Vorarbeit geleistet ist.
- Lege zunächst eine **Stoffsammlung** an, notiere hier alle Ideen und Argumente, die dir zum Thema einfallen.
- Ordne die Argumente der Stoffsammlung in einer **Gliederung**.
- **Lineare Erörterung:** Beginne im Hauptteil mit dem unwichtigsten Argumente und steigere diese. Der Leser oder Zuhörer merkt sich das letzte Argument immer am besten, deshalb sollte es das überzeugendste sein!
- **Dialektische Erörterung:**
  - Im Hauptteil beginnt man mit den Argumenten der Seite, die man nicht vertritt (Gegenthese). Hier ist es am geschicktesten mit dem stärksten Argument zu beginnen, d.h. das am kräftigsten für die Gegenthese spricht (Grund: der Leser behält eher die späteren Argumente und die sind dann weniger überzeugend).
  - Im zweiten Teil des Hauptteils folgen dann die Argumente für die Meinung (These), die man vertritt und von der man den Leser überzeugen will. Hier beginnt man mit dem schwächsten Argument und steigert die Argumente bis zum stärksten (Grund: Dem Leser bleibt das letzte Argument am besten im Gedächtnis und das muss somit möglichst überzeugend sein).
- Schreibe die Gliederung entweder in kurzen, vollständigen Sätzen oder in aussagekräftigen Stichworten
- Erst nach dem Anlegen der Gliederung beginnst du diese auszuformulieren.

Beispiel für eine Gliederung (einer linearen Erörterung)

Thema: Was spricht für die Einführung des Wahlrechts bei Bundestagswahlen ab 16 Jahren?

A) *Einleitung / Hinführung zum Thema: Immer wieder wird in meiner Klasse über das Wahlalter bei der Bundestagswahl diskutiert*

B) Hauptteil
1. Argument: Jugendliche ab 16 Jahren können politische Entscheidungen bereits genauso gut einschätzen wie Erwachsene.
2. Argument: Jugendliche werden motiviert, sich für Politik zu interessieren.
3. Argument: Die Meinungen der jungen Bevölkerung muss in einer Demokratie auch vertreten werden.

C) Schluss / Abrundung des Themas: Ich hoffe, dass das Wahlrecht auch für Jugendliche zwischen 16 und 18 Jahren auf Bundesebene eingeführt wird.

Beispiel für eine Gliederung (einer dialektischen Erörterung)

Thema: Sollen Jugendliche schon mit 16 Jahren an der Bundestagswahl teilnehmen?

A) Einleitung / Hinführung zum Thema: Immer wieder wird in meiner Klasse über das Wahlalter bei der Bundestagswahl diskutiert

B) Hauptteil
Pro-Argumente:
1. Argument: Die Meinungen der jungen Bevölkerung muss in einer Demokratie auch vertreten werden.
2. Argument: Jugendliche werden motiviert, sich für Politik zu interessieren.
3. Argument: Jugendliche ab 16 Jahren können politische Entscheidungen bereits genauso gut einschätzen wie Erwachsene.

Contra-Argumente:
1. Argument: Jugendliche haben noch wenig Erfahrungen mit Politik sammeln können und können somit viele Vorgänge nicht beurteilen.
2. Argument: Jungendliche sind z.B. im Wahlkampf leichter zu beeinflussen.

C) Schluss / Abrundung des Themas: Meiner Meinung nach ist das Wahlrecht mit 16 eine Überforderung für viele Jugendliche.

Übung 4

Bei Claras Gliederung „Warum soll der Frankfurter Flughafen nicht ausgebaut werden?" ist einiges durcheinander geraten. Schreibe die Gliederungspunkte in der richtigen Reihenfolge ab. Füge auch die Begriffe Thema, Einleitung, Hauptteil und Schluss ein.

- Die Lärmbelastung in den umliegenden Gemeinden nimmt zu.
- Ich komme also zu dem Schluss, dass ich es sehr wichtig finde, dass man die Einwände der Bevölkerung bei der Planung des Ausbaus sehr ernst nimmt.
- Die Tiere der Umgebung verlieren ihren Lebensraum.
- In vielen Zeitungen wird der Flughafenausbau diskutiert.
- Die Abgase verschmutzen die Umwelt.
- Warum soll der Frankfurter Flughafen nicht ausgebaut werden?
- Viele Bäume müssen gefällt werden.

▶ Lösung Seite 181

Übung 5

a) Anna hat zunächst eine Stoffsammlung zum Erörterungsthema „Handy – Fluch oder Segen?" gemacht, nun schreibt sie ihre Gliederung. Ergänze mit Hilfe ihrer Stoffsammlung die Argumente. Beachte die sinnvolle Reihenfolge!

b) Wie ist Annas eigene Meinung zum Handykauf? Wovon möchte sie den Leser überzeugen?

▶ Lösung Seite 181

Pro-Argumente: Handy ist ein Segen	*Contra-Argumente: Handy ein Fluch*
• *In Notfällen kann man telefonieren.*	• *Kontrollmöglichkeit z.B. durch Eltern*
• *Schneller Austausch von Informationen (auch per SMS)*	• *Lärmbelästigung*
• *Viele zusätzliche Funktionen (Fotos, Musik hören;...)*	• *Echte, reale Kommunikation leidet*
	• *Elektrosmog? – Folgen noch unklar*
	• *Statussymbol in der Schule*

Thema: Handy – Fluch oder Segen?

A Einleitung Fast alle meiner Freunde besitzen wie selbstverständlich ein Handy.

B Hauptteil Es gibt Argumente, die gegen den Besitz eines Handys sprechen.

1. Argument: ______________________________

____

2. Argument: ______________________________

____

3. Argument: ______________________________

____

4. Argument: ______________________________

____

Es gibt aber auch Argumente für den Besitz eines Handys.

1. Argument: ______________________________

____

2. Argument: ______________________________

____

3. Argument: ______________________________

____

C Schluss Ich denke, dass ______________________________

5.3 Die Einleitung einer Erörterung

Lena hat einen Bericht über die Internetseite www.spickmich.de in der Zeitung gelesen. Auf dieser Seite können Schüler ihren Lehrern Noten geben. In dem Zeitungsbericht wird diese Idee sehr stark kritisiert, Lena findet die Idee, Lehrer bewerten zu dürfen aber sehr gut. Sie setzt sich an den Schreibtisch und beginnt einen Leserbrief zu schreiben.

Übung 6

Übung

*Sehr geehrte Damen und Herren,
vor einigen Tagen habe ich in der Zeitung Ihre Kritik an der Internetseite „spickmich.de" gelesen. Diese Kritik hat mich sehr überrascht, ich als Schülerin einer 9. Klasse habe nämlich eine ganz andere Meinung. Ich denke,....*

*Sehr geehrte Damen und Herren,
die Internetseite „spickmich.de" darf aus drei Gründen nicht verboten werden. ...*

*Sehr geehrte Damen und Herren,
„die Lehrer machen doch eh nur, was sie wollen und dann haben sie auch noch fast immer frei!". So oder ähnlich denken viele über das Berufsbild des Lehrers. Aber ist dieses Bild eigentlich richtig? Gibt es nicht auch viele sehr engagierte, tolle Lehrer, die sich mit Leidenschaft und viel Fachwissen für ihren Unterricht einsetzen? Wer könnte das wohl besser beurteilen als die Schüler?...*

Welcher von Natalies Briefanfängen gefällt dir am besten? Warum?
▶ Lösung Seite 181

Info

Die Einleitung einer Erörterung

Die Einleitung hat die Aufgabe, das eigene Interesse am Thema zu begründen und die Aufmerksamkeit des Lesers zu wecken. Dies kann auf unterschiedliche Weise erreicht werden, z.B. durch

- ein persönliches Erlebnis
- ein aktuelles Beispiel
- eine historische Parallele
- ein (evtl. provozierendes) Zitat
- falls nötig eine Begriffsdefinition

Diesem **Einleitungsgedanken** sollte nach einer knappen **Überleitung** der möglichst präzise formulierte **Arbeitsauftrag** folgen, der das Thema nochmals genau nennt.
Achtung: In der Einleitung dürfen keine Argumente aus dem Hauptteil vorweggenommen werden!

Übung 7

Hier findest du verschiedene Einleitungen zu unterschiedlichen Themen. Um welche Art von Einleitungsgedanken handelt es sich (Zitat, persönliches Erlebnis,...)? Formuliere dann (sprachlich angeschlossen) jeweils die Überleitung und anschließend die Themenfrage wie im Beispiel.

Beispiel:

Thema 1: Mode – Lust oder Zwang?
Bei vielen meiner Mitschüler und besonders Mitschülerinnen habe ich das Gefühl, sie kleiden sich nicht so, wie es ihnen gefällt, sondern wie es verschiedene Modezeitschriften vorgeben.

Art der Einleitung: persönliches Erlebnis

Überleitung und Themenfrage: Ich denke daher oft darüber nach, ob das, was wir tragen eigentlich unserer eigenen Lust und unserem Geschmack entspricht oder ob wir uns ständig dem Gruppenzwang der Klasse und der gesamten Gesellschaft unterwerfen.

Thema 2: Soll das Fach „Islamischer Religionsunterricht" an deutschen Schulen eingeführt werden?
In den Medien findet man – besonders seit die Islamkonferenz unter Leitung von Innenminister Wolfgang Schäuble regelmäßig tagt – immer wieder die Forderung der Muslime nach eigenem Religionsunterricht. Hierzu ist zu sagen, dass es derzeit nur katholischen und evangelischen Religionsunterricht an staatlichen Schulen gibt, Schüler anderer Glaubensrichtungen nehmen an Fächern wie Ethik oder Philosophie teil.

Thema 3: Sollen Jugendliche schon mit 16 Jahren an der Bundestagswahl teilnehmen?
Laut aktueller Umfragen interessieren sich Jugendliche immer weniger für Politik. Deshalb wird von verschiedenen Verbänden gefordert, dass man Jugendliche stärker mit in die Entscheidungen der Politik einbeziehen soll.
▶ Lösung Seite 181

Übung 8

Schreibe zwei unterschiedliche Einleitungen zum Thema „Sollen Noten in der Schule abgeschafft werden?"
▶ Lösung Seite 181

5.4 Der Hauptteil einer Erörterung

Der wichtigste Teil jeder Erörterung ist natürlich der Hauptteil, indem die Argumente genannt und erläutert werden. Die Reihenfolge der Argumente entnimmst du dabei deiner Gliederung, die du ja nach der Stoffsammlung erstellt hast.

Bevor du mit dem ersten Argument beginnst, musst du zunächst ganz deutlich sagen, ob nun Pro- oder Contra-Argumente genannt werden, damit der Leser sich leichter zurechtfindet.

Beispiel: Handy – Fluch oder Segen?
Seit einigen Monaten besitze ich ein eigenes Handy. Meine Eltern waren lange Zeit nicht begeistert davon, dass ich auch ein Handy haben möchte.

Es gibt nämlich zahlreiche Argumente, die gegen die Verbreitung von Handys sprechen.

Mit dem ersten Satz des Hauptteils (also dem letzten Satz dieses Beispiels) macht der Schreiber dem Leser ganz deutlich, dass nun die Contra-Argumente folgen werden.

Nun sollen die Argumente aber nicht nur aufgelistet werden, sondern man muss sie ausführen, d.h. erläutern und veranschaulichen.

Beispiel
Argument: Handys verursachen Lärm.
Erläuterung 1 (persönliches Beispiel): Vor einigen Wochen bin ich zwei Stunden mit dem Zug gefahren. Ich habe mir ein Buch zum Lesen für diese Zeit mitgenommen. In dem Großraumabteil um mich herum klingelten permanent Handys bzw. wurde telefoniert. Auf der gesamten Strecke habe ich genau 16 Seiten lesen können, da ich immer wieder abgelenkt wurde.
Erläuterung 2 (einleuchtende überprüfbare Tatsache): Jedes Handy klingelt ab und zu. Daher ist es völlig logisch, dass der Lärm und die Anzahl der Störungen mit zunehmender Handyzahl ebenfalls zunimmt.

Info

Die Ausführung von Argumenten
Im Hauptteil werden die Argumente nicht (wie in der Gliederung) einfach nur aufgelistet, sondern sie sollen dem Leser überzeugend und anschaulich erläutert werden. Dies kann auf ganz unterschiedliche Arten geschehen:

- persönliches Beispiel
- Beispiele aus den Medien
- Darstellung einer logischen und überprüfbaren Tatsache
- Vorstellung von statistischen Erhebungen oder Aussagen von Fachleuten
- Beweis durch z.B. physikalische Gesetze.

Man kann zunächst das Argument nennen und es dann ausführen (deduktive Argumentation) oder zunächst z.B. ein Beispiel nennen und daraus das Argument ableiten (induktive Argumentation). Ein Wechsel zwischen diesen beiden Arten macht die Erörterung abwechslungsreicher, weil nicht immer wieder dasselbe gedankliche Muster auftritt.
Nach der Ausführung jedes Argumentes sollte man in einer neuen Zeile anfangen, damit der Leser erkennen kann, dass nun ein neuer Gedanke beginnt.

Übung

Übung 9
Im Folgenden findest du Argumente zu unterschiedlichen Themen. Führe sie möglichst anschaulich und überzeugend aus!

1. Thema: Sollen Jugendliche einem Sportverein beitreten?
Argument: Sportliche Betätigung ist gesund.
Argument: Sport fördert die sozialen Fähigkeiten.

2. Thema: Mode – Lust oder Zwang?
Argument: Man passt sich dem Gruppenzwang an und richtet sich mit seinem Stil nach anderen.
Argument: Schüler, die nicht modisch gekleidet sind, werden ausgegrenzt.
3. Thema: Sollen Noten in der Schule abgeschafft werden?
Argument: Die Leistungen von Schülern z.B. bei Einstellungsgesprächen sind nicht mehr vergleichbar.
Argument: Der Leistungsdruck, der viele Schüler krank macht, nimmt ab.
▶ Lösung Seite 181

Übung 10

Thema: Sollen Handys in der Schule verboten werden?

a) Vergleiche die beiden folgenden Ausführungen. Was fällt dir auf? Welche Ausführung gefällt dir besser?

Version 1
In unserer Schule wurde vor einigen Tagen ein weinender Mitschüler auf dem Schulhof gefilmt. Viele lachten später über diesen Film, der Junge wurde verspottet. Das Handy bot überhaupt erst die Möglichkeit, das Video zu machen. Daran sieht man, dass ein Handy in der Schule viel Ärger machen kann.
Version 2
Handys verbreiten im Schulgebäude unnötige zusätzliche Unruhe. In unserer Pausenhalle ist es in den großen Pausen oft laut und hektisch, da sind die Klingeltöne, die sich die Mitschüler vorspielen, für mich eine zusätzliche Verschlimmerung der Situation.

b) Schreibe die folgende Ausführung des Arguments ab und verändere dabei die Reihenfolge (von induktiv zu deduktiv).
Ich musste schon oft wichtige Telefonate von der Schule aus führen, z. B. habe ich meine Mutter angerufen, nachdem ich den Bus verpasst hatte. Sie war dann über mein Zuspätkommen nicht besorgt. Das Handy in der Schule benutzen zu dürfen, ist also sehr praktisch und vereinfacht die Kommunikation.

▶ Lösung Seite 182

5.5 Der Schluss einer Erörterung

Die Erörterung soll natürlich nicht einfach mit dem letzten Argument aufhören, sondern endet mit einem abrundenden Schluss.

Übung

Übung 11

Hier findest du verschiedene Schlüsse von Erörterungen zum Thema „Handy – Fluch oder Segen?". Alle Schüler sind für den Besitz eines Handys, ihre guten Aufsätze enden trotzdem völlig unterschiedlich. Was benutzen sie, um ihrer Erörterung ein „rundes Ende" zu geben?

a) Wenn ich diese Argumente insgesamt gegeneinander abwäge, komme ich zu dem Schluss, dass die Anschaffung eines Handys für Jugendliche durchaus sinnvoll ist.

b) Ich persönlich möchte auf mein Handy nicht mehr verzichten. Dabei überzeugt mich besonders das Argument, dass ich in Notsituationen immer telefonieren kann.

c) Ich persönlich denke zwar, dass die Verbreitung von Handys grundsätzlich ein Segen ist, man aber auch respektieren muss, wenn Menschen sich von den Mobiltelefonen gestört fühlen. So sollte man weiterhin handyfreie Zonen einführen und z.B. in öffentlichen Verkehrsmitteln andere Fahrgäste nicht stören.

d) Ich denke, dass die Argumente deutlich gezeigt haben, wie sinnvoll der Besitz von Handys sein kann. Ich glaube, dass die Diskussion in der Zukunft an Bedeutung verlieren wird, da das Handy ein immer selbstverständlicherer Teil unseres Lebens sein wird.

▶ Lösung Seite 182

Im Schluss dürfen keine Argumente mehr auftauchen, besonders ungeschickt wäre es, hier noch ganz neue Argumente anzufügen! Sinnvoll ist es hingegen, auf den Einleitungsgedanken (z.B. auf das persönliche Bespiel aus der Einleitung) zurückzukommen und diesen aufgrund der gewonnenen Erkenntnisse aus dem Hauptteil fortzuführen und abzuschließen.

Der Schluss einer Erörterung

Nachdem alle Argumente im Hauptteil genannt und erläutert wurden, rundet der Schluss den Gedankengang der Erörterung ab. Dies kann geschehen, indem z.B.

- das Ergebnis knapp zusammengefasst wird
- der Schreiber zu einem persönlichen Fazit kommt
- ein Wunsch geäußert wird
- eine Forderung erhoben wird
- bestimmte Bedingungen für eine Meinung zusammengestellt werden

Der Schluss muss in logischem Zusammenhang zu der Argumentation stehen; er muss sich erkennbar aus der Argumentation herleiten. Nennst du also als letztes Argument ein starkes Pro-Argument, kannst du dich im Schlussteil nicht plötzlich gegen die These aussprechen.

Übung 12

Einige Schüler haben in ihrer Erörterung einen schwachen oder fehlerhaften Schluss geschrieben. Finde zunächst die Fehler und formuliere dann einen eigenen Schluss zu dem Thema.

Thema 1: Sollen Lehrer im Internet benotet werden dürfen?
Insgesamt komme ich nach meinen Überlegungen zu dem Schluss, dass ich Internetseiten, auf denen Lehrer benotet werden, ablehne. Man muss zudem auch bedenken, dass die Lehrer auf solchen Seiten in ihrer Würde verletzt werden.

Thema 2: Soll der Frankfurter Flughafen ausgebaut werden?
Abschließend komme ich zu der Meinung, dass der Ausbau des Flughafens abzulehnen ist. Manchmal denke ich aber auch, es wäre nicht schlecht.

► Lösung Seite 182

Übung 13

Vergleiche die beiden Schlussvarianten zum Thema „Sollen Jugendliche schon ab 17 einen Führerschein besitzen? Welche gefällt dir besser? Begründe deine Meinung!

Version 1

In Zeiten der Mobilität sollte es selbstverständlich sein, dass Jugendliche schon frühzeitig einen Führerschein besitzen. Mit einem eigenen Auto überall hinzukommen, Freunde mitzunehmen, das gehört einfach zum Standard. Das hat den Vorteil auch unabhängig von den Eltern zu sein und sie nicht immer zu bitten, einen zum Sport oder sonstwohin zu fahren. Technisches Verständnis ist bei den meisten ohnehin vorhanden. Manchmal aber stößt man auf den Wiederstand der Eltern, so wie bei mir zu Hause.

Version 2

Grundsätzlich ist der Führerschein mit 17 zu begrüßen. Allerdings ist die Unfallquote bei Anfängern sehr hoch. Es gibt den Modellversuch „Begleitetes Fahren", bei dem Jugendliche mit sechzehneinhalb Jahren bereits zur Fahrschule gehen können. Nach Erlangung der Fahrerlaubnis dürfen sie bis zur Vollendung des 18. Lebensjahres nur in Begleitung der Eltern am Steuer ein Auto fahren. Erfahrungen mit diesem Modell zeigen, dass die Unfallquote bei Fahranfängern um ein Viertel geringer war. Damit ist der Weg für Jugendliche frei, schon frühzeitiger als bisher einen Führerschein zu machen. Auch ich möchte schon bald meinen Führerschein machen. Von diesem Modell will ich meine Eltern überzeugen.

▶ Lösung Seite 182

5.6 Die textgebundene Erörterung

Eine besondere Form der Erörterung:

Info

Was ist eine textgebundene Erörterung (Texterörterung)?
Bei dieser Form der Erörterung erhälst du einen Text, dessen **Position zu einem Thema zunächst erarbeitet und dargestellt werden soll.**
Dann schreibt man eine eigene Stellungnahme zu dem Thema und somit auch zu den Argumenten des Textes, d.h. man belegt, warum man gleicher Meinung ist oder zeigt die Gegenposition zum Text auf und untermauert diese mit Argumenten.

Übung

Übung 14

Lies den vorliegenden Text. Wie reagierst du auf den Artikel? Kannst du den Argumenten und Überlegungen des Autors zustimmen? Oder fallen dir Widersprüche, Unstimmigkeiten und Gegenargumente ein? Notiere diese in einer ersten „Gedankensammlung" auf Konzeptpapier.

▶ Lösung Seite 182

Lesetext

Bernhard Bueb

Lob der Disziplin

Anmerkung: Der Autor war viele Jahre Schulleiter der Internatsschule Salem am Bodensee und kam im Jahr 2007 mit seinem umstrittenen Buch über die Erziehung von Kindern und Jugendlichen in die Bestsellerlisten.

Betrachten wir den pädagogischen Alltag. (...) Das Kind sitzt entgegen der Vereinbarung vor dem Fernseher, der Vater entdeckt die unerlaubte Handlung, will sie unterbrechen und wird in eine Debatte verwickelt, die meistens typisch verläuft: Das Kind mobilisiert das ganze Spektrum der Argumente, nur noch dieses eine Mal, eine besondere Sendung, alle anderen dürfen, und dann zückt es die emotionalen Waffen, erst eine Charmeoffensive, dann Weinen oder Wut.

Der Vater hatte schon verloren, als er sich auf die Debatte einließ. Es gibt Situationen, in denen man als Erziehender schnell und klar entscheiden muss, weil eine Vereinbarung verletzt oder eine geltende Regel übertreten wurde. Das gilt besonders für unwichtige Themen. Fernsehen einfach so, gegen das erlaubte oder vereinbarte Programm, da ist kurzer Prozess angesagt, es bedarf keiner Begründung, hier muss der Vater der Regel beherzt Geltung verschaffen.

Der Vater hätte erkennen müssen, dass in diesem Fall kompromisslose Klarheit der richtige Weg gewesen wäre. Einer sicher und eindeutig vorgetragenen Entscheidung folgen Kinder in der Regel. Spüren Sie Unsicherheit, beginnen sie zu argumentieren. Die Fürsorge gebietet manchmal Disziplin ohne Debatte.

Anders verhält es sich bei der Frage, ob die sechzehnjährige Tochter zum ersten Mal bis spät in die Nacht in die Disco darf. Diese Frage ist rechtlich klar geregelt, die Eltern können einen Besuch verbieten. Ein Verbot kann pädagogisch falsch oder richtig sein, je nach Temperament der Tochter, nach Stand der Beziehung zwischen Eltern und Tochter und nach den äußeren Umständen. Was die Sicherheit angeht, da gibt es keine Kompromisse: Die Disco muss einigermaßen bekannt sein, die Tochter darf nicht alleine gehen und in kein von Jugendlichen gesteuertes Auto steigen. Ansonsten ist die Entscheidung eine Frage des Vertrauens. Trägt das Vertrauen in die Tochter so weit, dass Eltern ihr Widerstand gegen mögliche Verführungen zutrauen, Verführungen durch Drogen und Alkohol, und in der Folge Standhaftigkeit gegen bedrängende Jungen?

Die beiden Beispiele zeigen den Unterschied zwischen einer trivialen Frage, wo eine schematische Entscheidung richtig ist, und einer wichtigen Frage, wo die Entscheidung Vertrauen und Mut zum Vertrauen verlangt. Viele pädagogische Situationen im Alltag lassen sich ohne Energie und Zeitaufwand regeln, wenn die Erziehenden die Belanglosigkeit der geforderten Unterordnung klar erkennen und konsequent handeln. In solchen Fällen wird den Erziehenden Selbstdisziplin abverlangt.

Übung 15

Stelle den Gedankengang des Autors dar: Welche Position vertritt er? Welche Argumente fügt er an? Wie belegt er diese Argumente? **Tipp:** Falls die Aufgabe Probleme bereitet, solltest du im Kapitel 2.2 und 2.3 nochmals die Erarbeitung von Inhalten eines Sachtextes trainieren.

▶ Lösung Seite 182 f.

Übung 16

Schreibe eine textgebundene Erörterung zu dem Text von Bernhard Bueb. Das Beispiel für eine Gliederung in der Infobox kann dir sicherlich hilfreich sein. **Tipp:** Bevor du den Teil 3 schreibst, solltest du nochmals auf deine Gedankensammlung von Übung 14 ansehen und überlegen, wie du das Erziehungsbild von B. Bueb siehst.

▶ Lösung Seite 183

Die Gliederung einer textgebundenen Erörterung

1. **Einleitung:** Vorstellung des Textes (Autor, Titel, Textsorte, Erscheinungsort und –zeit), Nennen des Themas, Nennen der Position des Autors und der eigenen Position
2. **Textanalyse:** Vorstellung der Position und Intention des Textes, indem der Gedankengang vorgestellt wird: Argumente, evtl. Gegenargumente, Belege, Beispiele,...
3. **Erörterung – Auseinandersetzung mit der Position des Textes:** Art der Argumentation charakterisieren, Widersprüche aufzeigen, wichtige Gedanken nochmals herausstreichen, Belege hinterfragen,... und daraus die eigene Position folgern und erläutern (z.B. indem man weitere Argumente bzw. Gegenargumente nennt).
4. **Schluss:** abrundender Schritt vgl. Kapitel 5.5

Übung 17

In Kapitel 2.5 findest du eine Übung, in der du zu Aussagen von Günter Grass Stellung nehmen solltest. Diese Übung kannst du an dieser Stelle nochmals lösen, indem du das Schema der Infobox anwendest.

▶ Lösung Seite 183

6. Informierende und kommentierende Textformen

6.1 Die Nachricht und die Kurzmeldung

Info

Aufbau einer Nachricht
- **Schlagzeile mit Untertitel:** erste Information, die der Leser in Sekundenschnelle erfassen kann
- **Vorspann:** die wichtigsten Informationen sind zumeist fett gedruckt und geben einen Überblick über die Hauptinformation
- Im Vorspann werden oft die Leitinformationen gegeben, dies sind die Antworten auf die Fragen: was?, wer?, wo? und wann?.
- Im weiteren Text findet man dann zusätzliche Informationen (wie?, warum?, mit welchen Folgen?, welche Quelle?).
- Einen Aufbau mit Leitinformationen am Anfang bezeichnet man als **Lead-Stil.**

Nachrichten werden in einer **sachlich und knapp** informierenden Sprache im **Präteritum** geschrieben.
Je nach Ausführlichkeit unterscheidet man folgende Formen von Texten, mit denen die Zeitung Leser informiert:
Kurzmeldung: Beantwortet nur die allerwichtigsten W-Fragen zu einem Geschehen, liefert keine Hintergründe.
Nachricht: Liefert übersichtliche, knappe Informationen, kaum Hintergründe
Bericht: Langform der Nachricht, Hintergrundinformationen mit ausführlicher Darstellung.

Lesetext

KVB-Fahrer mit Stein beworfen

Köln – **Mit einem faustgroßen Stein hat ein betrunkener Mann gestern Nachmittag in der U-Bahn-Station Appellhofplatz die Scheibe einer Straßenbahn eingeschmissen. Das Glas ging zwar zu Bruch, doch verletzt wurde niemand.**
Wie die Polizei mitteilte, hatte der 36-Jährige zuvor in dem Zug der Linie 3 eine Zigarette geraucht. Mehrere Fahrgäste wiesen ihn vergeblich darauf hin, dass dies untersagt ist. Auch der Busfahrer schaltete sich schließlich ein und bat den uneinsichtigen Fahrgast, den Zug an der

nächsten Haltestelle zu verlassen. Dies tat der Mann auch, hob dann aber einen Stein aus dem Gleisbett auf und schleuderte ihn gegen die Seitenscheibe der Fahrerkabine. Anschließend versuchte er, in Richtung Appellhofplatz zu flüchten. Doch mit drei Zeugen lief der KVB-Fahrer dem Randalierer hinterher. Sie holten den Mann ein, hielten ihn fest und riefen die Polizei.
Kurz darauf nahmen die Beamten den 36-Jährigen fest. Er bekommt nun eine Strafanzeige wegen Sachbeschädigung. Weil er Polizeiangaben zufolge deutlich alkoholisiert war, wurde ihm eine Blutprobe entnommen.
KVB = Kölner Verkehrsbetriebe

Übung

Übung 1
Notiere dir stichwortartig den Aufbau der Nachricht. Kannst du den einzelnen Teilen Funktionen zuweisen?
▶ Lösung Seite 183

Übung

Übung 2
Es handelt sich hier um eine Nachricht von kurzer bis mittlerer Länge, die Haupt- und Zusatzinformationen enthält. Welches sind deiner Meinung nach die Hauptinformationen, welches die Zusatzinformationen? Markiere im Text.
▶ Lösung Seite 183

Übung

Übung 3
Forme die Nachricht in eine Kurzmeldung um. (Diese sollte nicht einfach identisch mit dem fett gedruckten Anfang, dem Vorspann identisch sein.)
▶ Lösung Seite 183

Übung

Übung 4
Die Informationen sind auf dem Notizblock des Mitarbeiters der Zeitung durcheinandergeraten. Bringe sie in die richtige Ordnung.
▶ Lösung Seite 184

Polizei warnt vor Trickbetrügern

Lesetext

Zweiter Mann lenkte die Bedienung während des Wechselns ab - Montag in der Mittagszeit – in der Coesfelder Innenstadt – Hinweise an jede Polizeidienststelle – Kellnerin unter Schock - beide ca. 40-45 Jahre alt, graue Haare, schlank, einer mit Brille ohne Gestell – 50-Euro-Schein entwendet – erster Mann fragte in Café nach Kleingeld zum Telefonieren – Café hat kleine Belohnung ausgesetzt - Warnung an alle Geschäftsleute durch Polizei – Passanten sahen Männer schnell weglaufen, konnten aber nicht mehr eingreifen

Übung 5

Übung

Erstelle aus den Informationen zunächst eine Kurzmeldung für die Zeitung.

▶ Lösung Seite 184

Übung 6

Übung

Schreibe nun eine Nachricht mittlerer Länge im Lead-Stil. Falls dir Informationen fehlen, kannst du sie selbst erfinden. Beachte aber, dass du keine Abenteuergeschichte schreibst, sondern sachlich bleibst.

▶ Lösung Seite 184

6.2 Der Kommentar

Am Tag nach der Nachricht über den Steinewurf auf den Straßenbahnwagen findet sich in einer anderen Kölner Zeitung folgender Text:

Danke an die aufmerksamen Passanten

Lesetext

Jeder der von der Nachricht des Steinewerfers in Köln hörte, war geschockt. Gehen wir in den Städten so respektlos miteinander um? Wenn uns jemand kritisiert (weil wir am falschen Ort rauchen), reagieren die Kölner einfach mit brutaler Gewalt?

Die Passanten, die den aggressiven Täter sofort verfolgten und somit auch riskierten, Opfer dieses Mannes zu werden, zeigen das Gegenteil. Der Kölner ist nicht etwa ein brutaler Schläger, sondern zeigt im richtigen Moment Mut und Zivilcourage. Die aufmerksamen Passanten haben gezeigt, dass in unserer Stadt nicht etwa brutale Gewalt herrscht, sondern dass wir sehr wohl solidarisch (mit dem S-Bahn-Fahrer) sind und uns für das Gemeinwohl einsetzen. Danke, liebe Passanten, ihr habt viel für das Bild der Stadt Köln nach außen getan!

Übung

Übung 7

Vergleiche die beiden Texte aus der Zeitung. Wie unterscheiden sich die Darstellungen?

▶ Lösung Seite 184

Übung

Übung 8

In welcher Reihenfolge sollte der Leser die beiden Texte in der Zeitung lesen? Wann kann er die Inhalte am besten verstehen?

▶ Lösung Seite 184

Übung

Übung 9

Ein Kommentar enthält oft die persönliche Meinung des Verfassers zu einem Thema.

a) Welche Gefahr ging für den Autor des Textes von dem Steinewerfer aus?
b) Warum hatten die Passanten eine so wichtige Rolle in dem Vorfall?

▶ Lösung Seite 184

Info

Der **Kommentar** enthält die Meinung des Verfassers zu bestimmten Nachrichten oder Beobachtungen. Seine Absicht ist es, entweder andere zu überzeugen oder, sofern sie der Meinung wie der Verfasser sind, sie in ihrer Meinung zu bestärken.
Oft liefert der Kommentar Hintergrundinformationen (z.B. Zahlen) und Argumente zu dem Thema.
Die Sprache des Kommentars ist sachlich, man schreibt im Präsens.
Die Nachricht wird im Kommentar nochmals kurz erwähnt, aber als bekannt vorausgesetzt.

Lesetext

Öffentliche Plätze, Parks und Straßen ständig überwacht

Heroldsburg - Nun ist es amtlich. Polizei und Ordnungsamt können in Zukunft Plätze und Straßen, an denen es häufig zu Gewalttaten und Randalierungen kommt durch das Installieren von Kameras auf den umliegenden Häusern ständig kontrollieren. Ein Mehr an Sicherheit, aber dennoch werden von Bürgern auch bedenken geäußert.

In der kommenden Woche werden auf der Ringallee, im Schiller-Park und auf dem Bahnhofsplatz Kameras installiert, die unmittelbar mit der Verkehrsleitzentrale der Polizei verbunden sind. Noch in diesem Jahr

sollen weitere zehn Kameras in der Stadt aufgestellt werden. Damit wird in Zukunft nicht nur der Verkehr, sondern auch das öffentliche Treiben und Leben an Orten mit hoher Kriminalitätsrate ständig überwacht. Der Oberbürgermeister und die Stadtratsfraktionen begrüßen diese Möglichkeit. Die Stadt werde Tag und Nacht einfach sicherer, sagt der OB Helmendahl. Randalierer, Gewalttäter, Verbrecher und kleinere Diebe hätten nun keine Chance mehr. Das Ergreifen der Straftäter könnte schneller passieren; auch hätten die Kameras abschreckende Wirkung. Die Millionen, die die Stadt jährlich für das Reparieren von Bushaltestellen, Verkehrsschildern und das Entfernen von Graffiti-Schmierereien ausgeben müsse, könnten nun sinnvoller ausgegeben werden, sagte Helmendahl auf einer Pressekonferenz.
Doch es regt sich auch Widerstand gegen diese Maßnahme: Die Bürgeraktion „Freie Bürgerrechte“ weist darauf hin, dass damit auch unbescholtene Bürger unfreiwillig ständig kontrolliert würden. Das sei der Weg in den Überwachungsstaat, fürchtet sie.

Übung 10

Schreibe einen eigenen Kommentar zu diesem Zeitungsartikel. Der Kommentar kann sich entweder dafür oder dagegen aussprechen. Beziehe den oben stehenden Zeitungsartikel, dem Kommentar zum Kölner Steinewerfer und den Vorfall in der Coesfelder Innenstadt mit ein.

Tipp: Ein Kommentar ist eigentlich nichts anderes als eine begründete Stellungnahme, die du bereits kennen gelernt hast. Hier zur Erinnerung nochmals der Aufbau einer Stellungnahme.

Aufbau einer Stellungnahme

- Einleitung, z.B. Bedeutung der Nachricht deutlich machen
- Eigene Meinung nennen, Position einnehmen
- Argumente in aufsteigender Form nennen und jeweils ausführen (z.B. mit Beispielen oder statistischem Material)
- Schluss (Wunsch äußern, Appell an den Leser)

► Lösung Seite 185

6.3 Glosse

6.3.1 Was ist eine Glosse?

Im Fernsehen sorgte in den letzten Monaten die Sendung „Dschungelcamp" für Furore. Angebliche Prominente ließen sich im Dschungel aussetzen und ihr Leben zwei Wochen lang von Kameras beobachten. In einer Kölner Zeitung fand man zu dieser Sendung folgende Glosse.

Lesetext

Fernsehen ist um eine Sensation reicher
„Prominente" lassen sich im Dschungel aussetzen und schon ist das Fernsehen um eine Attraktion reicher – „Dschungelcamp" heißt das Zauberwort, mit dem man uns vor die Glotze holt.
Superberühmte Persönlichkeiten (hast du die schon mal gesehen?) albern rum, essen Insekten und suhlen sich im Dreck – na, das ist doch wirklich spannend. Das ist Bildungsfernsehen für die junge Generation. Ein kleines bisschen Werbung wird zwischendurch auch gezeigt, aber schließlich muss der arme Fernsehsender ja auch etwas verdienen.

Übung

Übung 11

Welche Meinung vertritt der Schreiber dieser Glosse? Wie vermittelt er diese Meinung in seinem Text?
▶ Lösung Seite 185

Info

Als **Glosse** bezeichnet man eine **ironisch-kritisierend zugespitzte Meinungsäußerung** in einer Zeitung. Das vorherrschende Stilmittel ist die **Ironie**, man sagt also ungefähr das Gegenteil von dem, was man meint. So soll der Leser auf die kritisierten Gesichtspunkte aufmerksam werden. Im Gegensatz zum Kommentar wirkt die Glosse immer **angreifend.**
Sprachliche Mittel der Glosse sind: Wortneubildungen (Neologismen), Anspielungen (die z.T. nur eingeweihte Leser verstehen), sprachliche Bilder und Doppeldeutigkeiten.

Übung 12

Stelle anhand des folgenden Textes die glossentypischen Merkmale zusammen und versuche, ihre Funktion zu bestimmen. Markiere am Text.
▶ Lösung Seite 185

Vorbemerkungen: In einer Zeitung in Münster steht ein Bericht, dass ab dem nächsten Wochenende verstärkt Fahrradfahrer, die auf dem Radweg auf der falschen Straßenseite fahren (also links und nicht auf dem rechten Radweg) angehalten werden sollen und ein Strafgeld zahlen müssen, dazu erscheint am folgenden Tag diese Glosse:

Lesetext

Nieder mit den Fahrradrowdies!

Jeder hat es gestern gelesen: Nun werden auch wir Radfahrer kontrolliert. Und zwar für das Fahren auf der falschen Radwegseite. Wo kommen wir denn da auch hin, liebe Radfahrer und Radfahrerinnen? An unserem geliebten Ring rund um die Stadt Münster verläuft auf jeder Fahrbahnseite ein schmaler Radweg von Breite von drei Metern. Da kann man doch nicht einfach ein Fahrradentgegenkommer sein. Wie soll denn der Gegenverkehr ausweichen? Etwa auf die freien 2,50 m? Gut, dass die Polizei keine Kosten und Mühen scheut, diesen Entgegenkommnotstand aufzuheben und die Sünder zur Kasse bittet.

Aber mal im Ernst: Haben wir in Münster keine echten Probleme, für die wir die Polizei dringend brauchen?

6.3.2 Kleines Ironie-Training

In einer Glosse wird oft mit ironischen Bemerkungen gearbeitet, diese selbst zu formulieren, ist aber gar nicht so einfach. Dabei benutzen wir im Alltag immer wieder Ironie.

Übung 13

Übung

Erkläre die wahre Bedeutung der folgenden ironischen Bedeutungen.

a) „Das war eine Meisterleistung ", sagt der Fan vom FC Heroldsburg, der beim Rückstand von 0:3 das Stadion verlässt.

b „Ich kann es kaum noch erwarten!", sagt Peter vor der Mathearbeit.

c) „Das war echt eine Höchstleistung von mir", sagt Peter, nachdem er seine Mathearbeit mit einer 5 zurückbekommen hat.

d) „Das bezahle ich doch aus der Portokasse", meint Melanie, als sie sieht, dass das Kleid im Schaufenster fast 700 Euro kostet.

▶ Lösung Seite 185

Über ein Konzert der Band „Tokio Hotel" stand vor einigen Wochen die folgende ***Glosse*** *in einer Zeitung*

Lesetext

Alles für unsere Jungs vom Tokio Hotel
Da behaupte noch einer, unsere Jugend sei nicht engagiert und begeisterungsfähig! Als Vater und Begleitperson auf einem Konzert der Gruppe Tokio Hotel (diese Figuren, von denen ich bis zur letzten Woche glaubte, es seien sehr realistisch gezeichnete Mandalamännchen) kann man sich vom Gegenteil überzeugen.
Für einen günstigen Eintrittspreis von 65 Euro und nach einer Anreise am frühen Morgen erlebt man so einiges: zunächst 12 Stunden Warten, damit man einen guten Platz bekommt (die Ordner platzieren einen doch da, wo es ihnen passt), Unmengen verliebter Mädchen, die reihenweise vor lauter Liebe in Ohnmacht fallen, und ohrenbetäubendes Gekreische, oh, Entschuldigung, ich meine Fangesänge.
Wenn die Jungs dann endlich auf die Bühne kommen, sieht man ihnen Spaß und Uneigennützigkeit an, sie singen nur für die Fans, die sie ja genauso lieben wie die Fans sie. Nach knapp zwei Stunden ist der ganze Spaß vorbei und die Mamas und Papas fahren erleichtert mit den überdrehten süßen Kleinen nach Hause.
Aber seien wir ehrlich – war's nicht damals bei Elvis, bei den Beatles und wie sie alle hießen ganz genauso?

Übung

Übung 14
An welchen Stellen verwendet der Text Ironie? Was ist tatsächlich gemeint? Markiere am Text.
▶ Lösung Seite 185

Übung

Übung 15
An einer Stelle wird keine Ironie verwendet. Um welche Stelle handelt es sich? Warum sagt der Autor hier, was er wirklich denkt?
▶ Lösung Seite 186

Übung

Übung 16
Stelle dir vor, dass auch du ein großer Fan der Band Tokio Hotel bist. Du warst auf dem Konzert umgeben von zahllosen, hilflos dreinblickenden Eltern, die ihre Kinder begleiten mussten. Schreibe eine Glosse über die „Senioren unter Teenies"!
▶ Lösung Seite 186

7. Die Analyse einer Rede

7.1 Wann halten Menschen eine Rede? – die Redesituation klären

Übung 1

a) Erinnere dich: Wann hast du zum letzten Mal eine Rede gehört? Warum wurde diese Rede gehalten?
b) Zu welchen Anlässen werden Reden gehalten? Wer ist bei diesen Reden das Publikum?

▶ Lösung Seite 186

Nachfolgend wirst du eine Rede aus dem Deutschen Bundestag Schritt für Schritt analysieren.

Übung 2

Lies den folgenden Redeanfang.

a) Welche Fragen müssten geklärt werden, damit du die Rede verstehen kannst?
b) Was fällt dir an der Sprache des Redners auf?

▶ Lösung Seite 186

Konrad Weiß.
Ich schäme mich

Ich schäme mich. Ich schäme mich, Deutscher zu sein. Ich schäme mich, in einem Land zu leben, das eine Mauer der Gewalt, der Gefühllosigkeit, der Selbstsucht um sich baut. Ich schäme mich, in einem Land zu leben, in dem Menschen Beifall klatschen, wenn Menschen angegriffen, verletzt, vertrieben werden. Ich schäme mich, Mitbürger von Feiglingen zu sein, die Frauen und Kinder schlagen und drangsalieren, die Jagd auf jene Menschen machen, die bei uns Zuflucht und Hilfe suchen oder anders sind.

Zum Verständnis einer Rede sind **Informationen zur Redesituation** notwendig. Hierzu gehören:

- Ort der Rede
- Zeit der Rede
- Art des Publikums / der Zuhörer
- gesellschaftliche und politische Umstände
- Anlass der Rede

Übung 3

Im folgenden Text findest du wichtige Hintergrundinformationen zum Redeanfang von Konrad Weiß.

a) Unterstreiche die wichtigen Informationen, die der Leser bzw. Hörer der Rede wissen muss, um die Rede verstehen zu können.
b) Stelle die Informationen mit eigenen Worten als kurzen Text zusammen. Dieser Text ist bei einer Redeanalyse die Einleitung deines Aufsatzes, bevor du dich mit dem eigentlichen Text, also der Rede, auseinandersetzt.

▶ Lösung Seite 186

Die Rede, die unter dem Titel „Ich schäme mich“ bekannt wurde, hielt der ostdeutsche Bundestagsabgeordnete Konrad Weiß vom Bündnis 90/Die Grünen am 08. Oktober 1992 im Deutschen Bundestag. Anlass der Rede waren gewalttätige Ausschreitungen von Rechtsradikalen gegen Ausländer und Asylbewerber in ganz Deutschland, aber besonders im Gebiet der ehemaligen DDR. Bei diesen Ausschreitungen gab es oft auch eine große Gruppe Zuschauer, die nicht eingriff, sondern z.T. sogar Beifall klatschte.
Konrad Weiß ist ein Bürgerrechtler der ersten Stunde und gehörte zu den Erstunterzeichnern eines Aufrufes „Demokratie jetzt“ 1989 in der DDR. Nach dem Fall der Mauer und dem Sturz des SED-Regimes beteiligte er sich aktiv am Demokratisierungsprozess in Ostdeutschland. Von 1990 bis 1994 war er Mitglied des Deutschen Bundestages. Von Beruf ist er Filmregisseur und wurde 1942 in Lauban/Schlesien geboren. Nach der Umsiedlung wuchs er in Genthin/Sachsen-Anhalt auf.

7.2 Der Aufbau und Inhalt einer Rede

Nachdem du dich im letzten Teilkapitel mit dem Anfang und der Redesituation beschäftigt hast, lernst du nun die gesamte Rede kennen.

Konrad Weiß
Ich schäme mich

Ich schäme mich. Ich schäme mich, Deutscher zu sein. Ich schäme mich, in einem Land zu leben, das eine Mauer der Gewalt, der Gefühllosigkeit, der Selbstsucht um sich baut. Ich schäme mich, in einem Land zu leben, in dem Menschen Beifall klatschen, wenn Menschen angegriffen, verletzt, vertrieben werden. Ich schäme mich, Mitbürger von Feiglingen zu sein, die Frauen und Kinder schlagen und drangsalieren, die Jagd auf jene Menschen machen, die bei uns Zuflucht und Hilfe suchen oder anders sind.

Weder die unbewältigte Vergangenheit noch die Deformierung aus 60 Jahren Diktatur dürfen als Entschuldigung dafür dienen, dass Menschen wie Tiere über Menschen herfallen. Diese Fremdenfeindlichkeit so vieler Deutscher ist eine Unmenschlichkeit, die unentschuldbar ist.

Haben wir Ostdeutschen aus 40 Jahren Unterdrückung und Eingesperrtsein wirklich nichts anderes gelernt als Ausgrenzen, Aussperren und Ausstoßen? Und ist westdeutsche Demokratie nach 40 Jahren wirklich so verkommen, dass sie sich nicht mehr zu wehren weiß?

Jeder und jede in unserem Land muss unsere Demokratie verteidigen. Das beginnt mit scheinbaren Kleinigkeiten, die aber so viel Mut, Wachheit und Zivilcourage erfordern. Denn es braucht Mut, dem Taxifahrer oder dem Kollegen, der von „Kanaken" spricht oder fremdenfeindliche Witze erzählt, über den Mund zu fahren. Und es braucht genauso Mut, denen entgegenzutreten, die Polizisten als „Bullen" beschimpfen oder sie bei ihrer Arbeit zum Schutz von Mitbürgerinnen und Mitbürgern behindern. Es braucht Courage nicht wegzusehen oder sich davonzuschleichen, wenn Menschen Menschen beleidigen und misshandeln oder wenn Steine und Brandflaschen geworfen werden. Es braucht Courage, dem Nachbarn, der zum Sturm auf Ausländer Beifall klatscht, in aller Eindeutigkeit zu sagen, was man von ihm hält.

Eine der Ursachen des Unheils, das wieder über Deutschland gekommen ist, ist die Bejahung von Gewalt. Die Barbarei der Rechtsradikalen wird aus den vielen kleinen Gewalttätigkeiten gespeist, an die wir uns gewöhnt haben und die wir fast widerstandslos hinnehmen. Wir haben es nur ungenügend gelernt, Konflikte gewaltfrei zu bewältigen, im Kleinen ebenso wie im Großen. Wir dulden die Gewalt im Straßenverkehr und die Gewalt der Erwachsenen gegen die Kinder. Wir akzeptieren, dass Gewalt gegen Frauen als Kavaliersdelikt angesehen wird. Wir nehmen die vielfältigen, die verbalen oder handgreiflichen Gewalttätigkeiten gegen Minderheiten und Andersdenkende gedankenlos hin. Wir dulden unter dem Vorwand, die Freiheit der Kultur zu schützen, dass uns und unseren Kinder unentwegt die scheußlichsten Gewalttaten vorgeführt werden. Es ist die Saat dieser Gewalt, die nun aufgeht.

Unsere Demokratie, unser Land können wir nur durch eine große Koalition der Menschlichkeit vor dem Rückfall in Barbarei und Totalitarismus bewahren. Diejenigen, die heute „Neger aufklatschen“, werden morgen uns und unsere Familien foltern und töten. Sie werden, wenn wir sie gewähren lassen, nicht danach fragen, ob wir Sozialdemokraten oder Kommunisten, ob wir christliche oder liberale Demokraten, ob wir Grüne oder Bürgerrechtler sind. Wir werden uns gemeinsam in ihren Vernichtungslagern wiederfinden, wie es 1933 geschah, wenn wir sie gewähren lassen.

Übung

Übung 4

Um eine Rede zu analysieren, muss man **zunächst sicherstellen, dass man alles verstanden hat.**

a) Schlage die Fremdworte der Rede in einem Wörterbuch nach und erkläre sie anschließend (am besten mit eigenen Worten): Deformierung (Z. 9), Diktatur (Z. 10), Demokratie (Z. 15), Zivilcourage (Z. 19), Barbarei (Z. 30), Kavaliersdelikt (Z. 36), verbale Gewalt (Z. 37), Koalition (Z. 42 f.), Totalitarismus (Z. 43 f.), Sozialdemokraten (Z. 46), Kommunisten (Z. 47), liberal (Z. 47).

b) Beantworte folgende Fragen, um sicherzustellen, ob du die geschichtlichen (historischen) Zusammenhänge der Rede verstanden hast:
   - Was meint der Redner mit seiner Aussage „40 Jahre(n) Unterdrückung und Eingesperrtsein“ (Z. 13 f.)?
   - In Z. 45 bis 49 sagt der Redner, dass wir nicht gefragt werden, welcher Partei wir angehören, sondern wir uns alle „in ihren Vernichtungslagern wiederfinden“. Auf was wird hier angespielt?

c) Nun nochmals einige Fragen: Jetzt geht es nicht mehr um die geschichtlichen Anspielungen, sondern darum, ob du die Zusammenhänge der Rede verstanden hast:
   - Für was schämt sich Konrad Weiß?
   - Welche Entschuldigungen werden für das Verhalten der Bürger, die gegen Ausländer gewalttätig geworden sind, vorgeschlagen, welche lässt Konrad Weiß gelten?
   - Wie kann jeder einzelne – laut Weiß – die Demokratie verteidigen?
   - Warum ist es – laut Weiß – zu den Ausschreitungen gekommen? Welche Probleme stellt er in unserer Gesellschaft fest?
   - Welche Folgen beschreibt Weiß, falls wir uns nicht gegen rechtsradikale Mitbürger wehren?

► Lösung Seite 186 f.

Übung 5
Gliedere die Rede nun in Sinnabschnitte und gib jedem Abschnitt eine möglichst treffende Überschrift!
▶ Lösung Seite 187

Übung

Übung 6
Fasse mit Hilfe der Ergebnisse von Aufgabe 5 den Inhalt der Rede knapp zusammen.
▶ Lösung Seite 187

Übung

7.3 Die Sprache einer Rede, rhetorische Figuren

Info

In jeder Rede versucht der Redner nicht nur durch Inhalte zu überzeugen, sondern besonders mit Hilfe sprachlicher Besonderheiten, den sogenannten **rhetorischen Figuren**, seine **Zuhörer emotional zu berühren und zu fesseln**. Diese Figuren werden also bewusst eingesetzt, um bestimmte Ziele zu erreichen, sie sind **mehr als nur „Schmuck"** einer Rede.

Übung 7
Schaue dir nochmals die Rede von Konrad Weiß an. Welche sprachliche Besonderheit findet sich im ersten Abschnitt, also in den ersten fünf Sätzen? Welche Wirkung erzielt er damit?
▶ Lösung Seite 187

Übung

Info

Bei der Untersuchung von sprachlichen Besonderheiten muss man jeweils **zwei Schritte** unterscheiden:
1. Das Heraussuchen der rhetorischen Figuren (**Analyse**): Welche sprachlichen Mittel werden verwendet?
2. Die Untersuchung der Bedeutung der Figuren (**Interpretation**): Warum wird dieses sprachliche Mittel verwendet? Welche Wirkung hat es auf den Zuhörer?

Diese zwei Schritte, Analyse und Interpretation, sollen nun noch einmal an einem **Beispiel** erklärt werden:
In den Zeilen 13 bis 16 stellt Konrad Weiß zwei Fragen. Diese Feststellung ist die **Analyse**. Wie kann man diese analysierten sprachlichen

Figuren **interpretieren**? Warum hat Weiß diese Stilmittel eingesetzt? Dazu muss man sich (besonders wenn man die Rede nur liest) in die Situation der Rede im Bundestag hineinversetzen. Konrad Weiß wird beim Stellen der Fragen wohl kaum erwartet haben, dass jemand aufsteht und ihm eine Antwort gibt. Die Fragen sind also nur Denkanstöße an die Zuhörer. Wenn jemandem eine Frage gestellt wird, beginnt er über die Antwort nachzudenken. Bei den beiden Fragen antworten wir in unserem Kopf direkt mit „nein". Weiß zeigt uns also auf, dass die Ostdeutschen anderes Verhalten als z.B. „Ausgrenzen" gelernt haben und die Westdeutschen nicht so „verkommen" sind, dass sie sich nicht gegen rechte Gewalt wehren können. Durch unsere (innere) Antwort haben wir als Zuhörer selbst herausgefunden, dass jeder Einzelne sich gegen rechte Gewalt wehren könnte.

Weiß ist es also gelungen, uns und seine Zuhörer im Parlament mit seinen rhetorischen Fragen zum Denken anzuregen. Während wir die Rede hören, hören wir also nicht einfach nur zu, sondern unser Verstand wird eingesetzt.

Übung

Übung 8

a) Analysiere nun die gesamte Rede von Konrad Weiß. Welche sprachlichen Mittel findest du noch? Die folgende Tabelle kann dir helfen!

b) Wähle drei der rhetorischen Figuren, die du in Aufgabenteil a gefunden hast, aus, und interpretiere ihre Bedeutung für die Rede. Überlege dir dazu: Warum hat Konrad Weiß sie an dieser Stelle eingesetzt?

▶ Lösung Seite 187 f.

Die wichtigsten rhetorischen Mittel im Überblick

Sprachliches Mittel	Definition	Beispiel
Alliteration	Wiederholung der Anfangsbuchstaben bei Wörtern	Milch macht müde Männer munter.
Anapher	Wiederholung eines oder mehrerer Wörter am Satzanfängen.	Ich schäme mich. Ich schäme mich, Deutscher zu sein. Ich schäme mich, in einem Land zu leben...
Ellipse	Unvollständiger Satz	Je später der Abend, desto schöner die Gäste.
Euphemismus	Beschönigung	vollschlank (statt dick)
Hyperbel	Starke Übertreibung	Todmüde, ein Meer von Tränen
Ironie	Unwahre Behauptung, die zeigt, dass das Gegenteil gilt.	Das hast du ja mal wieder toll hinbekommen!
Metapher	Bedeutungsübertragung, bildliche Sprache	Er hämmerte den Ball an die Latte.
Parallelismus	Wiederholung gleicher syntaktischer Gefüge	Der Mann geht, die Frau kommt, das Kind bleibt.
Personifikation	Vermenschlichung	Die Sonne lacht. Vater Staat
Rhetorische Frage	Scheinbare Frage, auf die keine Antwort erwartet wird	Wer ist schon perfekt?
Symbol	Sinnbild	Taube (für den Frieden), Ring (für Treue)
Vergleich	Verknüpfung von zwei Bedeutungsbereichen durch Hervorhebung des Gemeinsamen durch das Wort „Wie“	Er ist stark wie ein Löwe.

7.4 Leitfaden zur Redeanalyse

Bei der Redeanalyse ist es sinnvoll, nach folgendem **Schema** vorzugehen und die Fragen als Hilfestellung im Kopf zu haben:

Info

1. Die Redesituation
- Wo und wann wird die Rede gehalten?
- Zu welchem Anlass wird die Rede gehalten?
- Welches Publikum hat die Rede?

2. Inhalt der Rede
- Welche Hauptaussagen enthält die Rede?
- Wie ist die Rede inhaltlich gegliedert?
- Welche Argumente verwendet der Redner?
- Welche Sachverhalte werden angesprochen?

3. Redeabsicht
- Welche Wirkung will der Redner erzielen und woran erkennt man das?
- Für/gegen wen nimmt die Rede Partei?
- Gibt es Vorwürfe, Forderungen, Appelle,...?
- Werden die Interessen des Redners offen dargelegt oder bleiben sie verdeckt?

4. Rhetorische Mittel
- Wie ist der Satzbau?
- Wie ist die Wortwahl der Rede?
- Enthält die Rede Anklänge an einen bestimmten Stil? Ist sie für eine bestimmte Sprachschicht geschrieben?

5. Redeweise
- Bezieht der Redner das Publikum ein?
- Wie wird die Rede vorgetragen (Lautstärke, Tempo,...)?
- Wie setzt der Redner Mimik und Gestik ein?
- Werden Medien eingesetzt? Wenn ja, welche Wirkung haben sie?

Übung

Übung 9

Analysiere die bekannte Rede des US-Präsidenten John F. Kennedy, die er am 26.6.1963 vor dem Schöneberger Rathaus in Berlin hielt.

Anmerkung: Auch Berlin wurde nach dem Zweiten Weltkrieg 1945 geteilt. West-Berlin war eine „Insel" inmitten der Sowjetischen Besatzungszone (SBZ), die 1949 zur DDR wurde. Nach der Währungsreform 1948 in den Westzonen kam es zur Machtprobe zwischen der Sowjetunion und den USA. Alle Zufahrtwege zu Wasser und zu Lande nach West-Berlin wurden durch die Sowjetunion und die Polizei der SBZ gesperrt. Knapp 11 Monate dauerte die Berlin-Blockade. General L.D. Clay (US-Militärgouverneur in Deutschland) ordnete die Versorgung der Berliner aus der Luft an. Fast im Minutentakt flogen die sogenannten „Rosinenbomber" mit Kohlen, Lebensmitteln und Medikamenten nach Berlin. Diese Hilfe blieb den Berlinern immer im Gedächtnis. 1961 begann der Bau der Mauer rund um West-Berlin, um die Flucht der DDR-Bürger zu verhindern. Die Bevölkerung West-Berlins vertraute auf den Schutz der Amerikaner (und der anderen westlichen Alliierten Großbritannien und Frankreich) vor einer Besetzung West-Berlins durch die Sowjets. Berlin war die Nahtstelle zwischen kommunistischer Diktatur und freiheitlicher Demokratie. In dieser Stimmungslage besuchte der damalige Amerikanische Präsident J. F. Kennedy im Juni 1963 West-Berlin. Vor dem Schöneberger Rathaus in West-Berlin hielt er folgende Rede:

Quelle: Ullstein Bild

Lesetext

Meine Berlinerinnen und Berliner!

Ich bin stolz, heute in Ihre Stadt zu kommen als Gast Ihres hervorragenden Regierenden Bürgermeisters, der in allen Teilen der Welt als Symbol für den Kampf und den Widerstandsgeist West-Berlins gilt. Ich bin stolz, auf dieser Reise die Bundesrepublik Deutschland zusammen mit Ihrem hervorragenden Bundeskanzler besucht zu haben, der während so langer Jahre die Politik bestimmt hat nach den Richtlinien der Demokratie, der Freiheit und des Fortschritts.

Ich bin stolz darauf, heute in Ihre Stadt in der Gesellschaft eines amerikanischen Mitbürgers gekommen zu sein. General Clay, der hier tätig war in der Zeit der schwersten Krise, durch die diese Stadt gegangen ist, und der wieder nach Berlin kommen wird, wenn es notwendig werden sollte.

Vor zweitausend Jahren war der stolzeste Satz, den ein Mensch sagen konnte, der: Ich bin ein Bürger Roms! Heute ist der stolzeste Satz, den jemand in der freien Welt sagen kann: „Ich bin ein Berliner!“ (…) Wenn es in der Welt Menschen geben sollte, die nicht verstehen oder die nicht zu verstehen vorgeben, worum es heute in der Auseinandersetzung zwischen der freien Welt und dem Kommunismus geht, dann können wir ihnen nur sagen, sie sollen nach Berlin kommen.

Es gibt Leute, die sagen, dem Kommunismus gehöre die Zukunft. Sie sollen nach Berlin kommen! Und es gibt wieder andere in Europa und in anderen Teilen der Welt, die behaupten, man könne mit den Kommunisten zusammenarbeiten. Auch sie sollen nach Berlin kommen! Und es gibt auch einige wenige, die sagen, es treffe zwar zu, dass der Kommunismus ein böses und ein schlechtes System sei, aber er gestatte es ihnen, wirtschaftlichen Fortschritt zu erreichen. Aber lasst auch sie nach Berlin kommen!

Ein Leben in der Freiheit ist nicht leicht und die Demokratie ist nicht vollkommen. Aber wir hatten es nie nötig, eine Mauer aufzubauen, um unsere Leute bei uns zu halten und sie daran zu hindern, woanders hinzugehen. Ich möchte Ihnen im Namen der Bevölkerung der Vereinigten Staaten, die viele Tausend Kilometer von Ihnen entfernt lebt, auf der anderen Seite des Atlantiks, sagen, dass meine amerikanischen Mitbürger stolz, sehr stolz darauf sind, mit Ihnen zusammen selbst aus der Entfernung die Geschichte der letzten achtzehn Jahre teilen zu können. Denn ich weiß nicht, dass jemals eine Stadt achtzehn Jahre lang belagert wurde und dennoch lebt mit ungebrochener Vitalität, mit unerschütterlicher Hoffnung, mit der gleichen Stärke und mit der gleichen Entschlossenheit wie heute West-Berlin.

Die Mauer ist die abscheulichste und die stärkste Demonstration für das Versagen des kommunistischen Systems. Die ganze Welt sieht dieses Eingeständnis des Versagens (…) Durch die Mauer werden Familien getrennt, der Mann von der Frau, der Bruder von der Schwester, Menschen werden mit Gewalt auseinander gehalten, die zusammenleben wollen. (...)

Sie leben auf einer verteidigten Insel der Freiheit. Aber Ihr Leben ist mit dem des Festlandes verbunden, und deswegen fordere ich Sie zum Schluss auf, den Blick über die Gefahren des Heute hinweg auf die Hoffnung des Morgen zu richten, über die Freiheit dieser Stadt Berlin, über die Freiheit Ihres Landes hinweg auf den Vormarsch der Freiheit überall in der Welt, über die Mauer hinweg, auf den Tag des Friedens in Gerechtigkeit.

Die Freiheit ist unteilbar, und wenn auch nur einer versklavt ist, dann sind nicht alle frei. Aber wenn der Tag gekommen sein wird, an dem alle die Freiheit haben und Ihre Stadt und Ihr Land wieder vereint sind, wenn Europa geeint ist und Bestandteil eines friedvollen und zu höchsten Hoffnungen berechtigten Erdteils, dann wenn dieser Tag gekommen sein wird, können Sie mit Befriedigung von sich sagen, dass die Berliner und diese Stadt Berlin zwanzig Jahre lang die Front gehalten haben.

Alle freien Menschen, wo immer sie leben mögen, sind Bürger dieser Stadt West-Berlin, und deshalb bin ich als freier Mann stolz darauf, sagen zu können: Ich bin ein Berliner!

▶ Lösung Seite 188

Übung 10

Die folgende Rede wurde von Lydia analysiert.

a) Lies zunächst die Rede Erich Kästners aufmerksam durch, beachte auch den historischen Kontext.

b) Untersuche nun Lydias Lösung. Welche Fehler hat sie gemacht? Gebe ihr konkrete Verbesserungsvorschläge!

***Erich Kästner** (1899-1974) studierte Germanistik, Theaterwissenschaften, Geschichte und Philosophie. Er arbeitete als Journalist und Autor (wichtige Veröffentlichungen u.a.: Emil und die Detektive, Fabian, Das fliegende Klassenzimmer,...). 1933 erhielt er in Deutschland ein Publikationsverbot.*

***Zum historischen Kontext,** auf den Kästner Bezug nimmt: Am 10. Mai 1933 inszenierte die NSDAP eine landesweite Bücherverbrennung. Zuvor waren Listen mit „verbrennungswürdiger" Literatur erschienen. Diese Literatur widersprach der nationalsozialistischen Ideologie, weil die Autoren marxistisch, pazifistisch oder jüdisch waren. Die Deutsche Studentenschaft vernichtete unter dem Motto „Wider den undeutschen Geist" in straff organisierten und ritualisierten Feiern Bücher von rund 250 Autoren (u.a. Sigmund Freud, Erich Kästner, Heinrich Mann, Bertolt Brecht). Bei den Feiern traten viele Germanistikprofessoren auf, in Berlin vor der Humboldt-Universität und der Staatsoper auch Propagandaminister Goebbels.*

Lesetext

Erich Kästner

Über das Verbrennen von Büchern

(Auszug aus der Ansprache von Erich Kästner auf der Hamburger PEN[1]-Tagung am 10. Mai 1958)

Die Feuer brannten. Auf dem Opernplatz in Berlin. Auf dem Königsplatz in München. Auf dem Schlossplatz in Breslau. Vor der Bismarcksäule in Dresden. Auf dem Römerberg in Frankfurt. Sie loderten in jeder deutschen Universitätsstadt. Die Studenten hielten in brauner Uniform Ehrenwache. Die Sturmriemen unterm akademischen Kinn. In Berlin hatten sie sich vor der Universität und der Bibliothek aufgebaut, sahen zum Scheiterhaufen hinüber und kehrten ihrer „Alma mater"[2] den Rücken. Und den Standbildern der Brüder Humboldt am Haupttor. Sie blickten zackig geradeaus, die Studenten. Hinüber zum Brandmal, wo der kleine „Teufel aus der Schachtel"[3] schrie und gestikulierte und wo die Kommilitonen[4] die Bücher zentnerweise ins Feuer schippten.

Meine Damen und Herren, ich habe Gefährlicheres erlebt, Tödlicheres – aber Gemeineres nicht! „Ein Revolutionär muss alles können!", brüllte der personifizierte Minderwertigkeitskomplex aus Rheydt[5]. „Er muss ebenso groß sein im Niederreißen der Unwerte wie im Aufbau der Werte." (...)

Was hatte, vom abscheulichen Schauspiel abgesehen, an diesem Abend stattgefunden? Hatte, diesmal auch, der dämonische Gefreite[6] und Obdachlose aus Braunau am Inn[7] gebrüllt? Nein. Hatten seine Marodeure[8] und sein Pöbel die Bücher ins Feuer geworfen? Nein. Viel Schrecklicheres, etwas Unausdenkbares war geschehen: Ein Doktor der Philosophie[9], ein Schüler Gundolfs[10], hatte die deutschen Studenten aufgefordert, höchstselbst den deutschen Geist zu verbrennen. Es war Mord und Selbstmord in einem. Das geistige Deutschland brachte sich und den deutschen Geist um, und der Arrangeur, auch und gerade er, war, wie er das zu formulieren pflegte, ein Arbeiter der „Stirn". Es war nicht nur Mord und nicht nur Selbstmord, es war Mord als Inzest[11], es war, mathematisch gesagt, Massenmord und Selbstmord hoch drei. (...)

Die Ereignisse von 1933 bis 1945 hätten spätestens 1928 bekämpft werden müssen. Später war es zu spät. Man darf nicht warten, bis der Freiheitskampf Landesverrat genannt wird. Man darf nicht warten, bis

1 PEN = Poets, Essayist, Novelists = internationale Schriftstellervereinigung
2 Hochschule, Universität
3 Joseph Goebbels, Reichsminister für Volksaufklärung und Propaganda 1933-45
4 Studienkollege
5 Joseph Goebbels
6 niederer Dienstrang beim Militär
7 Adolf Hitler
8 plündernde Nachzügler einer Truppe
9 Joseph Goebbels
10 jüdischer Literaturwissenschaftler und Dichter, 1880-1931
11 Geschlechtsverkehr zwischen Blutsverwandten

aus dem Schneeball eine Lawine geworden ist. Man muss den rollenden Schneeball zertreten. Die Lawine hält keiner mehr auf. Sie ruht erst, wenn sie alles unter sich begraben hat.
Das ist die Lehre, das ist das Fazit dessen, was uns 1933 widerfuhr. Das ist der Schluss, den wir aus unseren Erfahrungen ziehen müssen, und es ist der Schluss meiner Rede. Drohende Diktaturen lassen sich nur bekämpfen, ehe sie die Macht übernommen haben. Es ist eine Angelegenheit des Terminkalenders, nicht des Heroismus[12].

Lydias Lösung (10. Klasse)

Der Redner der vorliegenden politischen Rede „Über das Verbrennen von Büchern" war Erich Kästner. Er lebte von 1899-1974.
Zu dem Zeitpunkt, als Erich Kästner diese Rede hielt, war die Bücherverbrennung schon lange vorbei und der Zweite Weltkrieg war zu Ende. Die Nationalsozialisten waren also besiegt. Die Bücher Kästners waren nicht mehr verboten.

Die Hauptaussagen von Kästners Rede sind, dass die Bücherverbrennung in sich widersprüchlich war, da sie von Studenten, also von Menschen, die eigentlich lernwillig sind und mit Büchern arbeiten, durchgeführt wurde. Gerade Studenten und Professoren sollten wissen, wie wichtig es für die Bildung ist, dass es keine Zensur bei Büchern gibt.

Eine weitere Hauptaussage Kästners ist, dass Diktaturen von Anfang an bekämpft werden müssen, nicht wie bei den Nationalsozialisten, denen erst Widerstand entgegengesetzt wurde, als es zu spät war.

Die Rede Kästners handelt von der Verbrennung der Bücher in allen deutschen Universitätsstädten. Die Verbrennung in Berlin hebt Kästner besonders hervor, denn die dort anwesenden Studenten kehrten den Standbildern der Brüder Humboldt den Rücken, also dem Symbol für Bildung. Sie wenden sich stattdessen dem Propagandaminister der NSDAP Joseph Goebbels zu, der sie dazu drängt, die Bücher zu verbrennen.

Das Erschreckende daran sei, wie Kästner sagt, dass ein „Doktor der Philosophie" (Z. 21 f.) die Bücherverbrennung veranlasst habe. Zum Schluss der Rede betont Kästner, dass es zu spät gewesen sei, die Ereignisse seit der Ernennung von Hitler zum Reichskanzler, also der sog. Machtergreifung der NSDAP bis zum Kriegsende, zu verhindern. Die Folge aus dem untätigen Mitansehen war Hitlers Abschaffung der demokratischen Ordnung und alles, was darauf folgte. Nach Kästner müsse man

12 Heldentum, Heldenmut

aus diesen Ereignissen lernen, dass Diktaturen nur verhindert werden können, wenn sie noch keine Macht erlangt haben.

In Zeile 14 findet sich mit der Formulierung „der personifizierte Minderwertigkeitskomplex“ eine metaphorische Umschreibung für den Reichspropagandaminister Goebbels. Er macht damit auf Goebbels' relativ kleine Körpergröße und seinen Klumpfuß aufmerksam. Außerdem spielt er darauf an, dass man Goebbels oft nachsagt, sich anderen Menschen unterlegen gefühlt zu haben und dies mit politischer Macht überspielt zu haben. Kästner stellt so Goebbels lächerlich dar.

Mit dem „deutschen Geist“ (Z. 23) meint Kästner die Bücher (Metapher). Sie stellen das Wissen und die Bildung der Gesellschaft in Gegenwart und Vergangenheit dar. Sie zu vernichten, ist also die Vernichtung aller intellektueller Ideen. Die Wirkung, die Kästner mit dieser Metapher erzielen will, ist, dass die Zuhörer erkennen, dass nicht nur etwas Papier verbrannt wurde, sondern das die Bedeutung der Bücher viel größer ist.

In Zeile 30 und 31 verwendet Kästner eine Anapher („Man darf nicht warten...“). Durch die Wiederholung zeigt Kästner, wie lange man gezögert hatte, bis man gegen die NSDAP vorging. Gleichzeitig hämmert sich der Satzanfang ein und ist eine Mahnung, in der Zukunft anders zu reagieren.

Das Ziel von Erich Kästner ist es vordergründig, an die Bücherverbrennung zu erinnern. Hintergründig geht es ihm aber darum, aufmerksam zu machen, damit so etwas Ähnliches wie die NS-Zeit nicht erneut passiert. Er möchte die Zuschauer davon überzeugen, dass die Diktaturen keine Chance haben, wenn ihnen in der Anfangsphase schon Widerstand entgegengesetzt würde.

▶ Lösung Seite 188

7.5 Die Wiedergabe von direkter Rede im Konjunktiv – einige Übungen zur Grammatik

In der Redeanalyse bezieht man sich oft auf das, was der Redner gesagt hat. Wenn man dies wiedergeben möchte, ohne zu zitieren, muss man die indirekte Rede verwenden.

Beispiel 1
Kennedy sagte: „Ich bin ein Berliner!“
Kennedy sagte, er sei ein Berliner.

Beispiel 2
Konrad Weiß fragt: „Haben wir Ostdeutschen aus 40 Jahren Unterdrückung und Eingesperrtsein wirklich nichts anderes gelernt als Ausgrenzen, Aussperren und Ausstoßen?"
Konrad Weiß fragt, ob die Ostdeutschen aus 40 Jahren Unterdrückt und Einsperrtsein wirklich nichts anderes gelernt hätten als Ausgrenzen, Aussperren und Ausstoßen.

Zur Bildung der indirekten Rede verwendet man den Konjunktiv I. Er wird aus dem Stamm des Infinitivs und der jeweiligen Personalendung (-e, -(e)st, -e, -en, -(e)t, -en) gebildet. (s. Beispiel 1)

Übung 11
Bilde zu den folgenden Indikativformen den Konjunktiv I:
es regnet, ihr seht, du hast, sie läuft, du spielst, sie isst, er darf, ich bin
▶ Lösung Seite 188

Wenn die Form des Konjunktivs I mit der Form des Indikativs Präsens identisch ist, kann man direkte und indirekte Rede nicht mehr richtig auseinanderhalten.
Deshalb benutzt man für die indirekte Rede dann den Konjunktiv II. Er wird gebildet durch den Stamm des Präteritums (oder auch die zweite Stammform) plus Personalendungen des Konjunktivs. Bei den Verben, deren Präteritumformen nicht mit dem Präsensstamm gebildet wird (starke Verben), fügt man auch einen Umlaut an: wir kommen – wir kämen, wir haben – wir hätten. (s. Beispiel 2)

Übung 12
Bilde zu folgenden Formen den Konjunktiv II:
sie ziehen, wir fahren, du bekommst, sie geben, sie bitten, wir liegen, sie wachsen
▶ Lösung Seite 188

Info

Wenn die Form des Konjunktivs II mit dem Indikativ Präteritum übereinstimmt oder wenn auf Grund zu starker Benutzung des Konjunktivs ein Text zu umständlich klingt, kann die Ersatzform mit „würde" benutzt werden. Achte aber auch umgekehrt darauf, dass die Form mit „würde" nicht zu oft hintereinander auftaucht; ein Text wirkt dann unbeholfen.

Übung

Übung 13

Setzte die ersten fünf Sätze der Rede von Konrad Weiß und der Rede von John F. Kennedy in den Konjunktiv I.

▶ Lösung Seite 188 f.

7.6 Selbst eine Rede schreiben

Nachdem wir uns nun lange mit Reden berühmter Redner beschäftigt haben, soll es in diesem Teilkapitel darum gehen, selbst eine Rede zu schreiben und zu halten.

Übung

Übung 14

Sammle Situationen, in denen du vielleicht bald eine Rede halten musst bzw. zu denen du gerne einmal öffentlich sprechen würdest.

▶ Lösung Seite 189

Übung

Übung 15

Wähle aus den Ideen von Übung 14 eine Situation aus und mache zunächst ein „Brainstorming", d.h. notiere alle (zunächst auch sinnlose) Ideen, die du in dieser Rede unterbringen kannst / möchtest.

▶ Lösung Seite 189

Übung

Übung 16

Schreibe nun deine Rede. Du kannst dich dabei als Hilfe an dem Schema im folgenden Infokasten orientieren. Arbeite auch rhetorische Figuren ein!

▶ Lösung Seite 189

Hilfe! Ich muss eine Rede halten!

- Mache dir die Redesituation (Abiturfeier, Geburtstagsparty,...), deine eigene Redeabsicht (Menschen von deiner Meinung überzeugen, feierliches Gratulieren mit wenig inhaltlichem Anspruch,...) und auch die Zusammensetzung des Publikums (Eltern, Lehrer, Mitschüler, Gegner / Befürworter deiner Meinung,...) klar. Daran muss deine Rede ausgerichtet sein!
- Schreibe zunächst alle (!) Ideen, die du für die Rede hast auf (Brainstorming). Wähle dann die wichtigen Ideen, die du verwenden willst, aus.
- Überlege dir eine klare Struktur für die Rede, z.B.:
  - ein Beispiel aus dem Alltag / der Geschichte als Einleitung
  - eine Auseinandersetzung mit Argumenten zum Thema (evtl. nur zu der Position, die du vertrittst, damit die Rede nicht zu lang wird)
  - eine Forderung/ein Appell zum Schluss, der deine Meinung nochmals auf den Punkt bringt
- Überarbeite deine Rede nun mehrfach, indem du rhetorische Mittel (s. Tabelle in diesem Kapitel) oder berühmte Zitate einfügst, überlegst, wann du Pausen lassen musst,...
- Übe die Rede mehrfach und so lange, bis du sie nicht mehr ablesen musst, sondern dein Redemanuskript nur noch ab und zu als Gedächtnisstütze verwendest.

Info

Abschließend seien an dieser Stelle noch die berühmten Ratschläge von Kurt Tucholsky abgedruckt, da diese die wichtigsten Regeln für eine gelungene Rede nochmals wunderbar auf den Punkt bringen.

Lesetext

Ratschläge für einen guten Redner

Hauptsätze. Hauptsätze. Hauptsätze.
Klare Dispositionen im Kopf – möglichst wenig auf dem Papier.
Tatsachen, oder Appell an das Gefühl. Schleuder oder Harfe. Ein Redner sei kein Lexikon. Das haben die Leute zu Hause.
Der Ton einer einzelnen Sprechstimme ermüdet; sprich nie länger als vierzig Minuten. Suche keine Effekte zu erzielen, die nicht in deinem Wesen liegen. Ein Podium ist eine unbarmherzige Sache – da steht der Mensch nackter als im Sonnenbad.
Merk Otto Brahms Spruch: Wat jestrichen is, kann nicht durchfalln.
Kurt Tucholsky (1919)

8. Gedichtanalyse und Gedichtinterpretation

8.1 Was ist eigentlich ein Gedicht?

Info

Gedicht, das (Plural: die Gedichte): Einzelnes Werk aus dem Bereich der Lyrik. Wichtiges Merkmal eines Gedichts ist sein Erscheinungsbild: Der Text besteht aus Versen. Die Gliederung der Verse und die Wortwahl bestimmen den Rhythmus beim Lesen, was ein Gedicht deutlich von erzählenden Texten (wie zum Beispiel von einem Roman) und von der Alltagssprache unterscheidet.

Weitere Kennzeichen von Gedichten können sein:
- Einteilung des Textes in Strophen sowie Metrum
- Reim
- bildhafte Ausdrücke
- Motive
- Gefühlsäußerungen und Stimmungen des lyrischen Ichs

Diese Kennzeichen kommen nicht immer komplett in allen Gedichten vor. Eine genaue Wort-für-Wort-Untersuchung jedes einzelnen Textes ist schon deshalb wichtig, da ein Gedicht – im Vergleich zu erzählenden Texten – recht kurz ist. Bei der Interpretation geht es dann nicht nur darum, einzelne Elemente festzustellen, sondern um die Frage, welche Funktion die sprachlichen Mittel haben.

Übung

Übung 1

Lies den folgenden Text aufmerksam durch. Nenne Merkmale des Textes. Um welche Textsorte handelt es sich?

▶ Lösung Seite 189

Lesetext

Text 1

Der Panther

Sein Blick ist vom Vorübergehen der Stäbe so müde geworden, dass er nichts mehr festhalten kann. Ihm ist, als ob es tausend Stäbe gäbe und hinter ihnen keine Welt mehr lag. Der weiche Gang seiner geschmeidigen, starken Schritte, der sich im allerkleinsten Kreise dreht, ist wie ein Tanz von Kraft um ein Mitte, in der betäubt ein großer Wille steht. Nur manchmal schiebt der Vorhang der Pupille sich lautlos auf. Dann geht ein Bild hinein, geht durch der Glieder angespannte Stille und hört im Herzen auf zu sein.

Übung 2

Übung

Vergleiche nun den Text 1 mit der zweiten Fassung. Was hat sich verändert?

▶ Lösung Seite 189

Lesetext

Text 2

Rainer Maria Rilke (1875 – 1926)

Der Panther

Im Jardin des Plantes, Paris

Sein Blick ist vom Vorübergehn der Stäbe
so müd geworden, dass er nichts mehr hält.
Ihm ist, als ob es tausend Stäbe gäbe
und hinter tausend Stäben keine Welt.

Der weiche Gang geschmeidig starker Schritte,
der sich im allerkleinsten Kreise dreht,
ist wie ein Tanz von Kraft um eine Mitte,
in der betäubt ein großer Wille steht.

Nur manchmal schiebt der Vorhang der Pupille
sich lautlos auf – Dann geht ein Bild hinein
geht durch der Glieder angespannter Stille –
und hört im Herzen auf zu sein.

Info

Das Metrum eines Gedichtes

Die gleichbleibende Abfolge von betonten und unbetonten Silben nennt man **Metrum**. Eine Einheit von zwei oder drei Silben, von denen eine betont ist, nennt man **Takt** oder **Versfuß**.

Bei einem Gedicht kann man das Metrum dadurch herausbekommen, dass man es beim Sprechen leiert, auch wenn es der natürlichen Sprechbetonung widerspricht. Man nennt das taktmäßiges Sprechen.

Versuche das an einfachen Beispielen einmal aus:
Ene mene muh (betont wird hier jeweils die erste Silbe jedes Wortes)
Raus bist du (hier musst du „raus" und „du" betonen)

Ich und du
Müllers Kuh
Müllers Esel
Der bist du

Die verschiedenen Versfüße haben Namen. Diese findest du im Kapitel 8.3 in der Tabelle der Grundbegriffe (Jambus, Trochäus).

Info

Der Reim eines Gedichtes
Reime am Ende eines Verses heißen **Endreime**. Sie machen das Gedicht oft sehr eingängig. Wir schauen uns das wieder mit einem leichten Kinderreim an:

Auf dem Berge Sinai
Wohnt der Schneider Kikriki,
schaut aus seinem Fenster raus.
Eins, Zwei, drei und du bist raus.

Endreime werden mit kleinen Buchstaben aus dem Alphabet gekennzeichnet. Gleichlautende Reime erhalten dabei immer den gleichen Buchstaben. Im vorliegenden Kinderreim haben wir also das Schema a a / b b.

Man unterscheidet **Paarreim** (aabb), **Kreuzreim** (abab) und den **umarmenden Reim** (abba).

Übung

Übung 3
Ermittle das Reimschema und das Metrum des Gedichts „Der Panther". Die beiden oben stehenden Infokästen können dir helfen.
▶ Lösung Seite 189

8.2 Die Arbeitsschritte und Leitfragen einer Gedichtanalyse

Lesetext

Friedrich von Logau (1604 – 1655)
Des Krieges Buchstaben (1654)

Kummer, der das Mark verzehret,
Raub, der Hab und Gut verheeret,
Jammer, der den Sinn verkehret,
Elend, das den Leib beschweret,
Grausamkeit, die unrecht kehret,
Sind die Frucht, die Krieg gewähret.

Übung 4

Stelle dir vor, du hast in der Deutscharbeit nur die Aufgabe erhalten „Analysiere das Gedicht „Des Krieges Buchstaben" von Friedrich von Logau!".

a) Wie würdest du nun vorgehen? Welche Arbeitsschritte würdest du einhalten?
b) Wie muss eine Gedichtanalyse aufgebaut sein? Welche verschiedenen Aspekte der Analyse muss dein Aufsatz beinhalten?

Sammele dein Vorwissen in Stichworten und vergleiche mit
▶ den Info-Kästen Seite 190

Übung 5

Führe die Arbeitsschritte 1 bis 4 für das Gedicht „Des Krieges Buchstaben" durch!
▶ Lösung Seite 191

Am schwierigsten ist sicherlich das Finden der richtigen Leitfragen, die man analysieren möchte. Hier solltest du deinen Lehrer oder deine Lehrerin fragen, ob er euch Fragen vorgibt oder ob die Aufgabe in der Klassenarbeit einfach lautet: „Analysiere das vorliegende Gedicht!".

Hier nun einige Anregungen für mögliche Leitfragen, wobei du bei jedem Gedicht selbst auswählen und entscheiden musst, welche Fragen sinnvoll und für das Textverständnis wichtig sind.

Mögliche Leitfragen zur Gedichtanalyse:
- Wer oder was steht im Mittelpunkt der Gedanken, der Handlung?
- Gibt es ein lyrisches Ich?
- In welcher Gefühlssituation befindet sich das lyrische Ich?
- Was lässt sich über die beteiligten Personen aussagen?
- Welche Bedeutung hat der Titel?
- Welche sprachlichen Gestaltungsmittel werden verwendet? Wie unterstützen sie die Aussage?
- Gibt es Schlüsselbegriffe?
- Sind Anspielungen historischer, philosophischer oder theologischer Art erkennbar?
- Was will das Gedicht möglicherweise bewirken?
- Wie spiegeln sich die Biografie des Dichters und/oder die literarische Epoche in dem Gedicht wider?
- Wie sind Realitäts- und Aktualitätsbezug des Gedichts zu beurteilen?

Übung 6
Entwickele Leitfragen für das Gedicht „Des Krieges Buchstaben"!
▶ Lösung Seite 191

Übung 7
Beantworte nun deine Leitfragen oder (wenn dir das Entwickeln der Fragen noch nicht gut gelungen ist) die Leitfragen aus dem Lösungsteil.
▶ Lösung Seite 191

Übung 8
Glieder nun deinen Aufsatz (Arbeitsschritt 7). Nimm dazu die Informationen zum „Aufbau einer Gedichtanalyse" zur Hilfe.
▶ Lösung Seite 191

Übung 9
Welche Intention (Absicht) verfolgt der Dichter? Was will er beim Leser erreichen? (Diese Überlegung hilft dir beim Schreiben des Schlussteils deiner Analyse.)
▶ Lösung Seite 191

8.3 Zentrale Fachbegriffe zur Gedichtanalyse

Sicherlich ist dir im vorherigen Kapitel schon aufgefallen, dass die Analyse eines Gedichtes oft eine eigene Sprache hat. So sagt man nicht mehr „Autor" sondern „Dichter", der Sprecher im Gedicht ist plötzlich das „lyrische Ich". Besonders wichtig sind aber die Fachbegriffe zur Beschreibung der Stilmittel. Beim Gedicht „Des Krieges Buchstaben" fällt sofort auf, dass die Anfangsbuchstaben der Verse das Wort „Krieg" ergeben. Dies zu beschreiben, ist recht umständlich, wesentlich schöner ist es, wenn man weiß, dass dieses Stilmittel „Akrostichon" heißt.

Es ist daher empfehlenswert, die folgende Tabelle wie Vokabeln in der Fremdsprache einfach zu lernen. Lass dich so lange abfragen, bis die Begriffe „sitzen"! Übrigens: weitere sprachliche Mittel/Stilfiguren findest du in der Tabelle im Kapitel 7.3.

Fachbegriff	**Erklärung**	**Beispiel**
Akrostichon	Anfangsbuchstaben der Verse bilden senkrecht ein Wort	s. „Des Krieges Buchstaben" in Kapitel 8.2
Anapher	Wiederkehr desselben Wortes am Anfang aufeinander folgender Verse oder Strophen	„Ich denke nach, ich sehe dich, ich dreh mich um."
Binnenreim	Reime innerhalb eines Verses	Lachen, wachen, dumme Sachen machen.
Blankvers	Reimloser, fünfhebiger Jambus	Vgl. Auszüge aus der „Maria Stuart" in Kapitel 14
Hyperbel	sprachliche Übertreibung, zum Teil ins Unrealistische hinein	sich totlachen
Jambus	Zweisilbiger Versfuß, der aus einer unbetonten (kurzen) und einer betonten (langen) Silbe besteht, Plural = Jamben	„Am grauen Strand, am grauen Meer" = betont werden die Silben grau, Strand, grau und Meer = es handelt sich also um eine Aneinanderreihung von vier Jamben (4füßiger Jambus)
Kreuzreim	Reimschema, in der sich die reimenden Verse überkreuzen; Schema; abab	„Es war ein König in Thule Gar treu bis an das Grab, Dem sterbend seine Buhle Einen goldnen Becher gab." (aus J.W. v. Goethe: Der König von Thule)
lyrisches Ich	Bezeichnung für dem Sprecher im Gedicht (= Erzähler in epischen Texten), darf nicht mit dem Dichter verwechselt werden	–

Metrum	Griechisch: Maß, Bezeichnung für das Versmaß, dass sich nach Betonung und Dauer bestimmt und den Takt (Versfuß) als kleinste rhythmische Einheit hat. Man unterschiedet z.B. den Jambus und Trochäus.	Vgl. Beispiele beim Jambus und Trochäus
Oxymoron	Zwei widersprüchliche Begriffe werden eng miteinander verbunden	wacher Traum, schwarzer Schimmel
Paarreim	Je zwei aufeinanderfolgende Verse reimen sich, Schema: aabb	„Dem Schnee, dem Regen, Dem Wind entgegen, Im Dampf der Klüfte, Durch Nebeldüfte, Immer zu! Immer zu! Ohne Rast! Ohne Ruh!“ (aus J.W. v. Goethe: Rastlose Liebe)
Parallelis-mus	Gleichartig wiederkehrende Wortreihenfolge bzw. Satzkonstruktion	„Er sieht sie. Sie ruft ihn. Ich bitte dich.“
Personi-fikation	Verkörperung abstrakter Begriffe in menschlicher Figur	Mutter Natur, Gevatter Tod, der Baum lacht
Rhythmus	Griechisch: fließen, harmonische Sprachbewegung, die aus dem Metrum und der dem natürlichen Sinn folgenden Betonung resultiert	Vgl. Beispiele beim Jambus und Trochäus
Sonett	Italienisch: Ton, Klang; streng aufgebaute Gedichtform, bestehend aus zwei Quartetten und zwei Terzetten (vier bzw. drei zusammengehörende Verse)	-
Symbol	Bildhaftes Zeichen	Herz als Zeichen der Liebe

Takt	s. Metrum	
Trochäus	Zweisilbiger Versfuß, der aus einer betonten (langen) und einer unbetonten (kurzen) Silbe besteht, Plural = Trochäen	„Nah wie Löcher eines Siebes stehn Fenster beieinander, drängend fassen (...)" = die Silben nah, Lö, ein, Sie, stehn, Fen, bei, an, drän, fass werden betont = es handelt sich also um eine Aneinanderreihung von 5 Jamben, im 1. Vers ist zudem eine weitere betonte Silbe angehängt („stehn")
umarmender bzw. umschließender Reim	Reimschema abba, der 1. und 4. Vers reimen sich und „umarmen" die sich reimenden Verse 2 und 3	„Nah wie Löcher eines Siebes stehn Fenster beieinander, drängend fassen Häuser sich so dicht an, dass die Straßen Grau geschwollen wie Gewürgte sehn." aus A. Wolfenstein: Städter
Vers	Lateinisch: Reihe, Zeile; gegliederte poetisch gestaltete Wortfolge, Zeile im Gedicht	-

Übung 10

Lies das folgende Gedicht „Auf dem See" von Johann Wolfgang von Goethe.

a) Ermittle das Metrum (evtl. klatscht du dabei in die Hände) und das Reimschema!

b) Stelle in einer Tabelle alle Stilmittel zusammen!

▶ Lösung Seite 191

Lesetext

Johann Wolfgang von Goethe (1749-1832)
Auf dem See (1775)

Und frische Nahrung, neues Blut
Saug' ich aus freier Welt;
Wie ist Natur so hold und gut,
Die mich am Busen hält!
Die Welle wieget unsern Kahn
Im Rudertakt hinauf
Und Berge, wolkig himmelan,
Begegnen unserm Lauf.

Aug', mein Aug', was sinkst du nieder?
Goldne Träume, kommt ihr wieder?
Weg, du Traum, so gold du bist:
Heir auch Lieb' und Leben ist.

Auf der Welle blinken
Tausend schwebende Sterne,
Weiche Nebel trinken
Rings die türmende Ferne;
Morgenwind umflügelt
Die beschattete Bucht,
Und im See bespiegelt
Sich die reifende Frucht.

Übung

Übung 11

Führe die Arbeitsschritte 1 bis 5 für das Gedicht „Auf dem See" durch.

▶ Lösung Seite 191

Übung

Übung 12

Überarbeite deine Antworten von Übung 11 mit Hilfe der Lösungen im Anhang und löse dann die Arbeitsschritte 6 bis 9.

▶ Lösung Seite 191 f.

Hier noch einige Tipps zur Sprache der Gedichtanalyse:

- Du schreibst objektiv und distanziert.
- Schreibe in der Zeitform des Präsens, wenn du Vorzeitigkeit ausdrücken willst, schreibst du im Perfekt.
- Deine Formulierungen sollten kurz, sachlich und präzise sein.
- In der Inhaltsangabe am Anfang dürfen weder Wertungen noch Zitate eingefügt werden.
- Die direkte Rede („...") wird immer in indirekte Rede umgewandelt, hierzu musst du den Konjunktiv verwenden (vgl. Kapitel 7.5).
- Versuche, dich vom Wortlaut des Gedichtes zu lösen und formuliere in eigenen Worten.
- Gib zu allen Aussagen, die du machst, Textbelege (Zitate). Ausnahme: die Inhaltsangabe!
- Versuche, die Fachbegriffe aus Kapitel 8.3 zu verwenden.

8.4 Eine Musterinterpretation und ein Übungsgedicht

Übung 13

Lies das Gedicht „Nie mehr“ von Ulla Hahn und die gute Gedichtanalyse des Schülers Markus A. (10. Klasse) sorgfältig durch. Wie hat Markus seinen Aufsatz aufgebaut? Welche sprachlichen Mittel hat er gefunden?

▶ Lösung Seite 192

Übung

Ulla Hahn (*1946)
Nie mehr
Das hab ich nie mehr gewollt
um das Telefon streichen am Fenster stehn
keinen Schritt aus dem Haus gehn Gespenster sehn
Das hab ich nie mehr gewollt

Das hab ich nie mehr gewollt
Briefe die triefen schreiben zerreißen
mich linksseitig quälen bis zu den Nägeln
Das hab ich nie mehr gewollt

Das hab ich nie mehr gewollt
Soll dich der Teufel holen.
Herbringen. Schnell.
Mehr hab ich das nie gewollt.

Lesetext

Gedichtanalyse von Markus A.

Ulla Hahn: Nie mehr

In dem Gedicht „Nie mehr“ von Ulla Hahn wird der Liebeskummer eines lyrischen Ichs beschrieben, das völlig abhängig von einer geliebten Person ist, auf die es sehnsüchtig wartet. Da diese Person sich nicht meldet, beginnt das lyrische Ich, den geliebten Menschen zu verwünschen und sehnt sich trotzdem danach, dass die Person endlich wieder auftaucht.

Lesetext

Das Gedicht „Nie mehr“ umfasst drei Strophen mit jeweils vier Versen, das Metrum ist unregelmäßig. Im ersten Vers ist das Reimschema ein umschließender Reim, in der zweiten und dritten Strophe reimen sich dann jeweils nur der erste und der letzte Vers. Dass es in dem Gedicht nicht um eine äußere Handlung, sondern vielmehr um den Willen des lyrischen Ichs geht, wird deutlich an der fünffachen Wiederholung des Verses „Das hab ich nie mehr gewollt" am Ende des ersten und letzten Verses jeder Strophe (Vers 1, 4, 5, 8, 9).

In der ersten Strophe wartet das lyrische Ich sehnsüchtig auf einen geliebten Menschen. Das Ich läuft immer wieder um das Telefon herum und schaut aus dem Fenster, um zu sehen, ob der Mensch endlich erscheint. Außerdem geht das lyrische Ich nicht mehr aus dem Haus, um den geliebten Menschen nicht zu verpassen. Offensichtlich ist die Wahrnehmung des lyrischen Ichs vom Warten schon gestört, es glaubt schon, „Gespenster" (Vers 3) zu sehen. Vielleicht bildet das lyrische Ich sich schon ein, ein heranfahrendes Auto zu hören oder bildet sich ein, den geliebten Menschen unterm Fenster zu erkennen. Das Warten auf den geliebten Menschen ist für das lyrische Ich aber keinesfalls eine positive Vorfreude, sondern es sagt sich immer wieder, dass es eigentlich nicht mehr in eine solche Situation kommen wollte, in der es das eigene Leben so sehr für einen anderen Menschen, der ja eben nicht anruft oder vorbeikommt, sondern das lyrische Ich warten lässt, aufgibt (Vers 1 und 4).

Auch in der zweiten Strophe beschreibt das lyrische Ich seine Sehnsucht. Es schreibt nun Briefe an die geliebte Person, die es aber nicht abschickt, sondern sofort wieder vernichtet (Vers 6). Es kommt also zu keiner offenen Aussprache zwischen dem lyrischen Ich und der geliebten Person, die entweder nicht weiß, wie sehr das lyrische Ich leidet oder dies einfach ignoriert. Das lyrische Ich sagt, dass es „linkseitig" (Vers 7), wobei dies eine Anspielung auf das Herz ist, das ein Symbol für die Liebe ist und sich in der linken Seite des Körpers befindet. Außerdem leidet das Ich „bis zu den Nägeln" (Vers 7), die sich an den äußersten Stellen des Körpers befinden, d.h. das lyrische Ich leidet im ganzen Körper.

Zu Beginn der dritten Strophe wird das lyrische Ich dann wütend auf den geliebten Menschen und verflucht ihn: „Soll dich der Teufel holen." (Vers 10). Es möchte also, dass der geliebte Mensch aus seinem Leben verschwindet, damit es wieder ein normales unabhängiges Leben führen kann. Nach diesem zehnten Vers steht zum ersten Mal im gesamten Gedicht ein Satzzeichen. Bisher hat das lyrische Ich ohne Pause gelitten und gewartet, nun scheint es zunächst so als schließe das lyrische Ich mit dem Leiden ab.

Der nächste Vers (Vers 11) steht dann aber in völligem Gegensatz zu dem vorangegangenen Vers. Der Mensch, den das Ich gerade noch weggewünscht hat, soll nun doch möglichst schnell zum Ich kommen. Es wird deutlich, dass das Ich einfach nicht ohne den geliebten Menschen leben kann, auch wenn der Verstand sagt, dass der Mensch dem lyrischen Ich nicht gut tut. Die beiden Ellipsen in Vers 11 geben dem Gedicht an dieser Stelle eine besondere Geschwindigkeit, die deutlich macht, wie dringend der Wunsch des lyrischen Ichs ist. Im letzten Vers werden die Wörter der identischen Verse 1, 4, 5, 8 und 9 wieder aufgegriffen, allerdings ist die Reihenfolge eine andere. Obwohl das lyrische Ich sich schon oft gesagt hat, dass es nie mehr in die Abhängigkeit von dem geliebten Menschen sein wollte, war die Abhängigkeit und die Sehnsucht nach ihm noch nie so groß wie gerade in diesem Moment.

Der Titel „Nie mehr“ kann bei diesem Gedicht doppeldeutig verstanden werden. Das lyrische Ich möchte „nie mehr“, also nicht noch einmal in die Situation kommen, sehnsüchtig zu warten, während der geliebte Mensch (vielleicht sogar absichtlich) nicht erscheint. Gleichzeitig war die Sehnsucht nach diesem Menschen „nie mehr“, also nie so groß.

Das Gedicht zeigt sehr deutlich, dass Liebe nicht rational ist, auch wenn einem die geliebte Person weh tut, einen z.B. warten lässt und sich nicht meldet, kann man völlig abhängig von ihr sein. Im Kopf verflucht man dann selbst diese Abhängigkeit und will sie vielleicht beenden, mit dem Herzen schafft man das aber nicht.

Übung 14

Übung

Führe mit dem folgenden Gedicht „Das zerbrochne Ringlein“ von Joseph von Eichendorff alle Arbeitsschritte durch und erstelle eine vollständige Gedichtanalyse.
▶ Lösung Seite 192 f.

Lesetext

Joseph von Eichendorff (1788-1857)
Das zerbrochene Ringlein

In einem kühlen Grunde
Da geht ein Mühlenrad,
Mein Liebste ist verschwunden,
Die die dort gewohnet hat.

Sie hat mir Treu versprochen,
Gab mir ein'n Ring dabei,
Sie hat die Treu gebrochen,
Mein Ringlein sprang entzwei.

Ich möcht als Reiter fliegen
Wohl in die blut'ge Schlacht.
Um stille Feuer liegen
Im Feld bei dunkler Nacht.

Hör ich das Mühlrad gehen:
Ich weiß nicht, was ich will –
Ich möcht am liebsten sterben,
Da wär's auf einmal still!

9. Gedichte vergleichen und interpretieren

9.1 Was ist die vergleichende Gedichtinterpretation?

Lesetext

Karin Kiwus
Fragile (1979)

Wenn ich jetzt sage
ich liebe dich
übergebe ich nur
vorsichtig das Geschenk
zu einem Fest das wir beide
noch nie gefeiert haben

Und wenn du gleich
wieder allein
deinen Geburtstag
vor Augen hast
und dieses Päkchen
ungeduldig an dich reißt
dann nimmst du schon
die scheppernden Scherben darin
gar nicht mehr wahr

Lesetext

Rose Ausländer
Das Schönste (1984)
Ich flüchte
in dein Zauberzelt
Liebe

im atmenden Wald
wo Grasspitzen
sich verneigen

weil
es nichts Schöneres gibt

Übung 1

Lies die beiden Gedichte „Fragile“ und „Das Schönste“.

a) Was haben beide Gedichte gemeinsam? (Achte hier sowohl auf den Inhalt, die Sprache und die literarische Epoche!)

b) Worin unterscheidet das Bild, das vom Thema des Gedichts gezeichnet wird?

Ein Gedichtvergleich ist ausgerichtet auf Gemeinsamkeiten und Unterschiede der Gedichte. Typische Aufgabenstellungen sind:

- „Zeige in einer vergleichenden Interpretation, wie beide Autorinnen das Thema der Liebe in Ihrem Text sprachlich gestalten und entwickeln.“
- „Untersuche in einer vergleichenden Interpretation, wie das gemeinsame Motiv der Gedichte gestaltet wird und was mit dieser Gestaltung zum Ausdruck gebracht wird.“
- „Vergleiche und interpretiere die vorliegenden Gedichte. Ordne sie mit Hilfe der Ergebnisse der Untersuchung begründet ihrer jeweiligen Epoche zu.“

Der Vergleich kann sich also auf unterschiedliche Aspekte beziehen:

- die formale Gestaltung,
- ein inhaltliches Motiv ,
- die historische Epoche

Was verglichen werden soll, wird zumeist in der Aufgabenstellung vorgegeben.

► Lösung Seite 194

Aufbau einer vergleichenden Gedichtinterpretation

1. Möglichkeit: linearer Textvergleich

Zunächst werden beide Texte einzeln analysiert und interpretiert (also wie in Kapitel 8 besprochen). Nach den zwei Analysen folgt ein zusammenfassender Vergleich. Dieses Verfahren hat den Vorteil, dass die Gliederung sehr gut vorgegeben ist und man auf die beiden Einzeltexte sehr genau eingehen kann. Es verleitet allerdings zu inhaltlichen und sprachlichen Wiederholungen und wirkt oft sehr additiv („aneinandergeklebt“), sodass die Vernetzung einer vergleichenden Untersuchung verloren gehen kann.

2. Möglichkeit: vernetzter Textvergleich

Die Gedichte werden parallel im Hinblick auf den zu vergleichenden Aspekt beschreiben. So werden bei diesem Verfahren Gemeinsamkeiten und Unterschiede immer sehr schön deutlich. Die Gefahr dieses Vorgehens ist aber, dass man den Überblick verliert und beiden Texten insgesamt nicht gerecht wird. Auch dieses Vorgehen endet mit einem zusammenfassenden Vergleich.

Tipp: Für Anfänger empfiehlt sich ungedingt die 1. Möglichkeit, da die Gliederung hier viel klarer ist!

Vergleich eines gemeinsamen Motivs

Übung

Übung 2

Lies nochmals die beiden Gedichte.
Erstelle zu beiden Gedichten eine Analyse (vgl. Kapitel 8.2) mit dem Schwerpunkt auf der inhaltlichen Darstellung der Liebe.
Vergleiche nun das Bild, das beide Texte von der Liebe zeichnen.
▶ Lösung Seite 194

9.2 Vergleich der sprachlichen Gestaltung

Lesetext

Friedrich von Logau (1604-1655)
Des Krieges Buchstaben (1654)

Kummer, der das Mark verzehret,
Raub, der Hab und Gut verheeret,
Jammer, der den Sinn verkehret,
Elend, das den Leib beschweret,
Grausamkeit, die unrecht kehret,
Sind die Frucht, die Krieg gewähret.

August Stramm (1874-1915)
Krieg

Wehe wühlt
Harren starrt entsetzt
Kreißen schüttert
Bären spannt die Glieder
Die Stunde blutet
Frage hebt das Auge
Die Zeit gebärt
Erschöpfung
Jüngt
Der
Tod.

Übung 3

Lies die beiden Gedichte zum Thema „Krieg"!

a) Erstelle zu beiden Gedichten eine Analyse (das erste Gedicht von Friedrich von Logau hast du schon in Kapitel 8 untersucht) mit dem Schwerpunkt auf der sprachlichen Gestaltung der Texte

b) Vergleiche nun die sprachliche Gestaltung der beiden Gedichte und versuche zu klären, welche Wirkung jeweils durch die Sprache erzielt wird. Tipp: Lies dazu die Gedichte auch einmal laut vor und erprobe, welche Intonation den Gedichten am meisten gemäß ist.

▶ Lösung Seite 194

9.3 Vergleich der historischen Umstände und der epochentypischen Merkmale

Bertolt Brecht (1898-1956)
Rückkehr (1941)

Die Vaterstadt, wie find ich sie doch?
Folgend den Bombenschwärmen
Komm ich nach Haus.
Wo denn liegt sie? Wo die ungeheuren
Gebirge von Rauch stehn.
Das in den Feuern dort
Ist sie.

Die Vaterstadt, wie empfängt sie mich wohl?
Vor mir kommen die Bomber. Tödliche Schwärme
Melden euch meine Rückkehr. Feuersbrünste
Gehen dem Sohn voraus.

Hinweis:
Mit der „Vaterstadt" meint Brecht Augsburg; Bertolt Brecht lebte während des 2. Weltkrieges im Exil; er hatte Deutschland bereits 1933 verlassen.

Lesetext

Lutz Rathenow
Deutschland (1994)

Grüß Heil! Sieg Front! Rot Gott!
Ich liebe Herren, die Hunde beißen.
Hammer zerschlug Sichel. Ährenkranz,
Totentanz. Und nun das D-Mark-Leben,
zu spät, zu früh, oh Jammerlust –
neuer Staat, neues Gedicht. Spiele,
ich spiele gern: Zu-Zu-Zuversicht.

Übung

Übung 4

Lies die beiden Gedichte zum Thema „Deutschland"!

a) Verdeutliche dir zunächst die historische Situation Deutschlands im Jahre 1941 bzw. 1994.
b) Analysiere nun das Gedicht Bertolt Brechts. Welches Bild zeichnet er von Deutschland? Beachte dabei besonders die Begriffe „Vaterstadt"(V. 1 und 8) und „Sohn" (letzter Vers).
c) Lutz Rathenow arbeitet mit Sprachspielereien in seinem Gedicht. Finde diese Spiele in seinem Gedicht heraus.
d) Analysiere nun Rathenows Gedicht und gehe dabei besonders auf sein Spiel mit deutscher Geschichte und Gegenwart ein. Welches Bild von Deutschland ist zu erkennen?
e) Vergleiche deine Ergebnisse aus Aufgabenteil b und d! Berücksichtige dabei auch das jeweilige Entstehungsjahr der Texte.

▶ Lösung Seite 194 f.

10. Kurzgeschichten untersuchen und interpretieren

10.1 Arbeitsschritte zur Analyse bzw. Interpretation am Beispiel „Das Brot" von Wolfgang Borchert

Wolfgang Borchert
Das Brot (1946)

Lesetext

Plötzlich wachte sie auf. Es war halb drei. Sie überlegte, warum sie aufgewacht war. Ach so! in der Küche hatte jemand gegen einen Stuhl gestoßen. Sie horchte nach der Küche. Es war still. Es war zu still, und als sie mit der Hand über das Bett neben sich fuhr, fand sie es leer. Das war es, was es so besonders still gemacht hatte: Sein Atem fehlte. Sie stand auf und tappte durch die dunkle Wohnung zur Küche. In der Küche trafen sie sich. Die Uhr war halb drei. Sie sah etwas Weißes am Küchenschrank stehen. Sie machte Licht. Sie standen sich im Hemd gegenüber. Nachts. Um halb drei. In der Küche.

Auf dem Küchentisch stand der Brotteller. Sie sah, dass er sich Brot abgeschnitten hatte. Das Messer lag noch neben dem Teller. Und auf der Decke lagen Brotkrümel. Wenn sie abends zu Bett gingen, machte sie immer das Tischtuch sauber. Jeden Abend. Aber nun lagen Krümel auf dem Tisch. Und das Messer lag da. Sie fühlte, wie die Kälte der Fliesen langsam an ihr hoch kroch. Und sie sah von dem Teller weg. „Ich dachte, hier wäre was", sagte er und sah in der Küche umher.

„Ich habe auch etwas gehört", antwortete sie, und dabei fand sie, dass er nachts im Hemd doch schon recht alt aussah. So alt, wie er war. Dreiundsechzig. Tagsüber sah er manchmal jünger aus. Sie sieht doch schon alt aus, dachte er, im Hemd sieht sie doch ziemlich alt aus. Aber das liegt vielleicht an den Haaren. Bei den Frauen liegt das nachts immer an den Haaren. Die machen dann auf einmal so alt.

„Du hättest Schuhe anziehen sollen. So barfuß auf den kalten Fliesen. Du erkältest dich noch." Sie sah ihn nicht an, weil sie nicht ertragen konnte, dass er log. Dass er log, nachdem sie neununddreißig Jahre verheiratet waren.

„Ich dachte, hier wäre was", sagte er noch einmal und sah wieder so sinnlos von einer Ecke in die andre, „ich hörte hier was. Da dachte ich, hier wäre was." „Ich habe auch was gehört. Aber es war wohl nichts." Sie stellte den Teller vom Tisch und schnippte die Krümel von der Decke. „Nein, es war wohl nichts", echote er unsicher.

Sie kam ihm zur Hilfe: „Komm man. Das war wohl draußen. Komm man zu Bett. Du erkältest dich noch. Auf den kalten Fliesen." Er sah zum Fenster hin. „Ja, das muss wohl draußen gewesen sein. Ich dachte, es wäre hier." Sie hob die Hand zum Lichtschalter. Ich muss das Licht jetzt ausmachen, sonst muss ich nach dem Teller sehen. „Komm man", sagte sie und machte das Licht aus, „das war wohl draußen. Die Dachrinne schlägt immer bei Wind gegen die Wand. Es war sicher die Dachrinne. Bei Wind klappert sie immer."

Sie tappten sich beide über den dunklen Korridor zum Schlafzimmer. Ihre nackten Füße platschten auf den Fußboden. „Wind ist ja", meinte er. „Wind war schon die ganze Nacht." Als sie im Bett lagen, sagte sie: „Ja, Wind war schon die ganze Nacht. Es war wohl die Dachrinne." „Ja, ich dachte, es wäre in der Küche. Es war wohl die Dachrinne." Er sagte das, als ob er schon halb im Schlaf wäre.

Aber sie merkte, wie unecht seine Stimme klang, wenn er log. „Es ist kalt", sagte sie und gähnte leise, „ich krieche unter die Decke. Gute Nacht." Dann war es still. Nach vielen Minuten hörte sie, dass er leise und vorsichtig kaute. Sie atmete absichtlich tief und gleichmäßig, damit er nicht merken sollte, dass sie noch wach war. Aber sein Kauen war so regelmäßig, dass sie davon langsam einschlief.

Als er am nächsten Abend nach Hause kam, schob sie ihm vier Scheiben Brot hin. Sonst hatte er immer nur drei essen können. „Du kannst ruhig vier essen", sagte sie und ging von der Lampe weg. „Ich kann dieses Brot nicht so recht vertragen. Iss du man eine mehr. Ich vertrag es nicht so gut." Sie sah, wie er sich tief über den Teller beugte. Er sah nicht auf. In diesem Augenblick tat er ihr leid.

„Du kannst doch nicht nur zwei Scheiben essen", sagte er auf seinen Teller. „Doch. Abends vertrag ich das Brot nicht so gut. Iss man. Iss man." Erst nach einer Weile setzte sie sich unter die Lampe an den Tisch.

Übung 1

a) Lies die Geschichte mindestens zweimal aufmerksam durch.
b) Was ist das Thema der Geschichte? Beachte besonders das Jahr, in dem sie geschrieben wurde.

c) Unterteile die Geschichte in vier Sinnabschnitte! (Tipp: Oft setzt ein neuer Abschnitt nach einem Orts-/Zeit- oder Personenwechsel ein.)
d) Versuche den Abschnitten treffende, knappe Überschriften zu geben.
e) Beschreibe die Atmosphäre im ersten Abschnitt. Achte dabei besonders auf die Wortwahl, den Satzbau und deren Wirkung.
f) Die Frau weiß, dass ihr Mann heimlich Brot abgeschnitten hat. Wie verhalten sich die beiden im Gespräch in der Küche? Achte auf den Satzbau und die Art, wie beide miteinander umgehen.
g) Deute den letzten Satz der Kurzgeschichte!

► Lösung Seite 195 f.

Info

Bei der Interpretation einer Kurzgeschichte werden folgende **Arbeitsschritte** eingehalten:

1. Schritt: Gründliches, mehrfaches Lesen der Geschichte und Klären der unbekannten Wörter

2. Schritt: Sich über den Inhalt bzw. das Thema der Geschichte klar werden, indem man den Inhalt in ca. zwei Sätzen zusammenfasst (auf Konzeptpapier)

3. Schritt: Erste Intention (Absicht) des Dichters notieren (wiederum auf Konzeptpapier)

4. Schritt: Geschichte in Handlungs- und Sinnabschnitte einteilen, zu jedem Abschnitt eine Überschrift finden

5. Schritt: Geeignete Leitfragen für die textimmanente Interpretation entwickeln, wenn sie nicht bereits in der Aufgabenstellung (vom Lehrer) vorgegeben werden.

6. Schritt: Antworten zu den Leitfragen entwickeln, in Stichworten auf dem Konzeptpapier festhalten

7. Schritt: Überlegen, ob und wie sprachliche Mittel (Wortwahl, Satzbau, rhetorische Figuren) die Antworten auf die Leitfragen unterstützen

8. Schritt: Gliederung des Aufsatzes erstellen (Einleitung, Hauptteil, Schluss ⇒ beachte hierzu auch Kapitel 10.5)

9. Schritt: Ausarbeitung des Aufsatzes formulieren

10. Schritt: Aufsatz nochmals überarbeiten, auf Rechtschreibung, Zeichensetzung, Ausdruck, Grammatik usw. achten

Übung 2

Welche Leitfragen kann man an die Geschichte „Das Brot" stellen? Was könnte in einer Interpretation genauer untersucht werden?

▶ Lösung Seite 196

Übung 3

Erstelle mit Hilfe der zehn Arbeitsschritte eine vollständige Interpretation der Geschichte!

▶ Lösung Seite 196

10.2 Merkmale einer Kurzgeschichte

Bereits im Kapitel 10.1 haben wir immer wieder den Begriff „Kurzgeschichte" benutzt. Aber was ist das eigentlich genau?

Die Merkmale einer Kurzgeschichte

- nicht länger als 3-5 Seiten
- keine Einleitung
- offenes Ende
- schildert zumeist eine alltägliche Begebenheit
- berichtet, ohne zu kommentieren
- oft nur aus der Sicht einer Person

Der Erzähler verzichtet auf Erklärungen für den Leser, dieser muss selbst mitdenken.

Übung 4

Weise mit Hilfe der Merkmale aus der Infobox nach, dass es sich bei „Das Brot" von Wolfgang Borchert um eine Kurzgeschichte handelt.

▶ Lösung Seite 196

10.3 Die Erzählperspektive

Bei jedem Text ist nicht nur wichtig, **was** erzählt wird, sondern auch **wer** den Text erzählt. Daher muss man sich bei jeder Textinterpretation überlegen, aus welchem Blickwinkel die Geschehnisse berichtet werden. Diese **Erzählperspektive** sagt z.B. etwas darüber aus, welche Einstellung gegenüber einer Person oder Ereignissen berichtet werden.

Arten der Erzählperspektive
Man unterscheidet grundsätzlich drei Möglichkeiten der Perspektive:

1. Die **auktoriale Perspektive**: Hier erzählt ein allwissender Erzähler, der über dem Geschehen steht und alles überblickt. Er kennt den Anfang, das Ende der Geschichte und die Gedanken aller Personen. Er kann somit das Verhalten aller Personen beurteilen. Er erzählt in der 3. Person Singular.

2. Die **personale Perspektive**: Hier wird die Sicht einer Person, die in der Handlung vorkommt, verwendet, um die Geschehnisse zu erzählen. Es ist nur der Kenntnisstand der Person bekannt, so können z.B. auch nur ihre Gefühle und Gedanken geschildert werden. Auch hier wird die 3. Person Singular benutzt.

3. Die **Ich-Erzählung**: Hier erzählt eine Person selbst, die ein Geschehen gerade erlebt oder sich erinnert. Die Perspektive ist durch das Wissen, die Gefühle und Gedanken dieser Person bestimmt. Es wird in der 1. Person Singular, also der Ich-Form, erzählt.

Übung 5
Lies die folgenden Textauszüge und bestimme die Erzählperspektive.
▶ Lösung Seite 197

Lesetext

Julia Franck (*1970)

Streuselschnecke (2000)

Der Anruf kam, als ich vierzehn war. Ich wohnte seit einem Jahr nicht mehr bei meiner Mutter und meinen Schwestern, sondern bei Freunden in Berlin. Eine fremde Stimme meldete sich, der Mann nannte seinen Namen, sagte mir, er lebe in Berlin, und fragte, ob ich ihn kennen lernen wolle.

Sibylle Berg (*1962)

Auszug aus dem Prosaband „Sex II" (1998)

Da sitzen wieder welche. Ein kleines Stück Sand in Italien, Abend. Die Luft ist warm und riecht nach Salz und Pinien und nach dem Mond, der auch schon da ist. Ein junges Mädchen hat die Augen halb geschlossen, ihre Arme um die Knie gelegt, Gänsehaut drauf, es ist kühl, der Abend kommt, die Nacht, die Sonne gleich weg, und ich möchte sie nie mehr aufgehen sehen, denkt das Mädchen mit dem Blick aufs Meer. Es ist verliebt in einen Jungen. Den schönsten der Welt, mit goldenen Haaren und Augen, die silbern leuchten. Der Junge liebt das Mädchen nicht, beachtet es nicht.

Michael Kumpfmüller (*1961)

Auszug aus dem Roman „Hampels Fluchten" (2000)

Ob er sie einladen darf? Ja, auf einen Kaffee darf er sie einladen. Aber alles ganz genau erzählen muss er dann, denn wer aus dem Lande Stalins kommt, muss nun einmal erzählen, in zwei, drei Jahren möchte sie ja auch mal hin, das nannte sie ihren Traum.

Und so fing er an beim Anfang und wurde so schnell nicht fertig, und als er endlich fertig war, hatte sie noch immer Fragen und fragte Heinrich nach den russischen Mädchen und ob er einmal auf einer der großen Maikundgebungen gewesen ist oder eine Parade zum Jahrestag der Großen Sozialistischen Oktoberrevolution. Er hätte lieber über ihr Leben als Bettenverkäuferin gesprochen oder über ihr Leben als Tochter des zweiten Kreissekretärs Helmbrecht (...)

Übung

Übung 6

Welche Erzählperspektive hat die Kurzgeschichte „Das Brot"?

▶ Lösung Seite 197

Bei der Perspektive kann man neben der Erzählperspektive auch zwischen **Außen- und Binnenperspektive** unterscheiden:

- Man spricht von der **Außenperspektive oder Außensicht,** wenn dem Leser nur die Darstellung der äußeren Geschehnis geschildert wird.

- Die **Binnenperspektive oder Binnensicht** vermittelt dem Leser auch den Blick „in die Personen", d.h. der Leser erfährt etwas über die Gedanken und Gefühle der Personen.

Übung 7
Markiere mit einem Bleistift in der Kurzgeschichte „Das Brot" alle Textstellen, in denen wir etwas von den Gedanken der Frau oder des Mannes erfahren, in denen der Erzähler also die Binnenperspektive verwendet.
▶ Lösung Seite 197

Übung 8
Untersuche nun die drei Textauszüge von Julia Franck, Sibylle Berg und Michael Kumpfmüller. Markiere auch hier alle Passagen der Binnensicht!
▶ Lösung Seite 197

10.4 Die sprachliche Gestaltung

Um eine Kurzgeschichte angemessen zu untersuchen und zu interpretieren, darf man sich nicht nur auf den Inhalt, also die Handlung, beschränken, sondern muss immer auch die besondere sprachliche Gestaltung im Auge behalten. Dies werden wir im Folgenden gemeinsam wieder am Beispiel der Geschichte „Das Brot" aus Kapitel 10.1 tun.

Übung 9
Welche sprachlichen Mittel bzw. rhetorischen Figuren findest du im Text? Welche Besonderheiten im Satzbau kannst du feststellen? Welche Wirkung haben sie jeweils?
▶ Lösung Seite 197

Übung

Übung 10

Im Mittelteil der Geschichte überwiegt der Dialog. Wie verläuft dieser Dialog? Wie unterhalten sich die Frau und ihr Mann?

▶ Lösung Seite 197

Übung

Übung 11

In Übung 1 hast du die Atmosphäre des ersten Abschnitts der Kurzgeschichte beschreiben. Wie wird dies sprachlich unterstützt? (Tipp: Satzbau beachten!)

▶ Lösung Seite 197

Info

Bei der Interpretation einer Kurzgeschichte musst du immer auch die **Merkmale der Sprache** beachten. Hier können dir z.B. die folgenden Fragen helfen:

- Wird in der Geschichte eher beschrieben, erzählt oder in Dialogform gesprochen?
- Wie ist der Satzbau der Sprache?
- Gibt es Auffälligkeiten in der Wortwahl? Z.B. besonders anschauliche Adjektive, Verben,...
- Dienen die Adjektive eher der Ausschmückung, Beschreibung oder Wertung?
- Werden Fachausdrücke verwendet?
- Werden Fachausdrücke verwendet? Handelt es sich um einen bestimmten Sprachstil (z.B. Jugendsprache)?

10.5 Aufbau und Sprache der Interpretation einer Kurzgeschichte

Mittlerweile haben wir viele Bausteine der Interpretation geübt und vertieft, hier soll nun nochmals der Aufbau zusammengefasst werden. Dieses Schema kannst du demnächst bei jeder Interpretation als „Leitfaden" dazulegen.

Info

Aufbau einer **Interpretation einer Kurzgeschichte**

1. Einleitung
- Autor
- Titel
- Textart (Kurzgeschichte)
- Zeit / Erscheinungsdatum
- Thema des Textes

2. Hauptteil
- Inhaltliche Gliederung und Handlungsstruktur vorstellen (deine Einteilung in Abschnitte)
- Behandlung der Leitfragen (entweder vom Lehrer vorgegeben oder von dir erarbeitet), z.B.:
  - Verhalten und Besonderheiten der Personen
  - Untersuchung und Wirkung der Erzählperspektive
  - Besonderheiten in der sprachlichen Gestaltung

3. Schluss
- Intention (Aussageabsicht) des Textes
- Evtl. Aktualitätsbezug

Übung 12

Überarbeite mit dem neuen Wissen aus den Kapiteln 10.2 bis 10.5 nochmals deine Interpretation der Kurzgeschichte „Das Brot" aus Übung 3.

▶ Lösung Seite 197

Hier noch einige Hinweise zur Sprache **deiner Analyse und Interpretation:**
- Die Interpretation steht grundsätzlich im **Präsens**.
- Deine Sprache muss **klar und sachlich** sein. Achte darauf, dass du niemals Spannung aufbaust und keine Nacherzählung schreibst.
- Alle Aussagen müssen mit Textstellen belegt werden, oft reicht die Angabe von wichtigen Zeilenzahlen nach der jeweiligen Aussage. Manchmal ist es aber auch sinnvoll, wichtige Wörter als **Zitat** in „..." herauszuschreiben.
- Ausnahme: bei der Inhaltszusammenfassung wird nicht zitiert!
- Versuche, dich von den Worten der Kurzgeschichte zu lösen und **mit eigenen Worten** zu formulieren.

Übung 13

Überarbeite deine Interpretation nochmals, indem du besonders auf die Sprache deines Textes achtest! Ist die Zeit richtig, zitierst du richtig,...?

▶ Lösung Seite 197

10.6 Eine Interpretation schreiben

Lesetext

Lutz Rathenow
Der Hampelmann (2000)

Bequem mit halb ausgestrecktem Arm erreichbar, handtellergroß, natürlich bunt. Seit dem zweiten Geburtstag hing er über seinem Bett.

Vier Jahre, und an der gegenüberliegenden Wand wurde ein weiteres gestellt, darin seine Schwester. Irgendwann (das ihm verwandte Mädchen konnte schon sprechen, auch laufen, ohne sich an ein Möbelstück im Zimmer festhalten zu müssen) spürte er in sich ein Gefühl, für das er das Wort „Neid" noch nicht kannte; den schmerzhaften Gedanken, dass ihr von Eltern und Verwandtschaft mehr Beachtung zukam. Ein Empfinden, vergleichbar mit Zahnschmerz, auftauchend jäh, betäubt mit Schokolade und freundlichen Gesten, vergessen vielleicht, bis es erneut auftritt, unerwartet, heftiger als vorher.

Die Schwester und er führten abends Gespräche, balgten sich, spielten Verstecken, Lampenzielwurf mit dem Hausschuh oder Ich-sehe-was-was-du-nicht-siehst. Keiner wollte schlafen.

Also erzählte er, der Ältere, der die Welt kannte. Und sprach mit zwei Stimmen, die tiefere sollte dem Hampelmann gehören.

Zuerst gab es Märchen, Gruselgeschichten, die die Schwester bis in die Träume verfolgten. Alte Männer bissen kleinen Mädchen ins Genick, um ihnen das Rückenmark auszusaugen. Fleischermeister lockten Kinder beim Einkaufen in eine Fallgrube, um sie dann im Keller zu schlachten und zu Büchsenfleisch zu verarbeiten.

Der Hampelmann wollte Süßigkeiten. Er bekam sie.

Eine Banane sollte auf den Nachttisch des Bruders gelegt werden. Sie wurde.

Die Mutter merkte etwas, Vater und sie erfuhren von der Sache, erklärten der Tochter den Unsinn, tadelten den Sohn, aber nicht sehr, da es sich um keine weltbewegende Angelegenheit handele, wie Vater meinte.

Der Bruder hatte Talent und lernte verschiedene Rollen, in die sich der Hampelmann verwandeln konnte. Den Drachen mit seiner klebrigen Zunge, von der (einmal berührt) keiner loskommt. Den Riesen, der sich nur wohlfühlt, wenn er Köpfe abreißt. Den Polizisten, der jeden verhaftet und zu lebenslänglich Schuheputzen verurteilt.

Er übte auf dem Weg zur Schule.

Die Schwester war sich nicht sicher – das genügte.

Jene seltsame Stimme im Dunkel besaß Macht und übte diese aus. Beständig, nie zu dreist, zuerst um verschiedene Kleinigkeiten zu bekommen, dann mehr nur als Bestätigung.

Es gab Streit.

Er solle mit dem Quatsch endlich aufhören, sagte die Mutter. Doch er bestand darauf: Den sprechenden Hampelmann gab es, und er konnte sich bewegen. Außerdem konnte er singen und ließ sich Lieder vorsingen. Auf Befehl. Er verlangte kleine Geldbeträge, das Nachsprechen von Sätzen (ich bin so dumm wie Bohnenstroh, haust du mich jetzt, so werd ich froh), das Erledigen von Hausarbeit, die bis dahin der Bruder machen musste. Die Befehle brauchten keine Begründung, seine Schwester gehorchte. Und weinte, hatte Angst vor der handtellergroßen Figur über dem Bett.

Ein Griff nur, der Weg in die Küche, keine zwanzig Sekunden und die Mutter steckte den Hampelmann in den Herd, wo er neben anderem aussortiertem (zumeist defektem) Spielzeug verbrannte.

Als sie es ihm am Nachmittag sagte, hasste der Sohn seine Mutter, einen Augenblick lang, bis er sie fragte, ob er auf die Straße gehen dürfe, Räuber und Gedarm spielen.

Übung 14

Erstelle mit Hilfe der zehn Arbeitsschritte eine vollständige Interpretation der Geschichte!

► Lösung Seite 198 f.

Übung

11. Die Personencharakteristik

11.1 Was ist eine Charakteristik?

Übung 1

Lies den folgenden Auszug aus dem Roman „Crazy" vom damals 17-jährigen Autor Benjamin Lebert. Was erfährst du über die literarische Figur Florian? Welche Eigenschaften kannst du selbst aus den Informationen ableiten?

▶ Lösung Seite 199

Vorbemerkung: der 16-jährige Benni ist nach dem Rauswurf aus seiner alten Schule in ein Internat eingezogen und geht zum ersten Mal mit seinen neuen Mitschülern in die Stadt

Benjamin Lebert

Crazy

Neben Felix läuft der kleine Florian, den alle nur *Mädchen* nennen. Er sei ungeheuer zart und sehr empfindlich, mein Janosch. Mit sechs Jahren habe er seine Eltern bei einem Autounfall verloren. Seitdem spreche er sehr wenig, und meistens nur dann, wenn er dazu aufgefordert werde. Er sei schon seit der fünften Klasse hier, und wenn Ferien sind, fahre er zu seiner Großmutter nach Hohenschäftlarn, die ihn dort mit überschwänglicher und fast unerträglicher Liebe beglücke. Er sei einer der wenigen Schüler hier, deren Eltern oder Verwandte nicht reich sind. Er verdanke den hiesigen Aufenthalt nur einem Jugendamt. Trotzdem habe er sich gut eingelebt.

Was ist eine Personencharakteristik?

Bei einer Charakterisierung einer literarischen Figur (aus einem Jugendbuch, einem Drama, einer Kurzgeschichte,...) soll der Leser/die Leserin mit dieser Figur vertraut gemacht werden: ihrem Aussehen, ihrem Charakter, den Beweggründen für ihr Handeln, den Verhaltensweisen gegenüber anderen,...

Man unterscheidet **zwei Arten** der Charakterisierung: die **direkte** und die **indirekte**. Bei der direkten Charakterisierung werden Angaben aus dem Text zusammengestellt, die aus dem Text der Leser bzw. Zuschauer direkt ablesen kann. Bei der indirekten Charakteristik zieht der Leser selbst Schlüsse aus z.B. dem Benehmen einer Person. Er interpretiert die Angaben des Textes.

Beispiel: Michael ist ein großer, bulliger Junge. Wenn die Lehrerin etwas sagt, hört er nicht zu und widerspricht permanent.
Direkte Charakteristik: Angaben zur Körpergröße: groß, bullig
Indirekte Charakteristik: Aus dem Verhalten gegenüber der Lehrerin kann man folgern, dass Michael frech und respektlos ist.

In einer Charakteristik kann man eine Person zu einem bestimmten Zeitpunkt beschreiben, schwieriger ist es, wenn man die **Entwicklung** einer Person beschreiben muss, also zwei Zeitpunkte (wie war er früher, wie ist er heute?) vergleichen muss.

Übung 2
Ordne deine Informationen aus Übung 1. Was ist eine direkte Charakterisierung, was ist eine indirekte Charakterisierung?
► Lösung Seite 200

Übung

11.2 Aspekte der Charakteristik

Eine Person wird durch sehr viele unterschiedliche Merkmale bestimmt. Nicht immer findest zu allen Merkmalen in dem literarischen Text Angaben.

Übung 3
Ordne die Merkmale den jeweiligen Aspekten einer Beschreibung zu:
Beruf, Einstellung, Kleidung, gesellschaftliche Stellung, Aussehen, soziale Beziehungen, Eigenarten, Verhalten- und Handlungsweisen, Sprache oder Sprechweise, Interessen, Probleme, gesellschaftliche Gründe für Verhalten, Gefühle, Art des Umgangs mit anderen Personen, Geschlecht, Alter, Körperbau, Denkweisen, Gewohnheiten

Übung

Aspekt	*Merkmale*
1. äußere Erscheinung	
2. soziale Situation	
3. äußeres Verhalten	
4. psychisches Verhalten	
5. gesellschaftliche Bedingtheit und ihre Wirkung	
6. emotionale und soziale Beziehungen	

▶ Lösung Seite 200

Übung

Übung 4

Es ist oft sehr hilfreich, sich durch die **Formulierung von Fragen an den Text** die Hinweise zu den jeweiligen Aspekten auf die Wesensmerkmale der Figur zu erschließen. Oft ist es nämlich leichter, Antworten auf Fragen in einem Text zu suchen als einfach ungeordnet nach Informationen über eine Person. Daher nun die folgende Übung:

Formuliere zu den einzelnen Aspekten (1 bis 6 aus der Tabelle von Übung 3) die jeweils passenden Fragestellungen.
▶ Lösung Seite 200 f.

Übung

Übung 5

Stelle zu allen Aspekten der Tabelle zusammen, was du bereits in dem sehr kurzen Textausschnitt aus dem Roman „Crazy" über Florian erfahren hast.
▶ Lösung Seite 202

11.3 Vorgehensweise beim Schreiben einer Charakteristik

Wie du gesehen hast, muss man bei der Charakteristik einer literarischen Figur sehr viele unterschiedliche Merkmale herausfinden und diese dann in einem Aufsatz zusammenstellen. Wenn man dabei kein geordnetes Vorgehen hat, enden solche Aufsätze oft in einer chaotischen Zusammenstellung von irgendwelchen Informationen über die Gestalt. Daher sollte man systematisch an die Aufgabe gehen.

Fahrplan zur Erstellung einer Charakterisierung mit folgenden Arbeitschritten:

Info

1. Schritt: Lies den Text bzw. den Textauszug gründlich durch.

2. Schritt: Stelle – geordnet nach Aspekten (s. Tabelle in Übung 3) – auf einem Konzeptpapier alle Informationen zusammen.

3. Schritt: Notiere jeweils auch die Fundstelle (Seite, Zeile), damit du später ein korrektes Zitat formulieren kannst (vgl. hierzu auch Kapitel 13.3 Zitiertechniken).

4. Schritt: Erstelle eine Gliederung für deinen Aufsatz (s. hierzu auch nächsten Infokasten).

5. Schritt: Formuliere die Charakteristik.

6. Schritt: Überarbeite nochmals deinen Ausdruck, Rechtschreibung, Zeichensetzung etc..

Tipp: Die Arbeitsschritte 2 bis 4 erscheinen vielen zunächst als Zeitverschwendung. Du solltest dir aber auch beim Üben von Charakteristiken bei Hausaufgaben angewöhnen, nie ohne diese Schritte zu arbeiten. Die Zeit, die du in diese Schritte investierst, zahlt sich beim Ergebnis mehr als aus!

Die Gliederung einer Personencharakteristik

1. Einleitung: Hier stellt man kurz die Bedeutung der Person innerhalb des Werkes vor.

2. Hauptteil: Kennzeichen der Person: Name, Geschlecht, Alter, Äußeres, Sprechweise, Gestik, Beruf, Familie, soziale Stellung, charakterliche Grundzüge, Geisteshaltung

Verhalten im Einzelnen: Charakter und Eigenschaften, typische Handlungsweisen, Verhalten gegenüber anderen, Verhalten in Konflikten, Selbsteinschätzung, Einschätzung durch andere

Wertung: Bewertung, die durch den Autor vorgenommen wird, eigene (deine) Bewertung der Figur

3. Schluss: kurze Zusammenfassung der Ergebnisse mit einer abschließenden Beurteilung

Wichtige Merkmale der Personencharakteristik

- Die Charakteristik wird immer im **Präsens** (Gegenwart) geschrieben.
- Es sollten **Zitate** verwendet werden, besonders bei indirekten Charakteristiken sollte man belegen, wie man auf bestimmte Deutungen kommt.
- Der **Stil** ist sachlich, ohne Abschweifungen, ohne Umgangssprache, das Wesentliche herausarbeitend und mit begründeten Bewertungen (gegen Ende).
- Im Hauptteil fängt man – wie dir vielleicht schon in der Gliederung aufgefallen ist – mit sehr äußerlichen Merkmalen der Person an, und nähert sich dann immer mehr dem Charakter, also „inneren Merkmalen“ an.

Übung 6

Erstelle mit Hilfe deiner Ergebnisse aus Übung 5 eine Charakteristik der Figur Florian. (Diese fällt – da der Textauszug extrem knapp ist – recht ungenau aus.)

▶ Lösung Seite 202

11.4 Übungen zur Charakterisierung

Übung 7

Erstelle mit Hilfe des „Fahrplans" im vorherigen Teilkapitel eine Personencharakteristik zur Gestalt der alten Frau aus der Kurzgeschichte „Das Brot" von Wolfgang Borchert im Kapitel 10. (Hinweis: der Text enthält wenige Angaben über die Frau, du wirst viel indirekt charakterisieren, d.h. selbst erschließen müssen.)

▶ Lösung Seite 202

Tipp: Schreibe nun noch eine Charakteristik zu einem Romanauszug. Du kannst dabei zwischen zwei Varianten wählen: Übung 8 umfasst einen etwas leichteren Text mit einer Personencharakterisierung auf dem Niveau von Klasse 9 und Übung 9 ist ein anspruchsvoller Text für „Profis" auf dem Niveau von Klasse 10.

Übung 8

Erstelle mit Hilfe des „Fahrplans" im vorherigen Teilkapitel eine Personencharakteristik zur Gestalt des Herrn Kuppisch aus dem Roman „Am kürzeren Ende der Sonnenallee" von Thomas Brussig.

▶ Lösung Seite 202 f.

Vorbemerkung: Der Roman „Am kürzeren Ende der Sonnenallee" erzählt von Micha Kuppisch, der vor der Wende – also zur Zeit der DDR – in Ost-Berlin aufwächst. Er und seine Familie müssen mit der täglichen Überwachung durch den Staat leben, die die Regierung der DDR perfekt organisiert hatte, um Aufstände oder gar die Flucht der Bürger zu verhindern. In dem folgenden Auszug aus dem dritten Kapitel wird Michas Familie vorgestellt.

Lesetext

Thomas Brussig

Am kürzeren Ende der Sonnenallee

Obwohl Bernd bei der Armee war, blieb es in der engen Wohnung genau so eng wie vorher. Es war ein anstrengendes Zuhause, fand Micha. Herr Kuppisch war Straßenbahnfahrer und musste deshalb oft zu nachtschlafender Zeit aufstehen. Durch die dünnen Wände hörte Micha dann all jene Geräusche, mit denen ein Mann den Tag beginnt. Da Herr Kuppisch als Straßenbahnfahrer unregelmäßige Schichten hatte, wusste Micha auch nie, wann sein Vater Feierabend hatte. Brilles Vater hingegen war Ingenieur und kam jeden Tag genau fünf Minuten vor fünf nach Hause. In Michas Augen paradiesische Zustände. Brille hatte auch keine Geschwister. Micha hingegen hatte neben Bernd noch eine Schwester, die ebenfalls älter als Micha war und Sabine hieß. Die kam jetzt in das Alter mit dem festen Freund, den sie auch immer mitbrachte. Allerdings hatte Sabine das Prinzip des festen Freundes nicht ganz verstanden – sie hatte ständig einen *anderen* festen Freund. Micha merkte sich nicht mal die Namen; er sagte immer nur „Sabines Aktueller“. Sabine liebte ihren Aktuellen jeweils so innig, dass sie ihm immer nachzueifern trachtete. Einmal wurde Sabine von Herrn Kuppisch ertappt, als sie einen Parteiantrag ausfüllte. Herr Kuppisch ging an die Decke (was bei der engen Wohnung nicht viel bedeutete), aber Sabine wies entschuldigend auf ihren Aktuellen: „Er ist doch auch in der Partei!“

„Und ich werde auch für sie bürgen“, verkündete ihr Aktueller. „Nicht wahr, ich werde für dich bürgen!“ Sabine nickte erwartungsfroh, aber Herr Kuppisch setzte dem ein Ende, indem er Sabine den Parteiantrag einfach wegnahm, ihn ein paar Mal faltete und unter den kippelnden Tisch klemmte.

So eng die Wohnung auch war – ein großer Sessel hatte trotzdem Platz. Es war ein wuchtiger, thronartiger Ohrensessel mit wulstigen Armlehnen und einer tiefen einnehmenden Federung. Dieser Sessel war der Stammplatz von Onkel Hein, dem Westonkel. Hein schien sich in diesem Sessel wohl zu fühlen, denn er kam oft zu Besuch. Und das war auch der Sinn und Zweck dieses Sessels.

Herr Kuppisch las die Berliner Zeitung, nicht das ND. Das war ein Blättchen mit viel Lokalem und einem Anzeigenteil, das andere war das *Zentralorgan*. Frau Kuppisch kam dahinter, dass in allen Zeitungen im Grunde dasselbe drinstand wie einen Tag zuvor im ND, und sie wollte ihren Mann überreden, zum ND zu wechseln. Aber Herr Kuppisch wollte nicht: „Ich muss mich doch nicht noch danach drängeln, diesen Mist zu lesen!“

„Aber unser Nachbar liest doch auch das ND!“ meinte Frau Kuppisch. „Da kann's doch nicht so schlimm sein.“ „Der ist ja auch bei der Stasi!“ meinte Herr Kuppisch.

„Woher willst du das wissen?“ „Weil er das ND liest!“ Herr Kuppisch fand ständig Beweise, dass sein Nachbar bei der Stasi ist. Frau Kuppisch war sich da nicht so sicher. Und so gab es endlose Dispute. Er: „Außerdem haben sie Telefon.“ Sie: „Aber das beweist doch nichts!“ Er: „Ach nee? Sind wir etwa bei der Stasi?“ Sie: „Natürlich nicht.“ Er: „Und haben *wir* Telefon? Na?“ „Nein, aber...“ Nun fiel Frau Kuppisch nichts mehr ein. Familie Kuppisch hatte wirklich kein Telefon. „Ach“, sagte Herr Kuppisch grollend. „Ich schreib 'ne Eingabe.“ „Aber vorsichtig, Horst, mach vorsichtig“, sagte Frau Kuppisch.

Onkel Heinz, der Westonkel, hatte noch nie was von Eingaben gehört. „Was ist das, eine Eingabe?“ „Das ist das einzige, wovor die da oben noch Schiss haben!“ verkündete Herr Kuppisch und rollte die Augen, als würden seine Eingaben die Mächtigen in den Palästen das Zittern lehren. „Wenn ich morgens ins Bad komme und merke, dass Wasser abgestellt ist, weil die wieder an ihren Rohren zu fummeln haben, dann...“

„Ach, 'ne Eingabe ist einfach nur eine Beschwerde“, wiegelte Micha ab, und Frau Kuppisch wiegelte noch weiter ab. „Beschwerde, Beschwerde, wie das klingt! Als ob wir uns beschweren.“ „Na klar beschweren wir uns!“ behauptete Herr Kuppisch trotzig.

Hinweise:
die Partei: in der DDR gab es mit der SED (= sozialistische Einheitspartei Deutschlands) nur eine Partei mit politischer Bedeutung, in dieser Mitglied zu sein, war ein Zeichen für Zustimmung zur Politik der DDR
ND: Neues Deutschland = die weitverbreitetste und regierungsnahe Zeitung der DDR
Stasi: Staatssicherheit = „Überwachungspolizei" der DDR mit unvorstellbarem Ausmaß

Übung 9

Erstelle mit Hilfe des „Fahrplans" im vorherigen Teilkapitel eine Personencharakteristik zur Gestalt des Parfumeurs Baldini aus Patrick Süskinds Roman „Das Parfum".
▶ Lösung Seite 203

Vorbemerkung: In dem Roman „Das Parfum" wird die Lebensgeschichte von Jean Baptiste Grenouille erzählt, der sich von einem armen Waisenjungen zu einem grausamen Frauenmörder entwickelt. Eine wichtige Rolle spielt dabei immer der Geruch der Frauen. Grenouille lernt in seiner Jugend das Handwerk des Parfumers bei Guiseppe Baldini, der in dem Auszug aus dem 11. Kapitel – vor seinem ersten Zusammentreffen mit Grenouille – näher beschrieben wird.

Lesetext

Patrick Süskind
Das Parfum

Zwar hatte Giuseppe Baldini seinen duftenden Rock ausgezogen, aber nur aus alter Gewohnheit. Der Duft des Frangipaniwassers störte ihn schon längst nicht mehr beim Riechen, er trug ihn ja schon seit Jahrzehnten mit sich herum und nahm ihn überhaupt nichts mehr wahr. Er hatte auch die Türe des Arbeitszimmers zugeschlossen und sich Ruhe ausgebeten, aber er setzte sich nicht an den Schreibtisch, um zu grübeln und auf eine Eingebung zu warten, denn er wusste viel besser als Chénier, dass er keine Eingebung haben würde; er hatte nämlich noch nie eine gehabt. Zwar war er alt und verbraucht, das stimmte, und auch kein großer Parfumeur mehr; aber er wusste, dass er im Leben noch nie einer gewesen war. „Rose des Südens" hatte er von seinem Vater geerbt und das Rezept von „Baldinis galantes Bouquet" einem durchreisenden Genueser Gewürzhändler abgekauft. Die übrigen seiner Parfums waren altbekannte Gemische. Erfunden hatte er noch nie etwas. Er war kein Erfinder. Er war ein sorgfältiger Verfertiger von bewährten Gerüchen, wie ein Koch war er, der mit Routine und guten Rezepten eine große Küche macht und doch noch nie ein eigenes Gericht erfunden hat. Den ganzen Hokuspokus mit Labor und Experimentieren und Inspiration und Geheimnistuerei führte er nur auf, weil das zum ständischen Berufsbild eines Maître Parfumeurs et Gantier gehörte. Ein Parfumeuer, das war ein halber Alchimist, der Wunder schuf, so wollten es die Leute – gut so! Dass seine Kunst ein Handwerk war wie jedes andere auch, dass wusste nur er selbst, und das war sein Stolz. Er wollte gar kein Erfinder sein. Erfindung war ihm suspekt, denn sie bedeuteten immer auch den Bruch einer Regel. Er dachte auch gar nicht daran, für den Grafen Verhamont ein neues Parfum zu erfinden. Er würde sich allerdings auch nicht am Abend von Chénier überreden lassen, „Amor und Psyche" von Pélissier zu besorgen. Er hatte es schon. Da stand es, auf dem Schreibtisch vor dem Fenster, in einem kleinen Glasflakon mit geschliffenem Stöpsel. Schon vor ein paar Tagen hatte er es gekauft. Natürlich nicht persönlich. Er konnte doch nicht persönlich zu Pélissier gehen und ein Parfum kaufen! Sondern durch einen Mittelsmann, und dieser wieder durch einen

Mittelsmann... Vorsicht war geboten. Denn Baldini wollte das Parfum nicht einfach zum Beduften der spanischen Haut verwenden, dazu hätte die geringe Menge auch gar nicht ausgereicht. Er hatte etwas viel Schlimmeres im Sinn: Er wollte es kopieren.

Hinweise:
Chénier: Assistent Baldinis
Pélissier: der erfolgreichste Parfumeur zur Zeit der Handlung in Paris
Amor und Psyche: das erfolgreichste Parfum Pélissiers

12. Novellen untersuchen und interpretieren

12.1 Was ist eine Novelle?

Info

Novelle, die (*Plural* die Novellen): Epische Gattung; Prosaerzählung von kürzerer oder mittlerer Länge, deren Aufbau und Inhalt auf ein zentrales Ereignis (von Goethe *unerhörte Begebenheit* genannt) ausgerichtet ist.

Der Aufbau ähnelt der Struktur des traditionellen Dramas. Die gradlinige Handlung steigt an bis zum Höhepunkt. Der Höhepunkt ist gleichzeitig Wendepunkt; die Handlung schlägt um und fällt danach sehr rasch zum Schluss des Textes ab.

Die Protagonisten sind häufig in einen Konflikt verwickelt, der sich nach der Zuspitzung auf einen Höhepunkt auflöst. Die Ausrichtung auf ein zentrales Ereignis sagt schon aus, dass der gesamte Text einer Novelle sehr straff und auf das Wesentliche konzentriert gestaltet ist. Dieses Ereignis ist eine tatsächlich oder zumindest mögliche (= wahrscheinliche) Begebenheit. Häufig wird die Bildhaftigkeit des Inhalts durch den Einbau von Leitmotiven und Symbolen unterstützt.

Übung

Übung 1

Du hast in der Definition oben erfahren, was eine Novelle ist. Was unterscheidet eine Novelle von einer Kurzgeschichte und einem Roman? (Tipp: du kannst in den Kapiteln zu diesen Textsorten suchen oder ein Lexikon zur Hilfe nehmen)

▶ Lösung Seite 203

Novellen, die im Unterricht behandelt werden, sind zumeist dünne „Büchlein" mit einem Umfang von 50 bis 100 Seiten. In einer Klassenarbeit wirst du wahrscheinlich einen Textauszug bearbeiten müssen. Die zentralen Schritte der Auseinandersetzung mit einem solchen Textauszug werden wir im Folgenden an zwei Beispieltexten üben: „Die Judenbuch" von Anette von Droste-Hülshoff, die oft in der 9. Klasse gelesen wird (Kapitel 12.2) und „Ein fliehendes Pferd" von Martin Walser, das viele Lehrer für die 10. Klasse auswählen (Kapitel 12.3). Auch wenn ihr im Unterricht eine andere Novelle bearbeitet, werden dir diese beiden Teilkapitel helfen, zu erkennen, wie man die üblichen Aufgaben und Fragestellungen zu einer Novelle bearbeiten kann/muss.

12.2 Beispieltext „Die Judenbuche" von Annette von Droste-Hülshoff

12.2.1 Inhaltsüberblick

„Die Judenbuche" ist eine der bekanntesten Novellen der deutschen Literatur aus dem Jahre 1841, die sehr häufig Inhalt des Deutschunterrichts der Klasse 9 ist. Sie ist gleichzeitig das Hauptwerk der Autorin (1797-1848).

Übung 2

Lies zunächst die folgende Inhaltsangabe der Novelle gründlich durch!

Inhaltsangabe

1738 wird in dem westfälischen Dorf B. Friedrich Mergel als einziges Kind eines kleinen, abhängigen Landwirts geboren. Der Vater ist Alkoholiker, quält seine Mutter und stirbt unter rätselhaften Umständen in einer gespenstischen Nacht. Simon, Friedrichs Onkel, nimmt sich des Jungen an und gibt ihm Arbeit. Dieser Simon Semmler geht dunklen Geschäften nach und steht offensichtlich in Kontakt mit einer brutalen Bande von Holzdieben, die „Blaukittel" genannt werden.

Bei ihm lebt ein verschüchterter Knabe, Johannes Niemand, als Schweinehirt, wie es scheint, ein unehelicher Sohn des Onkels. Friedrich wird zu rechten Hand von Onkel Simon. Er wird bald wegen seiner Tapferkeit und seines „Hangs zum Großtun" im Dorf bewundert, aber auch zugleich gefürchtet. Friedrich ist offenbar in die dunklen Geschäfte seines Onkels verstrickt und lädt nachweisbar Schuld auf sich, als er eines Nachts den Förster Brandis den Blaukitteln in die Arme treibt, die ihn töten.

Vor Gericht erkennt er die Mordwaffe als Axt seines Onkels, schweigt aber. Friedrich, sehr selbstbewusst und auch finanziell immer angeberisch, blamiert sich auf einem Tanzfest im Oktober 1760, als der Jude Aaron, dem er Geld schuldet, dies vor der ganzen Dorfgemeinschaft einfordert. Danach ist Aaron verschwunden, bis er drei Tage später ermordet aufgefunden wird. Als Friedrich des Mordes beschuldigt wird und verhaftet werden soll, sind er und Johannes Niemand verschwunden.

Die jüdische Gemeinde der Gegend kauft die Buche, unter der Aaron ermordet wurde, und versieht sie mit der Inschrift in hebräischer Sprache: „Wenn du dich diesem Orte nahest, so wird es dir ergehen, wie du mir getan hast.“

Ein halbes Jahr nach der Tat findet sich aber der wahre Täter, der vor seinem Selbstmord den Mord an Aaron gesteht. Trotz dieser Entlastung bleiben Friedrich und Johannes verschwunden.

28 Jahre später gelangt am Heiligen Abend eine elende Gestalt ins Dorf und gibt sich als Johannes Niemand aus, der aus der türkischen Sklaverei kommt. Der Gutsherr, der den Fall Aaron als Richter bearbeitet hat, nimmt sich des Mannes an und beschäftigt ihn für Botengänge. Im Herbst des darauffolgenden Jahres wird Johannes vermisst und schließlich an der „Judenbuche“ erhängt aufgefunden. Durch eine Narbe am Hals wird der Tote als Friedrich Mergel identifiziert, den an dem Baum sein Schicksal ereilte.

Übung 3

Das Thema der Novelle „Die Judenbuche“ lässt sich kaum in wenigen Begriffen zusammenfassen. Eigentlich hat der Text zahlreiche unterschiedliche Themen. Erkläre mit Hilfe der Inhaltsangabe, warum die folgenden Themen alle auf „Die Judenbuche“ zutreffen!

- „Auge um Auge, Zahn um Zahn“ (aus dem Alten Testament)
- die Bedeutung des Milieus für die Entwicklung eines Menschen
- ein Kriminalfall

▶ Lösung Seite 203 f.

Übung 4

Die Novelle von Annette von Droste-Hülshoff lässt beim Leser einige Fragen offen, die im Laufe der Handlung nicht beantwortet werden.

a) Sind dir solche „Leerstellen“ aufgefallen? Welche Informationen haben gefehlt?
b) Welche Wirkung erzeugt die Autorin mit der Nichtbeantwortung einiger Fragen?

▶ Lösung Seite 204

12.2.2 Die Charakterisierung von Personen

In einer Novelle erfahren wir sehr viel über den Charakter einer Person und oft auch über die Entwicklung dieses Charakters. Dabei werden aber nicht alle Eigenschaften vom Autor genannt, sondern man muss auch lernen, „zwischen den Zeilen" zu lesen. Dies wollen wir nun am Beispiel eines Auszugs der „Judenbuche" üben.

Übung 5

Übung

Lies die folgenden Seiten aus „Die Judenbuche". Markiere mit einem Bleistift alles, was du über die Person Simon Semmler erfährst.

▶ Lösung Seite 204

Vorbemerkungen: Friedrich Mergels Vater ist vor drei Jahren verstorben, seitdem lebt er mit seiner Mutter Margret in ärmlichen Verhältnissen. Margret hat zu ihrem Bruder, also dem Onkel Friedrichs, seit 13 Jahren keinen Kontakt mehr.

Lesetext

Annette von Droste-Hülshoff
Die Judenbuche (Auszug)

Er [Friedrich] war zwölf Jahre alt, als seine Mutter einen Besuch von ihrem jüngeren Bruder erhielt, der in Brede wohnte und seit der törichten Heirat seiner Schwester ihre Schwelle nicht betreten hatte. Simon Semmler war ein kleiner, unruhiger, magerer Mann mit vor dem Kopf liegenden Fischaugen und überhaupt einem Gesicht wie ein Hecht, ein unheimlicher Geselle, bei dem dicktuende Verschlossenheit oft mit ebenso gesuchter Treuherzigkeit wechselte, der gern einen aufgeklärten Kopf vorgestellt hätte und stattdessen für einen fatalen, Händel suchenden Kerl galt, dem jeder um so lieber aus dem Wege ging, je mehr er in das Alter trat , wo ohnehin beschränkte Menschen leicht an Ansprüchen gewinnen, was sie an Brauchbarkeit verlieren. Dennoch freute sich die arme Margret, die sonst keinen der Ihrigen mehr am Leben hatte.

„Simon, bist du da?", sagte sie und zitterte, dass sie sich am Stuhle halten musste. „Willst du sehen, wie es mir geht und meinem schmutzigen Jungen?" – Simon betrachtete sie ernst und reichte ihr die Hand: „Du bist alt geworden Margret!" – Margret seufzte: „Es ist mir derweil oft bitterlich gegangen mit allerlei Schicksalen." – „Ja, Mädchen, zu spät gefreit, hat immer gereut! Jetzt bist du alt und das Kind ist klein. Jedes Ding hat seine Zeit. Aber wenn ein altes Haus brennt, dann hilft kein Löschen." – Über Margrets vergrämtes Gesicht flog eine Flamme so rot wie Blut."

„Aber ich höre, dein Junge ist schlau und gewichst", fuhr Simon fort. – „Ei nun, so ziemlich, und dabei fromm." – „Hm, 's hat mal einer eine Kuh gestohlen, der hieß auch Fromm. Aber er ist still und nachdenklich, nicht wahr? Er läuft nicht mit den andern Buben?" – „Er ist ein eigenes Kind", sagte Margret wie für sich; „es ist nicht gut." Simon lachte hell auf: „Dein Junge ist scheu, weil ihn die andern ein paar Mal gut durchgedroschen haben. Das wird ihnen der Bursche schon wieder bezahlen. Hülsmeyer war neulich bei mir; der sagte, es ist ein Junge wie'n Reh."

Welcher Mutter geht das Herz nicht auf, wenn sie ihr Kind loben hört? Der armen Margret ward selten so wohl, jedermann nannte ihren Jungen tückisch und verschlossen. Die Tränen traten ihr in die Augen. „Ja, gottlob, er hat gerade Glieder." – „Wie sieht er aus?", fuhr Simon fort. – „Er hat viel von dir, Simon, viel."

Simon lachte: „Ei, das muss ein rarer Kerl sein, ich werde alle Tage schöner. An der Schule soll er sich wohl nicht verbrennen. Du lässt ihn die Kühe hüten? Ebenso gut. Es ist doch nicht halb wahr, was er Magister sagt. Wo hütet er? Im Telgengrund? Im Roderholze? Im Teutoburger Wald? Auch des Nachts und früh?" – „Die ganzen Nächte durch; aber wie meinst du das?"

Simon schien dies zu überhören; er reckte den Hals zur Türe hinaus. „Ei, da kommt der Gesell! Vaterssohn! Er schlenkert gerade so mit den Armen wie dein seliger Mann. Und schau mal an! Wahrhaftig, der Junge hat meine blonden Haare!"

In der Mutter Züge kam ein heimliches, stolzes Lächeln; ihres Friedrichs blonde Locken und Simons rötliche Bürste! Ohne zu antworten brach sie einen Zweig von der nächsten Hecke und ging ihrem Sohne entgegen, scheinbar, eine träge Kuh anzutreiben, im Grunde aber, ihm einige rasche, halb drohende Worte zuzuraunen; denn sie kannte seine störrische Natur, und Simons Weise war ihre heute einschüchternder vorgekommen als je. Doch ging alles über Erwarten gut; Friedrich zeigte sich weder verstockt noch frech, vielmehr etwas blöde und sehr bemüht dem Ohm zu gefallen. So kam es denn dahin, dass nach einer halbstündigen Unterredung Simon eine Art Adoption des Knaben in Vorschlag brachte, vermöge deren er denselben zwar nicht gänzlich seiner Mutter entziehen, aber doch über den größten Teil seiner Zeit verfügen wollte, wofür ihm dann am Ende des alten Junggesellen Erbe zufallen solle, das ihm freilich ohnedies nicht entgehen konnte. Margret ließ sich geduldig auseinander setzen, wie groß der Vorteil, wie gering die Entbehrung ihrerseits bei dem Handel sei. Sie wusste am besten, was eine kränkliche Witwe an der Hilfe eines zwölfjährigen Knaben entbehrt, den sie bereits gewöhnt hat, die Stelle einer Tochter zu ersetzen. Doch sie schwieg und gab sich in alles. Nur bat sie den Bruder, streng, doch nicht hart gegen den Knaben zu sein.

„Er ist gut“, sagte sie, „aber ich bin eine einsame Frau; mein Kind ist nicht wie einer, über den Vaterhand regiert hat.“ Simon nickte schlau mit dem Kopf: „Lass mich nur gewähren, wir wollen uns schon vertragen und weißt du was? Gib mir den Jungen gleich mit, ich habe zwei Säcke aus der Mühle zu holen; der kleinste ist ihm grad recht, und so lernt er mir zur Hand zu gehen. Komm, Fritzchen, zieh deine Holzschuh an!“ – Und bald sah Margret den beiden nach, wie sie fortschritten, Simon voran, mit seinem Gesicht die Luft durchschneidend, während ihm die Schöße des roten Rocks wie Feuerflammen nachzogen.

Übung 6

Beantworte in ganzen Sätzen die Fragen zur Figur Simon Semmler:

a) Was erfahren wir in dem Textauszug über das Aussehen Simons?
b) Welches Bild hat Simon von sich selbst? An welchen Textstellen wird dies deutlich?
c) Wie geht Simon mit seiner Schwester um?
d) Simon hat „ein Gesicht wie ein Hecht". Wie sieht ein solches Gesicht aus (evtl. Tierlexikon verwenden)? Welche Eigenschaften verbinden wir mit einem Hecht (vgl. auch mit dem Vergleich in unserer Alltagssprache: Er ist wie ein Hecht im Karpfenteich.)?
e) Woran erkennt man im Textauszug, dass Simon mit dem festen Vorsatz gekommen ist, Friedrich mitzunehmen?
f) Als Simon Magrets Haus verlässt, sieht es so aus, als ob an seiner Jacke „Feuerflammen" sind. Mit welcher Figur kann man diese Anspielung in Verbindung bringen? Was bedeutet das für die Charakterisierung des Onkel Simon?

▶ Lösung Seite 204

Übung

Übung 7

Schreibe nun eine Charakterisierung der Figur Simon Semmler, wie du es im 11. Kapitel gelernt hast.

▶ Lösung Seite 204

Übung

Übung 8

Margret blickt ihrem Bruder und ihrem Sohn nach. Schreibe in der Ich-Form auf, welche Gedanken ihr durch den Kopf gehen. Worüber macht sie sich Sorgen? Denke dabei sowohl an Friedrichs als auch an Margrets eigene Zukunft!

▶ Lösung Seite 204 f.

12.2.3 Vorausdeutungen in der Novelle

Gerade hast du einen Textauszug aus der „Judenbuche" gelesen, in dem Friedrich mit seinem Onkel Simon das Haus verlässt. Wenige Absätze weiter heißt es dann folgendermaßen:

Dennoch war eine große Familienähnlichkeit beider [**Friedrich und Simon**] nicht zu verkennen, und wie Friedrich so langsam seinem Führer nachtrat, die Blicke fest auf denselben geheftet, der ihn gerade durch das Seltsame seiner Erscheinung anzog, erinnerte er unwillkürlich an jemand, der in einem Zauberspiegel das Bild seiner Zukunft mit verstörter Aufmerksamkeit betrachtet.

Übung 9

Simon ist in der Gegend als jemand bekannt, der oft in dunkle Geschäfte verwickelt ist und offenbar mit Holzdieben arbeitet.

a) Was können wir als Leser über die Zukunft von Friedrich erahnen, wenn wir die oben stehenden Zeilen lesen?

b) Simon wird in dieser Textstelle als „Führer" bezeichnet? Was kann der Leser daraus für Friedrichs Zukunft ableiten?

▶ Lösung Seite 205

12.2.4 Die Dingsymbolik in der „Judenbuche"

Viele Novellen zeichnen sich dadurch aus, dass sie reich an Symbolen sind.

Was ist ein Symbol?
Umsetzung eines abstrakten Begriffs (z.B. Trauer) in ein konkretes bildliches oder sprachliches Zeichen (z.B. die Farbe Schwarz). Weitere Beispiele sind die Taube als Symbol für den Frieden oder Skelett mit einer Sense in der Hand als Symbol für den Tod.

Ein **Dingsymbol** ist meist ein Gegenstand (= Ding), ein Tier oder eine Pflanze, die in einem literarischen Text immer wieder auftaucht und eine symbolhafte Bedeutung für das Geschehen hat. In Schillers Ballade „Die Kraniche des Ibykus" taucht immer wieder der Zug der Kraniche auf, bei dessen Erscheinen sich die Mörder verraten.

Übung 10

Lies die folgenden zwei Textauszüge aus der „Judenbuche".

a) Was symbolisiert die Uhr im ersten Auszug?
b) Warum ist der Hahn im ersten Auszug kein Symbol?
c) Was symbolisiert der Löffel im zweiten Text?

▶ Lösung Seite 205

Vorbemerkung: Friedrich ist auf einer Hochzeit eingeladen, er ist mittlerweile – wie sein Onkel Simon – sehr eitel und arrogant geworden. Sein nach außen gezeigter Wohlstand ist allerdings zumeist mit Krediten finanziert.

Friedrich stolzierte umher wie ein Hahn, im neuen himmelblauen Rock, und machte sein Recht als erster Elegant geltend. (...) Er zog seine silberne Taschenuhr hervor, zu jener Zeit ein seltener und kostbarer Schmuck. „Es ist bald zehn", sagte er. „Jetzt den Brautmenuet! Ich will Musik machen." „Eine prächtige Uhr!", sagte der Schweinehirt und schob sein Gesicht in ehrfurchtsvoller Neugier vor. – „Was hat sie gekostet?", rief Wilm Hülsmeyer, Friedrichs Nebenbuhler.

Vorbemerkung: Friedrich ist viele Jahre nach dem Mord an Aaron, den er nicht begangen hat, zurück nach B. gekehrt. Dort verhält er sich merkwürdig und ist eines Tages verschwunden. Ungefähr zwei Wochen später wird seine Leiche nach einem Selbstmord gefunden.

Die Jäger kehrten nach einigen Stunden heim; sie hatten keine Spur gefunden. Herr von S. war in großer Unruhe: „Wenn ich mir denke, dass einer so liegen muss wie ein Stein und kann sich nicht helfen! Aber er kann noch leben; drei Tage hält's ein Mensch wohl ohne Nahrung aus." – Er machte sich selbst auf den Weg; in allen Häusern wurde nachgefragt, überall in die Hörner geblasen, gerufen, die Hunde zum Suchen angehetzt – umsonst! – Ein Kind hatte ihn gesehen, wie er am Rande des Brederholzes saß und an seinem Löffel schnitzelte. „Er schnitt ihn aber entzwei", sagte das kleine Mädchen. Das war vor zwei Tagen gewesen.

Übung 11

Das berühmteste Dingsymbol der deutschen Literatur ist wohl diese „Judenbuche" in der gleichnamigen Novelle. Schaue nochmals in die Inhaltsangabe, welche Rolle dieser Baum in der Novelle spielt.

▶ Lösung Seite 205

Übung 12

a) Was symbolisiert die Buche in der Novelle deiner Meinung nach?
b) In der Novelle wird mehrfach erwähnt, dass die Judenbuche der einzige Baum inmitten eines von Menschen abgeholzten Waldes ist. Wofür kann die Buche unter Berücksichtigung dieser Informationen ein Symbol sein?

▶ Lösung Seite 205

12.3 Beispieltext „Ein fliehendes Pferd" von Martin Walser

12.3.1 Inhaltsüberblick

Übung 13

Lies zunächst die folgende Inhaltsangabe der Novelle gründlich durch!

Inhaltsangabe

Seit Jahren verbringen Helmut Halm – Studienrat an einem renommierten Gymnasium – und seine Frau Sabine ihren Urlaub am Bodensee.

Während sie von ihrem Café-Tisch aus dem Treiben auf der Uferpromenade zusehen, bleibt vor ihrem Tisch ein Paar stehen und spricht sie an. Es ist Helmuts ehemaliger Schul- und Studienkollege Klaus Buch, ca. 46 Jahre als, Journalist, mit seiner zweiten, wesentlich jüngeren Frau Helene. Nur mit Widerwillen beginnt Helmut die über 20 Jahre alten Erinnerungen anzuerkennen, die Klaus ihm vorträgt.

Trotz scheinbarer Gemeinsamkeiten führt im Inneren von Helmut doch kein Weg zu Klaus. Während die Buchs von einer Aktivität zur nächsten jagen (Segeln, Tennis usw.), lieben die Halms ihre Ruhe (Straßencafés und Bücher). Helmut hat Angst, seine Gewohnheiten gegen dieses Paar nicht verteidigen zu können, während seine Frau Sabine die beiden als „erfrischend" bezeichnet. Klaus Buch verplant bald das Programm der Halms mit gemeinsamen Aktivitäten, Abendessen, Segeln und so fort.

Hier werden die zwei konträren Lebensweisen sichtbar: die Halms trinken schweren Burgunder und rauchen, sie haben zwei Kinder und einen Hund. Die Buchs brauchen ihre Unabhängigkeit, rauchen nicht, trinken Mineralwasser und halten sich fit durch Sport.

Helmut spielt die Rolle des Jugendfreundes. Nur ein einziges Mal bewundert er Klaus Buch. Auf einem gemeinsamen Spaziergang rast den vieren ein Pferd entgegen, der Bauer kann es nicht aufhalten. Als das Pferd am Wiesenrand stehen bleibt, nähert sich Klaus Buch vorsichtig von hinten und springt auf das Pferd, noch ehe es davongaloppiert. Klaus wird von allen als Held – nur nicht vom Bauern – bewundert und sein Mut gelobt.

„Einem fliehenden Pferd kannst du dich nicht in den Weg stellen. Es muss das Gefühl haben, sein Weg bleibt frei. Und: Ein fliehendes Pferd lässt nicht mit sich reden." (S. 62 Z. 12 ff.), erklärt Klaus Buch.

Trotzdem bleibt die Kluft zwischen den beiden. Das Geschehen eskaliert auf einer Segeltour, die Klaus und Helmut ohne die Frauen auf dem Bodensee machen. Als Klaus gerade plant, dass Helmut auf die Bahamas mitkommen und alle Brücken abbrechen soll, kommt ein Unwetter auf. Der Sturm wird immer heftiger. Helmut hat Angst vor den riskanten Manövern, die Klaus mit steigender Abenteuerlust gegen den Wind startet.

Plötzlich läuft Wasser über Brod, Helmut schlägt Klaus die Pinne aus der Hand, das Boot schießt in den Wind und Klaus geht über Bord.

Helmut kehrt unversehrt zu Sabine zurück, Klaus bleibt verschwunden. Helene besucht kurze Zeit später die Halms. Die Rollen wechseln. Die Halms haben sich Jogging-Anzüge gekauft und beschließen, aktiv zu werden. Währenddessen trinkt Helene Calvados und raucht, als sie die Halms besucht. Sie redet über ihr Leben mit Klaus. Früher war sie Musikstudentin und wollte Pianistin werden. Doch als sie Klaus kennenlernte, musste sie sich zwischen ihm und der Musik entscheiden. Sie gesteht, dass sie nie leben durfte, wie es ihr beliebte. Sie tauschte alles ein gegen die Isolation mit Klaus, dem alles so schwerfiel. Beruflich schaffte Klaus es nicht, daher sein Traum vom Aussteigen. Helene war seine Bestätigung. Plötzlich kehrt Klaus zurück. Angesichts der Tatsache, dass Helene ein „Geständnis" über ihr Leben mit Klaus abgelegt hat, sagt Klaus nur „komm jetzt" (S. 97 Z. 24). Die Buchs gehen fort, ohne ein weiteres Wort an Sabine und Helmut zu richten.

Übung 14

Teile die Inhaltsangabe in sechs Abschnitte, zu denen die folgenden Überschriften passen:
Einleitung – 1. Höhepunkt – 2. Höhepunkt – 1. Wendepunkt – 2. Wendepunkt – offenes Ende

▶ Lösung Seite 205

Übung 15

Welches der folgenden Ausdrücke trifft am besten das **Thema** der Novelle?

- Die Geschichte und das Ende einer Freundschaft
- Existenzkrise und ihre Bewältigung
- Gründe und Aufklärung eines misslungenen Mordes
- Probleme in der Partnerschaft von Mann und Frau

▶ Lösung Seite 205

12.3.2 Der Novellenanfang

Übung 16

Im Folgenden findest du die ersten zwei Seiten der Novelle „Ein fliehendes Pferd". Bestimme mit Hilfe der Info-Box unter dem Text, um welche Art von Einleitung es sich bei diesem Novellenanfang handelt. Begründe deine Einordnung!

▶ Lösung Seite 206

Martin Walser

Ein fliehendes Pferd

Plötzlich drängte Sabine aus dem Strom der Promenierenden hinaus und ging auf ein Tischchen zu, an dem noch niemand saß. Helmut hatte das Gefühl, die Stühle dieses Cafés seien für ihn zu klein, aber Sabine saß schon. Er hätte auch nie einen Platz in der ersten Reihe genommen. So dicht an den in beiden Richtungen Vorbeiströmenden sah man doch nichts. Er hätte sich möglichst nah an die Hauswand gesetzt. Otto saß auch schon. Zu Sabines Füßen. Er sah aber noch zu Helmut herauf, als wolle er sagen, er betrachte sein Sitzen, so lange Helmut sich noch nicht gesetzt habe, als vorläufig. Sabine bestellte schon den Kaffee, legte ein Bein über das andere und schaute dem trägen Durcheinander auf der Uferpromenade mit einem Ausdruck des Vergnügens zu, der ausschließlich für Helmut bestimmt war. Er verlegte seinen Blick wieder auf die Leute, die zu dicht an ihm vorbeipromenierten. Man sah wenig. Von dem Wenigen aber zu viel. Er verspürte eine Art hoffnungslosen

Hungers nach diesen hell- und leicht bekleideten Braungebrannten. Die sahen hier schöner aus als daheim in Stuttgart. Von sich selbst hatte er dieses Gefühl nicht. Er kam sich in hellen Hosen komisch vor. Wenn er keine Jacke anhatte, sah man von ihm wahrscheinlich nichts als seinen Bauch. Nach acht Tagen würde ihm das egal sein. Am dritten Tag noch nicht. So wenig wie die grässlich gerötete Haut. Nach acht Tagen würden Sabine und er braun sein. Bei Sabine hatte die Sonne bis jetzt noch nichts bewirkt als eine Aufdünsung jedes Fältchens, jeder nicht ganz makellosen Hautstelle. Sabine sah grotesk aus. Besonders jetzt, wenn sie voller Vergnügen auf die Promenierenden blickte. Er legte eine Hand auf ihren Unterarm. Warum mussten sie überhaupt dieses hin- und herdrängende Dickicht aus Armen und Beinen und Brüsten anschauen? In der Ferienwohnung wäre es auch nicht mehr so heiß wie auf dieser steinigen, baumlosen Promenade. Und jede zweite Erscheinung hier führte ein Ausmaß an Abenteuer an einem vorbei, dass das Zuschauen zu einem rasch anwachsenden Unglück wurde. Alle, die hier vorbeiströmten, waren jünger. Schön wäre es jetzt hinter den geraden Gittern der Ferienwohnung. Drei Tage waren sie hier, und drei Abende hatte er Sabine in die Stadt folgen müssen. Jedesmal auf diese Promenade. Leute beobachten fand sie interessant. War es auch. Aber nicht auszuhalten. Er hatte sich vorgenommen, Kierkegaards Tagebücher zu lesen. Er hatte alle fünf Bände dabei. Wehe dir, Sabine, wenn er nur vier Bände schafft. Er wusste überhaupt nicht, was Kierkegaard in seinen Tagebüchern notiert hatte. Unvorstellbar, dass Kierkegaard etwas Privates notiert haben konnte. Er sehnte sich danach, Kierkegaard näher zu kommen. Vielleicht sehnte er sich nur, um enttäuscht werden zu können. Er stellte sich diese tätliche, stundenlange Enttäuschung beim Lesen der Tagebücher Kierkegaards als etwas Genießbares vor. Wie Regenwetter im Urlaub. Wenn diese Tagebücher keine Nähe gestatteten, wie er fürchtete (und noch mehr hoffte), würde seine Sehnsucht, diesem Menschen näher zu kommen, noch größer werden. Ein Tagebuch ohne alles Private, etwas Anziehenderes konnte es nicht geben. Er musste Sabine sagen, dass er ab morgen die Abende nur noch in der Ferienwohnung verbringen werde. Er hätte zittern können vor Empörung! Er hier auf dem kleinen Stuhl, Leute anstieren, während in der Ferienwohnung...

(S. 11-12)

Anmerkung:
Sören Aabye Kierkegaard ist ein dänischer Philosoph und Theologe des 19. Jahrhunderts.

Info

Die Einleitung einer Novelle
Die Einleitung führt den Leser in die Handlung und die wichtigsten Charaktere der Novelle ein. Damit kommt ihr eine wichtige Bedeutung zu.

Die Einleitung kann auf zweierlei Arten gestaltet sein:

a) **abgerundete oder geschlossene Einleitung**: Es werden Informationen über besondere Umstände der Handlung oder evtl. eine Vorgeschichte gegeben, damit der Leser die dann folgende Handlung verstehen und einordnen kann.
b) **offene Einleitung**: Die Einleitung setzt mitten in der Handlung ein und geht nicht auf die Vorgeschichte ein, diese muss der Leser sich dann während des Lesens selbst erschließen.

Übung

Übung 17
Welche Wirkung hat die Art der Einleitung in „Ein fliehendes Pferd" auf den Leser? Welche Absicht verfolgt der Autor damit?
▶ Lösung Seite 206

Übung

Übung 18
Bestimme die Erzählperspektive des Novellenanfangs (evtl. musst du den Infokasten im Kapitel 10.3 zur Hilfe nehmen, s. S. 103)! Welche Wirkung hat diese Perspektive?
▶ Lösung Seite 206

Übung

Übung 19
Untersuche die Kommunikation zwischen den Eheleute Halm. Wie gehen sie miteinander um, wie schätzen sie den jeweils anderen ein, wie verhalten sich Denken und Handeln bei beiden zueinander?
▶ Lösung Seite 206

Übung

Übung 20
Stelle zusammen, was du aus der Einleitung über Helmut Halm erfährst. Erstelle dann, nach dem in Kapitel 11 vorgestellten Schema (s. S. 111), eine erste Personencharakteristik!
▶ Lösung Seite 206 f.

Übung

Übung 21
Untersuche die Sprache der Einleitung! Fülle dazu die folgende Tabelle aus! (Die Tabelle der Fachbegriffe in Kapitel 8.3 kann dir helfen, s. S. 85 ff.)

Textstelle	**Stilmittel**	**Wirkung(-sabsicht)**
Z. 1: „Strom der Prominierenden“		
Z. 6 f.: „Otto saß auch schon. Zu Sabines Füßen.“		
Z. 25: „Warum muss-ten sie überhaupt...?“		
Z. 25 f.: „dieses hin- und herdrän-gende Dickicht aus Armen und Beinen und Brüsten“		
Z. 36: „Wehe dir, Sabine,...“		
Z. 31 f.: „hinter den geraden Gittern der Ferienwohnung“		

▶ Lösung Seite 207 f.

12.3.3 Der Handlungshöhepunkt

Info

Der Höhepunkt einer Novelle (und anderen erzählenden Texten) hat zwei Funktionen:

- Die **Spannung** ist an dieser Stelle am größten.
- Es ist auch der **Punkt inhaltlicher Konzentration,** d.h. hier **verbinden sich viele Aspekte,** die in der Handlung und den Figuren zuvor angelegt wurden. Daher ist es zumeist notwendig, dass man sich bereits mit der Novelle sehr genau auseinandergesetzt hat, um den Höhepunkt angemessen interpretieren zu können.

In der Inhaltsangabe der Novelle „Ein fliehendes Pferd" hast du bereits erfahren, dass diese Novelle zwei Höhepunkte hat (Einfangen des Pferdes durch Klaus und Unfall während des Segelausflugs). Wir beschäftigen uns aus Zeit- und Platzgründen an dieser Stelle nur mit dem zweiten Höhepunkt.

Übung

Übung 22

Lies den folgenden Textauszug aus der Novelle aufmerksam und schlage die dir unbekannten Begriffe nach!

Vorbemerkung: Helmut und Klaus sind gemeinsam auf einem Segelausflug, den Klaus Helmut aufgedrängt hat. Es kommt ein Unwetter auf.

Lesetext

Jetzt war der See schon eine hellgrüne und weiß fauchende Fläche. Klaus Buch schrie vor Vergnügen. Helmut dachte, vielleicht ist er wirklich verrückt. Klaus rief Helmut zu, der solle sich auf den Bootskörper setzen. Helmut setzte sich hinauf. Sie schossen jetzt in rauschender Fahrt in Richtung Schweiz. Außer ihnen war kein Boot mehr auf dem See. In Ufernähe sah man segellose Boote wahrscheinlich mit Motorkraft auf die Häfen zustreben. Klaus Buch benahm sich immer mehr wie ein Rodeoreiter. Er unterhielt sich mit dem Wind. Taufte jede Böe, die er herankommen sah, auf einen neuen Namen. Das ist Susi, die uns mit ihren Schenkeln zerquetschen will, hohopp, fier auf, und weg ist sie. Jedes Mal, wenn sie sich von einer Bö aufrichteten, lachte er Helmut glücklich an, tätschelte den Bootskörper und rief: Brav, Zugvogel, brav! Helmut sah, dass es immer schwieriger wurde, den Winddruck durch Manöver und Gewichtsverlagerung auszugleichen. Sie waren von fliegender Gischt längst klatschnass. Er hielt seine Fockschot nur noch am letzten Zipfel. Dicht, brüllte Klaus Buch. Helmut schrie: Du spinnst. Er war ganz sicher, dass das Boot kentern würde, wenn das Vorsegel auch noch unter Druck stünde. Der Wind erzeugte mit dem losen Vorsegel ein hart knallendes Maschinengewehrgeräusch. Vollwarnung, schrie Klaus Buch triumphierend. Tatsächlich, die Lichter liefen mit doppelter Geschwindigkeit. Hinein jetzt, brüllte Helmut. Klaus Buch brüllte: Feigling. Helmut ertrug die totale Schieflage nicht mehr. Die Wellen liefen schon über Bord. Dieser Klaus Buch war also wahnsinnig. Jetzt hielten sie durch ihr so weit als möglich hinausgelehntes Gewicht und durch loseste Leinen das Boot gerade noch am Rand des Kenterns. Aber der Sturm nahm zu. Das Boot neigte sich schon. Helmut ließ einfach seine Leine los. Das Knallen und Knattern wurde unheimlich. Es war, als schlüge jemand auf sie los. Klaus Buch schrie: Dass du zufrieden bist, wir reffen! Er drehte das Boot mit dem Bug genau in den Wind. Das Boot richtete sich sofort auf. Gott sei Dank. Helmut konnte wieder atmen. Klaus Buch rief: Los, an die Pinne! Nimm sie zwischen die Beine! Halt das Boot genau im Wind! Nicht so zimperlich, Mensch! Nur hingelangt! Als wär's ein Stück von dir! Er lachte und tanzte zum Mast. Helmut wusste nicht, wie er in diesem Toben und Knallen und Knattern mit diesem lächerlichen Stück Holz etwas ausrichten sollte. Er hatte das Gefühl, es sei Mitternacht. Plötzlich spürte er Druck auf der Pinne. Das Boot stand nicht mehr genau im Wind. Er ruckte. Aber in die falsche Richtung. Das Großsegel schlug quer weg. Klaus Buch brüllte etwas. Rannte auf Helmut zu, riss dem die Pinne aus der Hand, bückte sich nach den Leinen. Helmut hatte das Gefühl, dass das Boot jetzt gleich kentern werde. Spätestens, wenn Klaus Buch das Großsegel wieder hereinholen würde, wenn wieder diese entsetzliche Lage entstehen würde. Als sich Klaus aufrichtete und mit Pinne und Leine arbeitete, um das Boot wieder unter Kontrolle zu bringen, als das Boot schon wieder anfing, sich zur Seite zu neigen, schrie Helmut: Nicht! Klaus Buch schrie: Wir heben ab! Und lachte. Unmäßig. Und hing in einer furchtbaren Art über das Boot hinaus. Er lag praktisch auf dem Rücken. Das Boot hatte wieder die entsetzliche Schräglage erreicht. Es war vorauszusehen, dass es in den nächsten Sekunden endgültig kentern würde. Komm, Schatz, brüllte Klaus Buch, ich brauch dein Gewicht. Helmut platzierte sich auf dem Bootskörper, behielt aber sein Hauptgewicht innerhalb des Cockpits. Klaus Buch ließ sogar noch den Kopf noch nach hinten fallen und brüllte zum Himmel hinauf *Lucy in the sky*. Als Helmut sah, dass die über Bord laufenden Wellen jetzt gleich ins Cockpit schlagen würden, stieß er mit einem Fuß Klaus Buch die Pinne aus der Hand. Jetzt passierte alles gleichzeitig. Das Boot schoss wieder in den Wind. Klaus Buch stürzte rückwärts ins Wasser. Das Boot richtete sich auf. Der Wind kriegte es von der anderen Seite zu fassen. Helmut duckte sich gerade noch unter dem herüberschlagenden Großsegel durch. Dann kauerte er am Mast und sah nach Klaus Buch. Bevor er hinunter war, hatte Helmut noch einen Blick von ihm empfangen. Das Großsegel war losgerissen. Großsegel und Vorsegel flatterten voraus.

Der Wind kam von hinten. Trotz des Geknatters der Segel war es jetzt plötzlich viel ruhiger. Helmut stand vorsichtig auf, suchte die weißen Wellenkämme und die dunklen Wellentäler ab. Er brüllte: Klaus! Immer lauter brüllte er: Klaus! Klaus! Als er das Gefühl hatte, er brülle jetzt nur noch sich zuliebe, hörte er auf. Sei still, dachte er. Fang jetzt überhaupt nichts an. Sei bloß still. Klaus müsste sich retten können. Ein solcher Sportler. Sollten sie je kentern, hatte Klaus doziert, müsse man sich von den Wellen tragen lassen. Nie versuchen, ein näher liegendes Ufer gegen die Wellen zu erreichen. Es sei überhaupt kein Problem, MIT den Wellen 5 Kilometer zu schwimmen, aber unmöglich, gegen sie 500 Meter. Überhaupt kein Problem. Also bitte. Idiot. Schluss. Du hast es nicht gewollt. Du hast es doch nicht gewollt! Also bitte. Warum verteidigst du dich dann? Du hast es nicht gewollt. Schluss. Klaus kann sich retten. Du aber nicht. So ist das. Er würde sich an dieses Boot klammern. Wenn es sinken würde, würde er auch sinken. Aber vielleicht sank es nicht. Klaus Buch hatte etwas über Auftriebskörper gesagt. Er suchte nach Stellen, an denen er sich festklammern konnte. Er wollte nicht mehr hinaus schauen. Aber dem Knallen und Knattern nach musste er immer noch Fahrt machen. Es war jetzt ziemlich dunkel. Es regnete. (...)

Erst als der Kiel plötzlich im Uferkies schürfte, hörte er auf, Töne auszustoßen. Er sprang ins Wasser, watete an Land und ging auf das nächste Licht zu. Die Leute erschraken. Sie verständigten den Krankenwaren. Sie nötigten ihn, Tee mit Schnaps zu trinken. Er sei in Immenstaad, sagten sie. Sie riefen die Wasserschutzpolizei, damit sofort alles unternommen werde, seinem Freund zur Hilfe zu kommen. Sie riefen Sabine an. Sie riefen Helene Buch an. Helmut dachte, es sei das Beste, er selber bleibe apathisch. Klaus hatte in Unterhomberg gesagt, ein fliehendes Pferd lasse nicht mit sich reden. Er hatte zugestimmt.

Übung 23

Erstelle zunächst eine Inhaltsangabe der Szene nach den dir bekannten Kriterien (du kannst sie im Kapitel 13.1.2 auch wiederholend nachlesen).

▶ Lösung Seite 208

Übung 24

Teile die Textpassage in Abschnitte und gib ihnen jeweils eine kurze Überschrift.

▶ Lösung Seite 208

Übung 25

Zeichne für die Szene eine Spannungskurve. In welchen Sinnabschnitten steigt die Spannung, wann hält sie an, wann löst sie sich auf?

▶ Lösung Seite 208

Mit den nächsten Übungen sollst du nun die Sprache der Novelle genauer untersuchen:

Übung 26

Untersuche den Satzbau der Textpassage, was fällt dir auf? (Gehe auch auf die Ausrufe und die Ellipsen im Text ein. Rhetorische Figuren s. S. 69) Welche Wirkung hat der Satzbau beim Leser?

▶ Lösung Seite 208

Übung 27

Unterstreiche alle Verben des Sagens. Was fällt bei dieser Wortwahl auf?

▶ Lösung Seite 208 f.

Übung 28

Im letzten Abschnitt beginnen die meisten Sätze mit dem Wort „Sie". Was drückt diese Wiederholung aus?

▶ Lösung Seite 209

Der letzte Satz des Textauszuges und auch die Metapher des „Rodeoreiters" sind schwer zu verstehen. Daher hier abschließend ein interessanter Auszug aus einer Lektürehilfe zu der Novelle. Lies den Abschnitt aufmerksam durch, er wird dir dein Verständnis der Novelle verbessern:

Der Sturm ist hier ein Symbol für den inneren Kampf, den Helmut mit Klaus austrägt. Mit zunehmender Bedrängung von Helmuts Privat- und Intimsphäre nimmt der Sturm zu – bis er alles zerreißt und zerstört.
Auch der Vergleich von Klaus mit einem „Rodeoreiter" ist eine Metapher. Helmut ist in dieser Szene das Pferd, das gebändigt werden soll, unter Klaus' Kontrolle gebracht und gefügig gemacht werden soll. Doch Helmut wehrt sich als „fliehendes Pferd" gegen diesen Rodeoreiter. Er will nicht, dass man ihn zwingt oder belehrt, dass man sich ihm in den Weg stellt.
Klaus, der bändigen will (sowohl den Sturm als auch Helmut), ist zu weit gegangen. Er hat seine eigenen Worte nicht beachtet und sich dem „fliehenden Pferd" in den Weg gestellt, er hat ignoriert, dass ein fliehendes Pferd nicht mit sich reden lässt.

Eine Interpretation schreiben

Übung 29

Formuliere nun eine Textanalyse und Interpretation zum Auszug der Novelle (s.o. S. 128 f.).

▶ Lösung Seite 209 f.

13. Romane untersuchen und interpretieren

13.1 Beispieltext: Blueprint von Charlotte Kerner (für die Klasse 9)

13.1.1 Der Erzählbeginn des Romans

Lesetext

Charlotte Kerner
Blueprint (Auszug, 1999)

Als Iris mich zum ersten Mal gedacht hat, war sie sicher genauso allein und verzweifelt, wie ich es bin, seit sie mich verlassen hat. Und deshalb bin ich ihr nun wieder so nah, dass es wehtut. Es ist schrecklich, allein zu sein, wenn man krank ist. Das wissen wir beide. Sie hatte damals MS und ich bin heute seelenkrank.

Dass ich einer der ersten Menschenklone bin und noch dazu eine der Ersten unserer Art, die erwachsen geworden sind und überlebt haben, sieht man mir natürlich nicht an. Äußerlich wirke ich ganz normal, sehe aus und rede wie jeder Einling. Der Horror spielt sich innen ab und der beste Horror war schon immer der von der unsichtbaren Sorte. Wer sich im Dunkeln fürchtet, singt manchmal laut.

Was ich aufschreiben will, ist ganz radikal nur meine Geschichte unseres Lebens: Siris Geschichte. Trotzdem bemühe ich mich, die Wahrheit zu schreiben. Doch was ist das schon, die Wahrheit?

Wahr ist, was Iris mir erzählt oder mein medizinischer „Vater" mir geantwortet hat, als ich ihn später traf und mit ihm gesprochen habe.

Wahr meint aber zuallererst und vor allem das, an was ich mich erinnere. Also erwartet keine normale Biografie. Denn wahr ist auch das, was ich als Zwillingsschwester, als Iris-Klon, hinter den Fakten erfühle. Und weil wir doch immer schon ein Herz und eine Seele waren – und vielleicht auch noch sind -, kann ich ganz leicht in Iris' Haut und Hirn schlüpfen. Als Klon kann ich schließlich Iris oder Siri sein oder ich bin uns beide gleichzeitig. Manchmal steige ich auch einfach aus und werde jemand Drittes, der die Geschichte von Iris und Siri erzählt. Dabei kann ich mich/sie/uns betrachten, wie eine Forscherin ihre Versuchsanordnung im kalten, blauen Laborlicht beobachtet.

Mit dem Beginn eines Romans „zieht" uns der Autor bzw. hier die Autorin in die fiktionale Welt seiner/ihrer Geschichte. Dies kann auf verschiedene Weise geschehen, z.B. durch einige wichtige Informationen über Zeit, Ort und Figuren der Handlung. Andere Romane versetzen den Leser unmittelbar in die Handlung. Oft deuten die ersten Sätze eines Romans schon auf die gesamte Handlung hin, sie zeigen die Konflikte auf und steuern die Leseerwartung.

Übung 1

Du hast die ersten eineinhalb Seiten des Romans „Blueprint" kennen gelernt. Was hat dich neugierig gemacht? Über was würdest du gerne mehr erfahren?

▶ Lösung Seite 210

Übung 2

Wie stellst du dir den weiteren Verlauf der Handlung vor? Begründe deine Antwort mit den Andeutungen, die der Text macht!

▶ Lösung Seite 210

Übung 3

Welche Informationen erhalten wir über die Hauptfiguren des Romans Siri und Iris? Was bleibt für den Leser noch offen und somit unverständlich?

▶ Lösung Seite 210

Übung 4

Erkunde die erste Seite eines Romans deiner Wahl (am Bücherregal zuhause, in der Bücherei oder Buchhandlung), indem du die Übungen 1 bis 3 nochmals mit diesem Werk durchführst.

▶ Lösung Seite 210

13.1.2 Inhaltsangaben von Textauszügen

Du hast schon mal gelernt, wie man eine Inhaltsangabe von einem kurzen abgeschlossenen Text schreibt (z.B. von einer Kurzgeschichte), erinnerst du dich? Hier ist zur Wiederholung nochmals das Wichtigste zusammengefasst:

Info

Wichtige Merkmale einer Inhaltsangabe:
- Die Inhaltsangabe fasst einen Text kurz und genau zusammen.
- Die Inhaltsangabe beschränkt sich – im Unterschied zur Nacherzählung – auf das Wesentliche, viele Details werden weggelassen.
- Die Einleitung jeder Inhaltsangabe besteht aus ungefähr zwei Sätzen, die folgende Informationen geben müssen:
  - Autor des Textes
  - Titel / Überschrift des Textes
  - Textart (z.B. Kurzgeschichte)
  - Thema des Textes
- Nachdem du in der Einleitung viele wichtige Informationen zum Text gegeben hast, wird im Hauptteil die Handlung der Geschichte wiedergegeben.
- Die Sprache der Inhaltsangabe ist sachlich, es wird keine Spannung aufgebaut.
- Die Inhaltsangabe wird im Präsens geschrieben.
- In der Inhaltsangabe werden keine Gefühle geäußert und es wird keine wörtliche Rede verwendet.
- Die Inhaltsangabe wird aus der Perspektive der 3. Person verfasst.

Bei der Auseinandersetzung mit einem Roman, z.B. im Deutschunterricht in der Schule, ist aber nie die Aufgabe, eine Inhaltsangabe vom gesamten Buch zu schreiben, sondern lediglich einen **Auszug** zusammenzufassen.

Info

Was ist bei der Inhaltsangabe von einem Textauszug zu beachten?
Wenn der Text aus einem größeren Werk stammt, musst du den Titel des Werkes nennen – außerdem noch den Autor und die Textgattung bzw. Textsorte des Werkes (also z.B. Roman).

Es ist zudem sinnvoll, den Auszug in den Zusammenhang des Werkes einzuordnen, das heißt, die Vorgeschichte zu erzählen, damit für den Leser der Inhaltsangabe der Textauszug verständlich wird. Beachte dabei, dass du die Vorgeschichte nur ganz kurz (auch im Präsens) wiedergeben sollst.

Wenn die Textvorlage ein Auszug aus einem umfangreichen Werk ist, schreibst du in der Einleitung also folgendes:

- Titel des Werkes
- Textsorte des Werkes
- Verfasser des Werkes
- Vorgeschichte (nur kurz!)
- Thema des Textauszuges

Nun fertige eine Inhaltsangabe, so wie du sie bisher für abgeschlossene Texte kennen gelernt hast, anhand des folgenden Textauszuges aus Charlotte Kerners Roman an.

Lesetext

Der Applaus war höflich und kurz. Als Siri vortrat, um sich zu verbeugen, suchte und fand sie Dadas und Janecks Blicke. Sie hielt sich an ihrem Lächeln fest, um nicht zu stürzen.

Iris Sellin saß im Rollstuhl zwischen Thomas Weber und einem berühmten Musikkritiker. Auch deren sechs Hände bewegten sich mechanisch. Iris vermied Siris suchenden ängstlichen Blick und fühlte sich genauso gedemütigt wie ihr Zwilling. Was ein Triumph hatte werden sollen, war nicht einmal eine mittelmäßige Leistung gewesen, sondern eine Niederlage, eine Blamage.

Immer schlechter hatte Siri gespielt, mit bleiernen Fingern und Gelenken und einem leeren Kopf. Wie eine aufgezogene Puppe hatte sie blasse Töne angeschlagen, die Musik war zu einer leblosen Ansammlung von Tönen verkommen.

Hin und her gerissen war ich, wie es jeder guten Interpretin ergeht: Immer soll sie genau den Buchstaben des Komponisten folgen, aber auch der Laune des Augenblicks und ihren Gefühlen gehorchen. Sonst bleibt ihr Spiel leblos. Jede Pianistin ist ein Handelsobjekt des Konzertmarktes, trotzdem soll sie eine unabhängige Persönlichkeit sein: Sklave und Rebell zugleich. Erst das steigert ihren Wert.

Das Musikstück, das ich aufführen sollte, hieß „Dein Leben" und ich irrte umher inmitten dieser festgelegten Lebenslinien und Lebensnoten. Ich versuchte, es als „Mein Leben" zu spielen, ich wollte den Beifall für mich allein. Aber am Ende war ich nur eine Marionette, die an deinen DNS-Fäden hing, Iris. Und die hatten sich an diesem Abend verheddert. Deshalb bewegte sich die Marionette nicht richtig, deshalb spielte ich nur die Noten vom Blatt.

Nein, Iris, das Lampenfieber war nicht schuld, das ist wirklich zu einfach. Es waren die widersprüchlichen Erwartungen von dir und von mir. Ichdu und Duich flüsterten mir abwechselnd verschiedene Anweisungen ins Ohr. Die verwirrten mich und ich hörte nicht mehr, was ich spielte. Immer mehr Stimmen redeten auf mich ein, aber etwas gewann in diesem Gewirr die Oberhand und wurde lauter und lauter: Und das, Iris, war dein / mein / unser höhnisches Lachen.

Iris hatte jeden Takt mitgezählt, auch für sie hatten sich die Minuten bis zum Schlussakkord zu einer quälenden Ewigkeit ausgedehnt. Iris schämte sich für ihre Tochter, die so jämmerlich versagt hatte. Sie nahm sich zusammen, um in ihrer Hilflosigkeit nicht loszuschreien. Denn sie wollt ihr Kind da oben trösten und gleichzeitig den Klon auf der Bühne verfluchen.

Das blaue Kleid knisterte, als Siri sich verbeugte. Ihr war kalt und heiß und sie schwitzte. Sie war sicher, dass alle die dunklen Flecken unter den Achseln sahen. Auch sie schämte sich. Am liebsten wäre sie in die Arme von Dada gerannt, doch schnell verbeugte sie sich noch einmal, um den Blicken auszuweichen.

Übung 5

Schreibe an den Rand der Inhaltsangabe, die Lydia von diesem Textauszug angefertigt hat, die folgenden Begriffe:

Vorgeschichte
Verfasser des Textes
Quelle
Thema des Textes
Gliederung des Textes
1. Sinnabschnitt
2. Sinnabschnitt
3. Sinnabschnitt

▶ Lösung Seite 211

Inhaltsangabe zu Charlotte Kerner: Blueprint

Der vorliegende Textauszug stammt aus dem Roman „Blueprint“ von Charlotte Kerner. Die Hauptfiguren des Romans sind Iris und Siri, die sowohl Mutter und Tochter als auch eineiige Zwillinge sind, da Iris einen Klon von sich hat anfertigen lassen. Iris, die todkrank ist, möchte, dass Siri für sie weiterlebt und auch eine Karriere als Konzertpianistin einschlägt. Diese Ansprüche führen immer wieder zu Konflikten und Hassgefühlen zwischen den beiden.

Im vorliegenden Textauszug hat Siri soeben ein sehr schlechtes Konzert gespielt, bei dem sie eigentlich ihre Mutter vom Thron der Klavierkünste stoßen wollte. Der Auszug gliedert sich in drei Sinnabschnitte.

Im ersten Abschnitt steht Siri auf der Bühne und nimmt den wenigen Applaus entgegen. Sie sucht mit ihren Augen den Blick ihres Kindermädchens und dessen Sohn, weil sie dort Halt findet.

Im zweiten Abschnitt denkt Siri über die Ursachen ihres Versagens nach. Es werden ihre Gefühle und Gedanken deutlich. Sie war dem Druck, der von den Erwartungen der Mutter und auch von ihr ausging, nicht gewachsen.

Im dritten Abschnitt wird deutlich, dass Iris, die im Publikum ist, sich sehr zerrissen fühlt. Auf der einen Seite schämt sie sich für ihre Tochter, auf der anderen Seite möchte sie sie gerne trösten. Auch Siri schämt sich, läuft aber vor der Situation nicht davon, sondern verbeugt sich ein weiteres Mal.

Übung 6

Lydia hat eine Gliederung in drei Sinnabschnitte vorgenommen. An welchen Stellen enden diese jeweils? Zeichne an den jeweiligen Stellen waagerechte Linien in den Text von Charlotte Kerner (S. 139 f.).

▶ Lösung Seite 211

13.1.3 Die Erzählperspektive

Übung 7

Lies im Kapitel 10.3 nochmals die unterschiedlichen Perspektiven, aus denen eine Geschichte erzählt werden kann nach. Wiederhole auch die Begriffe Innen- und Außenperspektive (s. S. 101 und 103). Ordne die folgenden Textauszüge des Romans diesen drei Perspektiven zu.

▶ Lösung Seite 211

Vorbemerkung: In der folgenden Szene denkt Siri über ihre Mutter Iris nach.

Lesetext

Nein, du hast deine Liebe nie verschwendet, an kein Kind und keinen Mann. Du kanntest niemanden, von dem du dir ein Kind gewünscht hättest. Du warst nicht geschaffen für eine echte Partnerschaft, höchstens für eine Klonschaft. Tief in deinem Inneren hast du gefühlt, dass allein das dir entsprach. Du konntest niemanden so lieben wie dich. Und nur um dich mehr zu lieben zu können, wolltest du mich, den Klon. Wenn ich dir später deine Selbstsucht vorgeworfen habe, hast du dich nicht einmal gewehrt.

Als Iris bereits im fünften Monat war, entschloss sie sich endlich mit ihrer Mutter zu reden. Sechzig Jahre war Katharina Sellin damals alt gewesen und seit neunundzwanzig Jahren Witwe. Mit der einjährigen Iris waren die Eltern aus einem von Diktatur beherrschten Land nach Deutschland geflohen. Nur zwei Koffer und alte Kinderlieder, die Iris' Mutter ihrer Tochter fast jeden Abend unter Tränen vorsang, hatten sie aus der alten Heimat mitgebracht. Aber die Sellins trugen schwer an der Sehnsucht nach der vergangenen Welt und die wehmütige Musik hielt die Erinnerung an die Heimat jahrelang am Leben. Doch sie kehrten nie mehr dorthin zurück.

Vorbemerkung: Nach einem (gescheiterten) Selbstmordversuch findet das ehemalige Kindermädchen Siri

Lesetext

Daniela Hausmann erschrak fürchterlich, als sie Siri im Flur liegen sah, in einem zerschnittenen Kleid und mit blutigen Kratzern auf den nackten Beinen und Armen, daneben die blutige Schere. Sie kniete sich neben Siri nieder und schaute in ein lächelndes Gesicht. So zufrieden hatte Siri schon lange nicht mehr ausgesehen. „Es geht mir gut, Dada", sagte Siri, „wirklich. Es ist überstanden."

Ich könnte wieder auftreten – Auf die Bühne rauschen wie Iris, vom Beifall umtost – Eine Tournee mit ausgebuchten Konzertsälen – Ich würde es allen zeigen – Mein Wunschzettel hat mir mein Glück gebracht – Ich will eine große Pianistin werden – Ich mache dich gesund mit meiner Musik – Ich lasse Iris auferstehen –

Übung

Übung 8

Welche Wirkung haben die verschiedenen Perspektiven, die du in Übung 7 ermittelt hast?
Wieso wechselt innerhalb des einen Romans die Perspektive? Was wird dadurch beim Leser erreicht?

▶ Lösung Seite 211

13.1.4 Sprache und Stil

So wie die Perspektive verändert sich auch die Sprache bzw. der Schreibstil des Romans „Blueprint" und ist deshalb sehr untersuchenswert.

Übung 9

Ordne die Begriffe den folgenden Textauszügen zu:
anklagend – blumig-poetisch – pubertär - informierend

▶ Lösung Seite 211

Textauszug 1

Im siebten Monat klopfte ich mit meinen Füßen und Händen bereits den Takt. Du stimmtest mich mit deiner Musik auf die Welt da draußen ein, machtest mich gefügig. Und wenn du manchmal gezweifelt hast – das erzähltest du mir später -, ob diese Tochter weidlich so sein würde, wie du es dir erhofftest, hast du gegen deine Ängste angeredet: „Enttäusche mich nicht, Siri! (...)"

Textauszug 2

In den zwischenmenschlichen Beziehungen sprengen wir viel von dem in die Luft, was euch seit Menschengendenken lieb und teuer war und unveränderlich, ja ewig erschien. Nach uns bleibt ein genetisches Hiroshima zurück, ein seelisches Niemandsland, eine schwarze Liebeswüste.

Textauszug 3

Du träumtest den dummen Traum von der Unsterblichkeit. Du träumtest, ich würde deine Musik spielen, dir meine Hände leihen, wenn deine Finger anfingen zu versagen. (...) Ritsche, ratsche DNS, ritsche, ratsche DNS. Aus eins mach zwei. Jemand zweiteilen heißt doch auch, ihn töten. Die Sprache lügt nicht, nur die Menschen lügen sich in die Tasche. Auch du hast dir etwas vorgemacht in deinem schwangeren Glück.

Textauszug 4

Wegen der Dozentur war Iris dann nach Lübeck gezogen, doch ihre Mutter blieb in der kleinen Stadt in Süddeutschland. Hier hatte sie sich eingelebt, hier hatte sie Freunde, hier war ihr Mann begraben.

Übung 10

Warum verändert Charlotte Kerner beim Schreiben des Romans so häufig den Sprachstil? Beachte dabei auch den Inhalt des Romans (was kann durch die unterschiedliche Sprache inhaltlich verdeutlicht werden?)!

▶ Lösung Seite 211

13.2 Beispieltext: Das Parfum von Patrick Süskind (für die Klasse 10)

13.2.1 Der Erzählbeginn des Romans

Bereits beim Beispieltext „Blueprint" hast du erfahren, dass der Anfang eines Romans von besonderer Bedeutung ist. Nun wollen wir uns einen zweiten (anspruchvolleren) Roman ansehen: „Das Parfum" von Patrick Süskind, das eines der erfolgreichsten Bücher der 90er Jahre des letzten Jahrhunderts war und 2006 in die Kinos kam.

Lesetext

Patrick Süskind
Das Parfum (1994)
Im achtzehnten Jahrhundert lebte in Frankreich ein Mann, der zu den genialsten und abscheulichsten Gestalten dieser an genialen und abscheulichen Gestalten nicht armen Epochen gehörte. Seine Geschichte soll hier erzählt werden. Er hieß Jean-Baptiste Grenouille, und wenn sein Name im Gegensatz zu den Namen anderer genialer Scheusale, wie etwa de Sades, Saint-Justs, Fouchés, Bonapartes usw., heute in Vergessenheit geraten ist, so sicher nicht deshalb, weil Grenouille diesen berühmteren Finstermännern an Selbstüberhebung, Menschenverachtung, Immoralität, kurz an Gottlosigkeit nachgestanden hätte, sondern weil sich sein Genie und sein einziger Ehrgeiz auf ein Gebiet beschränkte, welches in der Geschichte keine Spuren hinterlässt: auf das flüchtige Reich der Gerücht.

Zu der Zeit, von der wir reden, herrschte in den Städten ein für uns moderne Menschen kaum vorstellbarer Gestank. Es stanken die Straßen nach Mist, es stanken die Hinterhöfe nach Urin, es stanken die Treppenhäuser nach fauligem Holz und nach Rattendreck, die Küchen nach verdorbenem Kohl und Hammelfett; die ungelüfteten Stuben stanken nach muffigem Staub, die Schlafzimmer nach fettigen Laken, nach feuchten Federbetten und nach dem stechend süßen Duft der Nachttöpfe. Aus den Kaminen stank der Schwefel, aus den Gerbereien stanken die ätzenden Laugen, aus den Schlachthöfen stank das geronnene Blut. Die Menschen stanken nach Schweiß und nach ungewaschenen Kleidern; aus dem Mund stanken sie nach verrotteten Zähnen, aus ihren Mägen nach Zwiebelsaft und an den Körpern, wenn sie nicht mehr ganz jung waren, nach altem Käse und nach saurer Milch und nach Geschwulstkrankheiten. Es stanken die Flüsse, es stanken die Plätze, es stanken die Kirchen, es stank unter den Brücken und in den Palästen. Der Bauer stank wie der Priester, der Handwerksgeselle wie die Meistersfrau, es stank der gesamte Adel, ja sogar der König stank, wie ein Raubtier stank er, und die Königin wie eine alte Ziege, sommers wie winters. Denn der zersetzenden Aktivität der Bakterien war im achtzehnten Jahrhundert noch keine Grenze gesetzt und so gab es keine menschliche Tätigkeit, keine aufbauende und keine zerstörende, keine Äußerung des aufkeimenden oder verfallenden Lebens, die nicht von Gestank begleitet gewesen wäre.

Und natürlich war in Paris der Gestank am größten, denn Paris war die größte Stadt Frankreichs. Und innerhalb von Paris wiederum gab es einen Ort, an dem der Gestank ganz besonders infernalisch herrschte, zwischen der Rue aux Fers und der Rue de la Ferronnerie, nämlich den Cimetière des Innocents. Achthundert Jahre lang hatte man hierher die Toten des Krankenhauses Hôtel-Dieu und der umliegenden Pfarrgemeinden verbracht, achthundert Jahre lang Tag für Tag die Kadaver zu Dutzenden herbeigekarrt und in lange Gräben geschüttet, achthundert Jahre lang in den Grüften und Beinhäusern Knöchelchen auf Knöchelchen geschichtet. Und erst später, am Vorabend der Französischen Revolution, nachdem einige der Leichengräben gefährlich eingestürzt waren und der Gestank des überquellenden Friedhofs die Anwohner nicht mehr zu bloßen Protesten, sondern zu wahren Aufständen trieb, wurde er endlich geschlossen und aufgelassen, wurden die Millionen Knochen und Schädel wurden die Millionen Knochen und Schädel in die Katakomben von Montmatre geschaufelt, und man errichtete an seiner Stelle einen Marktplatz für Viktualien.

Hier nun, am allerstinkendsten Ort des gesamten Königreichs, wurde am 17. Juli 1738 Jean-Baptiste Grenouille geboren. Es war einer der heißesten Tage des Jahres. Die Hitze lag wie Blei über dem Friedhof und quetschte den nach einer Mischung aus fauligen Melonen und verbranntem Horn riechenden Verwesungsbrodem in die benachbarten Gassen. Grenouilles Mutter stand, als die Wehen einsetzten, an einer Fischbude in der Rue aux Fers und schuppte Weißlinge, die sie zuvor ausgenommen hatte. Die Fische, angeblich erst am Morgen aus der Seine gezogen, stanken bereits so sehr, dass ihr Geruch den Leichengeruch überdeckte. Grenouilles Mutter aber nahm weder den Fisch- noch den Leichengeruch wahr, denn ihre Nase war gegen Gerüche im höchsten Maße abgestumpft, und außerdem schmerzte ihr Leib, und der Schmerz tötete alle Empfänglichkeit für äußere Sinneseindrücke. Sie wollte nur noch, dass der Schmerz aufhöre, sie wollte die eklige Geburt so rasch als möglich hinter sich bringen.

Übung 11

Du hast nun die ersten drei Seiten des Romans „Das Parfum" gelesen. Wie ist dein erster Eindruck? Was hat dich neugierig gemacht? Notiere in Stichworten. Untersuche jetzt den Anfang genauer.

a) Welche Informationen erhält der Leser bereits über die Hauptfigur Grenouille? Welche Informationen fehlen?
b) Der Erzähler beschreibt die Gerüche zur Zeit der Handlung. Wie geht er dabei vor? Liste dir zunächst die Orte auf, die beschrieben werden. Was fällt auf?
c) Gerüche und der Tod sind die zentralen Motive des gesamten Romans. Wie werden beide im ersten Teil eingeführt?
d) Der Erzähler erweckt beim Leser den Eindruck, als habe Grenouille wirklich gelebt. Er wird als reale, nicht als fiktionale Gestalt eingeführt. Welche Wirkung hat das auf uns als Leser?
e) Welche Vermutung über das Leben Grenouilles kannst du aus der Beschreibung seines Geburtsortes ableiten? Wie stellst du dir den weiteren Verlauf der Handlung vor?

▶ Lösung Seite 212

13.2.2 Formen des Erzählens

Übung 12

Untersuche mit Hilfe der Informationen aus Kapitel 10.3 die Erzählperspektive des Romananfangs zu „Das Parfum". Begründe deine Entscheidung mit Textbelegen.

▶ Lösung Seite 212

Übung 13

An welchen Stellen im Roman ist der Erzähler konkret nachweisbar? Achte z.B. auf Pronomen, mit denen sich der Erzähler unmittelbar offenbart.

Was erfahren wir über das Wissen des Erzählers? In welcher Zeit scheint er z.B. zu leben?

Wie bewertet der Erzähler die Hauptfigur Grenouille? Welchen Einfluss hat diese Wertung auf uns als Leser?

▶ Lösung Seite 212

Übung 14

Forme die folgende Textstelle so um, dass der Erzähler große Sympathie und Anteilnahme für Grenouille empfindet.

▶ Lösung Seite 212

Vorbemerkung: Grenouille wird nach seiner Geburt in das Waisenhaus der Madame Gaillard gebracht

Die anderen Kinder dagegen spürten sofort, was es mit Grenouille auf sich hatte. Vom ersten Tag an war ihnen der Neue unheimlich. Sie mieden die Kiste, in der er lag, und rückten auf ihren Schlafgestellen enger zusammen, als wäre es kälter geworden im Zimmer. Die jüngeren schrien manchmal des Nachts; ihnen war, als zöge ein Windzug durch die Kammer. Andere träumten, es nehme ihnen etwas den Atem. Einmal taten sich die älteren zusammen, um ihn zu ersticken. Sie häuften Lumpen und Decken und Stroh auf sein Gesicht und beschwerten das ganze mit Ziegeln. Als Madame Gaillard ihn am nächsten Morgen ausgrub, war er zerknautscht und zerdrückt und blau, aber nicht tot. Sie versuchten es noch ein paarmal, vergebens. Ihn direkt zu erwürgen, am Hals, mit eigenen Händen, oder ihm Mund oder Nase zu verstopfen, was eine sichere Methode gewesen wäre, das wagten sie nicht. Sie wollten ihn nicht berühren.

13.2.3 Die Zeitgestaltung im Roman

Eine Geschichte oder ein Roman kann **chronologisch**, also der Reihe nach, erzählt werden. Es gibt aber auch die Möglichkeit in der Zeit vor- oder zurückzuspringen (**Vorausdeutungen** bzw. **Rückblenden**), um z.B. Zusammenhänge deutlicher zu machen.

Übung 15

Der Roman „Das Parfum" erzählt das Leben Jean-Baptiste Grenouilles chronologisch, d.h. von der Geburt bis zu seinem Tod. Trotzdem gibt es schon in den ersten Sätzen Vorausdeutungen auf die folgende Handlung. Unterstreiche diese im Lesetext im Kapitel 13.2.1. (s. S. 144 f.)

▶ Lösung Seite 212

Ein weiterer Aspekt ist das Verhältnis von Erzählzeit und erzählter Zeit, die sogenannte Zeitgestaltung:

Zeitgestaltung

Info

Erzählzeit	Dies ist die Zeit, die der Erzähler benötigt, um seine Geschichte zu erzählen. Es ist also die Zeit, die du brauchst, um die Geschichte zu lesen. Beim Buch „Das Parfum" können das ca. 10 Stunden sein.
erzählte Zeit	Die erzählte Zeit ist der Zeitraum, über den erzählt wird. Grenouille wird 29 Jahre alt, „Das Parfum" hat also eine erzählte Zeit von 29 Jahren.
Zeitraffung	Der Erzähler fasst längere Zeiträume zusammen. Das bedeutet, dass die erzählte Zeit länger ist als die Erzählzeit.
Zeitdehnung	Die Erzählung erfolgt in „Zeitlupe". Die Erzählzeit ist also länger als die erzählte Zeit.
Zeitdeckung	Die Erzählzeit und die erzählte Zeit sind etwa deckungsgleich, diese Zeitgestaltung findet man z.B. oft bei Theaterstücken.

Übung 16

Ordne die Begriffe „Zeitraffung", „Zeitdehnung" und „Zeitdeckung" den drei folgenden Textauszügen aus „Das Parfum" zu!

▶ Lösung Seite 213

Lesetext

Textauszug 1

„Sagen Sie, Maître: Gibt es noch andre Mittel als das Pressen oder Destilieren, um aus einem Körper Duft zu gewinnen?" Baldini, der glaubte, dass die Stimme seiner Einbildung oder dem Jenseits entsprungen war, antwortete mechanisch: „Ja, die gibt es." „Welche?" fragte es vom Bett her, und Baldini riß die müden Augen auf. Regungslos lag Grenouille in den Kissen. Hatte die Leiche gesprochen?

Lesetext

Textauszug 2

Die Morgensonne fiel über die Giebel der gegenüberliegenden Häuser gelb und warm auf sein Gesicht. Immer noch schaute Baldini nach Süden die Straße hinunter Richtung Parlamentspalast – es war einfach zu angenehm, dass von Grenouille nichts mehr zu sehen war! – und beschloss, aus einem überbordenen Gefühl von Dankbarkeit noch heute nach Notre-Dame hinüberzupilgern, ein Goldstück in den Opferstock zu werfen, drei Kerzen anzuzünden und seinem Herrn auf Knien zu danken, dass Er ihn mit so viel Glück überhäuft und vor Rache verschont hatte.

Textauszug 3
„Gut“, sagte Grenouille. „Ich werde diese Flasche zu einem Drittel mit ‚Amor und Psyche‘ füllen. Aber, Maître Baldini, ich mache es auf meine Art. Ich weiß nicht, ob das die zünftige Art ist, denn die kenn ich nicht, aber ich mache es auf meine Art.“

13.2.4 Gattungsbestimmung eines Romans

Was ist eigentlich ein Roman?
Der Roman ist heute die bedeutendste Großform der erzählenden Literatur. Die allgemeinste Definition ist, dass es sich beim Roman um einen umfangreichen, in Prosa verfassten, fiktionalen, erzählerischen Text handelt. Inhaltlich und formal sind dem Roman keine Grenzen gesetzt, was eine genau Definition und Zuordnung erschwert.

Man unterscheidet sehr unterschiedliche Romantypen: Abenteuerroman, Briefroman, Ich-Roman, Kriminalroman, ...

Übung 17

Lege eine Tabelle mit den u. a. Spalten an. Trage die folgenden Begriffe ein, mit deren Hilfe man Romane einteilen kann. Du kannst dazu natürlich ein (Literatur-)Lexikon zur Hilfe nehmen.

nach Aussageart bzw. Wirkungsabsicht	nach Form bzw. Erzählperspektive	nach Inhalt/Stoff

(Anti-)Kriegsroman – Detektivroman – Bildungsroman – Abenteuerroman – auktorialer Roman – Entwicklungsroman – Briefroman – didaktischer Roman – empfindsamer Roman – erbaulicher Roman – historischer Roman – Ich-Roman – idealistischer Roman – Liebesroman – personaler Roman – satirischer Roman – Tagebuchroman - Künstlerroman

▶ Lösung Seite 213

Übung

Übung 18

Du hast schon einiges über „Das Parfum" erfahren. Hast du eine Vermutung, um welche Art von Roman es sich hier handeln könnte? (Keine falsche Vorsicht an dieser Stelle, es gibt mehrere richtige Antworten, denn auch Literaturwissenschaftler sind sich nicht einig.)

▶ Lösung Seite 213

13.3 Zitiertechniken

Die wörtliche Wiedergabe dessen, was jemand gesagt oder geschrieben hat, nennt man **Zitat**. Übernimmt man Teile aus dem Gesprochenen oder Geschriebenen eines anderen, so **zitiert** man. Dies muss man im eigenen Text durch Anführungsstriche kenntlich machen. Dabei gibt es 3 verschiedene Möglichkeiten:

Info

Möglichkeiten des Zitierens

1. Zitate mit hinweisendem Begleitsatz

Steht vor, innerhalb oder hinter dem Zitat ein hinweisender Begleitsatz, so erfolgt die Kennzeichnung wie bei der wörtlichen Rede. Das gilt vor allem für den Fall, dass ganze Sätze zitiert werden.

Beispiele:

Folgendermaßen beschreibt Patrick Süskind in dem Roman „Das Parfum" die Gerüche in Paris: „Aus den Kaminen stank der Schwefel, aus den Gerbereien stanken die ätzenden Laugen, aus den Schlachthöfen stank das geronnene Blut." (S. 6)

„Geschrei, Gerenne, im Kreis steht die glotzende Menge, man holt die Polizei" (S. 8), so wird die Situation nach Grenouilles Geburt beschrieben.

„In dieser Nacht", so betont Süskind in seinem Roman „Das Parfum", „erschien ihm sein Verschlag wie ein Palast und seine Bretterpritsche wie ein Himmelbett." (S. 57)

2. Eingebaute Zitate

Oft ist es sprachlich eleganter, wenn man die Zitate in den eignen Satz einfügen kann.

Beispiele:

Grenouille zeichnet sich durch „seine exquisite Nase" und „sein phänomenales Gedächtnis" (S. 57) aus.

Mit den Beispielen „Mist", „Urin", „fauligem Holz" und „Rattendreck" (S. 5) erhält der Leser einen abstoßenden Eindruck von den Gerüchen in Paris.

3. Zitate als Beleg in Klammern
Patrick Süskind beschreibt in seinem Roman „Das Parfum" die Gerüche der Stadt Paris im achtzehnten Jahrhundert sehr anschaulich (vgl. S. 6 „nach fettigen Laken, nach feuchten Federbetten und nach dem stechend süßen Duft der Nachttöpfe").
Achtung: Das Satzschlusszeichen (hier der Punkt) steht erst nach dem Zitat.

Falls du nicht einen gesamten Satz zitieren willst, sondern etwas auslässt, musst du dies durch drei Punkte in einer Klammer (eckig oder rund) deutlich machen. Auch Einfügungen sind durch Klammern kenntlich zu machen.
Beispiel: Der Erzähler berichtet, dass „die Menschen (...) nach Schweiß und nach ungewaschenen Kleidern (stanken)".

13.4 Eine Interpretation schreiben

Übung 19

Interpretiere den folgenden Auszug aus dem Roman „Das Parfum"! Es handelt sich dabei um die Seiten 7 bis 9, die direkt auf die Einleitung, die du am Anfang dieses Kapitels folgt, gelesen hast.

Übung

Vorbemerkung: Die Mutter Grenouilles steht am Fischstand, an dem sie im Gestank arbeitet, und spürt, dass die Geburtswehen einsetzen.

Lesetext

Sie [die Mutter] wollte nur noch, dass der Schmerz aufhöre, sie wollte die eklige Geburt so rasch als möglich hinter sich bringen. Es war ihre fünfte. Alle vorhergehenden hatte sie hier an der Fischbude absolviert, und alle waren Totgeburten oder Halbtotgeburten gewesen, denn das blutige Fleisch, das da herauskam unterschied sich nicht viel von dem Fischgekröse, das da schon lag, und lebte auch nicht viel mehr, und abends wurde alles zusammen weggeschaufelt und hinübergekarrt zum Friedhof oder hinunter zum Fluss. So sollte es auch heute sein, und Grenouilles Mutter, die noch eine junge Frau war, gerade Mitte zwanzig, die noch ganz hübsch aussah und noch fast alle Zähne im Mund hatte und auf dem Kopf noch etwas Haar und außer der Gicht und der Syphilis und einer leichten Schwindsucht keine ernsthafte Krankheit; die noch hoffte, lange zu leben, vielleicht fünf oder zehn Jahre lang, und vielleicht sogar einmal zu heiraten und wirklich Kinder zu bekommen als ehrenwerte Frau eines verwitweten Handwerkers oder so [...] Grenouilles Mutter wünschte, dass alles schon vorüber wäre. Und als die Presswehen einsetzten, hockte sie sich unter ihren Schlachttisch und gebar dort, wie schon vier Mal zuvor, und nabelte mit dem Tischmesser das neugeborene Ding ab. Dann aber, wegen der Hitze und des Gestanks, den sie als solchen nicht wahrnahm, sondern nur als etwas Unerträgliches, Betäubendes – wie ein Feld von Lilien oder wie ein enges Zimmer, in dem zuviel Narzissen stehen -, wurde sie ohnmächtig, kippte zur Seite, fiel unter dem Tisch hervor mitten auf die Straße und blieb dort liegen, das Messer in der Hand.

Geschrei, Gerenne, im Kreis steht die glotzende Menge, man holt die Polizei. Immer noch liegt die Frau mit dem Messer in der Hand auf der Straße, langsam kommt sie zu sich. Was ihr geschehen sei? „Nichts." Was sie mit dem Messer tue? „Nichts." Woher das Blut an ihren Röcken komme? „Von den Fischen." Sie steht auf, wirft das Messer weg und geht davon, um sich zu waschen.

Da fängt, wider Erwarten, die Geburt unter dem Schlachttisch zu schreien an. Man schaut nach, entdeckt unter einem Schwarm von Fliegen und zwischen Gekröse und abgeschlagenen Fischköpfen das Neugeborene und zerrt es heraus. Von Amts wegen wird es einer Amme gegeben, die Mutter festgenommen. Und weil sie geständig ist und ohne weiteres zugibt, dass sie das Ding bestimmt würde haben verrecken lassen, wie sie es im übrigen schon mit vier anderen getan habe, macht man ihr den Prozess, verurteilt sie wegen mehrfachen Kindermords und schlägt ihr ein paar Wochen später auf der Place de Grève den Kopf ab.

▶ **Lösung Seite 213 f.**

14. Dramen (Schauspiele) untersuchen und interpretieren

14.1 Was ist ein Drama?

Johann Wolfgang von Goethe
„**Faust**. Der Tragödie 1. Teil (Auszug)

Straße, Faust. Margarete vorübergehend.

FAUST
Mein schönes Fräulein, darf ich wagen,
Meinen Arm und Geleit Ihr anzutragen?

MARGARETE
Bin weder Fräulein, weder schön,
Kann ungeleitet nach Hause gehen.

Sie macht sich los und ab.

FAUST
Beim Himmel, dieses Kind ist schön!
So etwas hab ich nie gesehn.

Übung 1

Wenn du den oben stehenden Textauszug aus dem Drama „Faust" liest, fällt dir sicherlich sofort einiges auf. (Achte dabei gar nicht so sehr auf den Inhalt). Wie unterscheidet sich der Text von anderen dir bekannten Textsorten?

▶ Lösung Seite 215

Das **Drama** (griechisch = Handlung)

- ist eine der drei **Grundformen** (Gattungen) **von Dichtung** (Dramatik, Epik, Lyrik)
- ist ein szenischer Text und besteht hauptsächlich aus **Figurenrede**, also aus Dialogen und Monologen
- ist eigentlich (wie ein Musikstück) für die Umsetzung in einer Aufführung auf der Bühne geschrieben (**Theaterstück**)
- enthält neben der Figurenrede **Regieanweisungen**, die zumeist *kursiv* gedruckt werden
- hat meistens einen Konflikt zwischen Spieler und Gegenspieler zum Thema

- **kann in drei verschiedenen Formen auftreten:**
  - **Tragödie = Trauerspiel, das einen tragischen Konflikt darstellt und in einer Katastrophe für den Helden endet,**
  - **Komödie = Lustspiel, führt nach heiter-turbulenten Verwicklungen zu einer glücklichen Lösung,**
  - **Tragikkomödie = verbindet tragische Zusammenhänge mit komischen Elementen, dies führt zu einer eindruckssteigernden Kontrastwirkung.**

14.2 Untersuchung einer Szene aus „Maria Stuart" von Friedrich Schiller

Übung

Übung 2

Lies den folgenden Textauszug aus Schillers Tragödie „Maria Stuart" genau durch. Welche unterschiedlichen Informationen erhältst du aus den Regieanweisungen?

▶ Lösung Seite 215

Vorbemerkungen: Die Szene spielt auf Schloss Fotheringhay, auf dem Maria gefangen gehalten wird. Hanna Kennedy, die Amme der schottischen Königin Maria, ertappt Paulet, unter dessen Bewachung Maria sich während ihrer Gefangenschaft befindet, dabei, wie er seinem Gehilfen Drugeon Drury befiehlt, einen Schrank der Königin mit Gewalt zu öffnen. Während Hanna versucht, dieses gewaltsame Eindringen zu verhindern, kommt es zu einem Streit zwischen Paulet und der Amme.

Lesetext

Friedrich Schiller (1759-1805)
Maria Stuart (1801)

ERSTER AUFZUG
Im Schloss zu Fotheringhay – ein Zimmer

ERSTER AUFTRITT
Hanna Kennedy, Amme der Königin von Schottland, in heftigem Streit mit Paulet, der im Begriff ist, einen Schrank zu öffnen. Drugeon Drury, sein Gehilfe, mit Brecheisen.

KENNEDY

Was macht Ihr, Sir? Welch neue Dreistigkeit!
Zurück von diesem Schrank!

PAULET
Wo kam der Schmuck her?
Vom obern Stock ward er herabgeworfen,
Der Gärtner hat bestochen werden sollen
Mit diesem Schmuck – Fluch über Weiberlist!
Trotz meiner Aufsicht, meinem scharfen Suchen,
Noch Kostbarkeiten, noch geheime Schätze! *(Sich über den Schrank machend)*
Wo das gesteckt hat, liegt noch mehr!

KENNEDY
Zurück, Verwegner!
Hier liegen die Geheimnisse der Lady.

PAULET
Die eben such ich. *(Schriften hervorziehend)*

KENNEDY
Unbedeutende
Papiere, bloße Übungen der Feder,
Des Kerkers traur'ge Weile zu verkürzen.

PAULET
In müß'ger Weile schafft der böse Geist.

KENNEDY
Es sind französische Schriften.

PAULET
Desto schlimmer!
Die Sprache redet Englands Feind.

KENNEDY
Konzepte
Von Briefen an die Königin von England.

PAULET
Die überliefr' ich – Sieh! Was schimmert hier?
(Er hat ein Ressort geöffnet und zieht aus einem verborgnen Fach Geschmeide hervor)
Ein königliches Stirnband, reich an Steinen,
Durchzogen mit den Lilien von Frankreich!
(Er gibt es seinem Begleiter)
Verwahrt's Drury. Legt's zu dem übrigen!
(Drury geht ab)

KENNEDY
O schimpfliche Gewalt, die wir erleiden!

PAULET
Solang sie noch besitzt, kann sie noch schaden,
Denn alles wird Gewehr in ihrer Hand.

KENNEDY
Seid gütig, Sir. Nehmt nicht den letzten Schmuck
Aus unserm Leben weg! Die Jammervolle
Erfreut der Anblick alter Herrlichkeit,
Denn alles andre habt Ihr uns entrissen.
PAULET
Es liegt in guter Hand. Gewissenhaft
Wird es zu seiner Zeit zurückgegeben! (...)

Übung

Übung 3
Welcher Konflikt wird hier angedeutet?
▶ Lösung Seite 215

Übung

Übung 4
Fasse den Inhalt der Szene in zwei bis drei Sätzen zusammen.
▶ Lösung Seite 215

Übung

Übung 5
Wie verhält sich in dieser Szene die Amme Hanna Kennedy? Auf welche unterschiedlichen Arten versucht sie, Paulet zu überzeugen, die Briefe und den Schmuck nicht zu nehmen?
▶ Lösung Seite 215

14.3 Der Aufbau eines Dramas

Die Szene, die du gerade aus Schillers „Maria Stuart" gelesen hast, steht am Anfang des Dramas und ist somit Teil der Einleitung. Klassische Dramen sind in der Regel in fünf Akte eingeteilt, wobei jeder Akt eine bestimmte Bedeutung oder Funktion hat.

Tipp: Beachte bei jeder Szenenanalyse, aus welchem Akt die Szene stammt, dann weißt du schon einiges über die Funktion der Szene im gesamten Werk!

Info

Aufbau des klassischen Dramas

1. Akt – Exposition (Einleitung): Die Exposition führt in das Geschehen ein. Dem Zuschauer werden alle Informationen über Ort, Zeit und Personen der Handlung gegeben. Außerdem wird die Ausgangssituation und der Konflikt des Stückes vorgestellt.

2. Akt – Steigerung: Die dramatische Situation (der Konflikt) wird entwickelt und zunehmend in seiner Bedeutung erkennbar.

3. Akt – Höhe- oder Wendepunkt: Die dramatische Situation erreicht ihren Höhepunkt (= maximaler Punkt der Spannung), zugleich wird eine mögliche Lösung des Konflikts angedeutet (Umschlag der Handlung).

4. Akt – retardierendes Moment: Hier wird die endgültige Lösung bewusst verzögert (= retardiert), oft erweist sich die im 3. Akt angedeutete Lösung als nicht möglich.

5. Akt – Katastrophe: Das Wort „Katastrophe" bedeutet im Griechischen „Gegenwendung". Es ist ursprünglich nicht negativ gemeint: Die Handlung bekommt einfach nur eine neue Wendung, die zur Lösung des Konflikts führt. In Tragödien kommt es zur „Katastrophe" im heutigen Sinne, in Komödien nimmt die Handlung eine glückliche „Gegenwendung".

14.4 Analyse der Regieanweisungen

Übung 6

Stelle dir vor, du sitzt als Zuschauer zu Beginn der ersten Szene des Stücks „Maria Stuart" im Theater, über das du bisher noch nichts weißt. Unterstreiche die Stellen in den Regieanweisungen, die angeben, was du siehst und hörst.

► Lösung Seite 215

Übung

Was sind die Regieanweisungen?
Texte des Autors, die nicht von den Schauspielern gesprochen werden und Anweisungen oder Vorschläge zur Darstellung des Textes auf der Bühne beinhalten. Sie können sehr knapp sein und nur grob die Orts- und Zeitangaben sowie einfachste Handlungsanleitungen enthalten („*Schriften hervorziehend*"), können aber auch sehr detailliert die Wirklichkeit in der Szene vorschreiben. Zumeist erkennt man die Regieanweisungen daran, dass sie *kursiv* gedruckt sind.

Info

Übung

Übung 7
Lies nochmals die Szene aus „Maria Stuart" im Kapitel 14.2. Achte besonders auf die Regieanweisungen. Welche wichtigen Informationen würde z.B. ein Regisseur vermissen, wenn sie fehlen würden?
▶ Lösung Seite 215

14.5 Dialoganalyse

Die Handlung des Dramas findet (fast) ausschließlich über das Handeln der Figuren auf der Bühne statt; der zentrale Teil dieses Handelns ist die Figurenrede, also das Sprechen der Figuren. In einem Drama können **Monologe** und **Dialoge** auftreten, wobei der Begriff Dialog nicht nur ein Zwiegespräch (zweier Personen) meint, sondern die Beteiligung mehrerer Personen möglich ist.

Im **Monolog** hingegen äußert sich nur eine Person, der Monolog erweckt zumeist den Eindruck laut vorgetragener Gedanken einer Figur, die zu sich selbst spricht. Er vermittelt uns also einen Einblick in das Innenleben der Figur (Gedanken, Wünsche, Absichten, Handlungsstrategien, usw.).

In diesem Kapitel werden wir uns aber einmal genauer dem **Dialog** zuwenden.

Die Bedeutung der Dialoge
Theaterstücke bilden Beziehungsstrukturen und Beziehungsverläufe ab. Das **Erforschen von Beziehungen** der Figuren mit Hilfe der Erforschung ihrer Gespräche steht also im Mittelpunkt der Analyse von Dramen.

Wir müssen dabei auf **die Sprache der Figuren, die Inhalte des Gesprochnen, die Absicht des Sprechers** und auch **auf nonverbale Zeichen** (also nicht Gesagtes) achten.

Übung

Übung 8
Lies die Szene aus Schillers „Maria Stuart". Beachte dabei die folgenden Fragen:
- Wie ist der Redeanteil der Figuren?
- Was wollen die Figuren jeweils mit ihrer Aussage erreichen?
- Siehst du Unterschiede zwischen dem Gesagten und Gemeinten?

- Was kann man aus den Regieanweisungen über das Verhältnis der Personen ableiten?

▶ Lösung Seite 215 f.

Vorbemerkung: Die schottische Königin Maria Stuart wird von der englischen Königin Elisabeth auf Schloss Fotheringhay festgehalten. Elisabeths Vertrauter Graf Leicester hat ein Treffen zwischen den beiden Königinnen eingefädelt, da er hofft, dass ein persönliches Treffen zur Versöhnung führen könnte. Elisabeth hat Leicesters Plan durchschaut, tut aber so als ahne sie nichts. Auch Maria wurde bereits vor Elisabeths Eintreffen von Elisabeths Vertrautem Graf Shrewsbury informiert und hofft nun auf eine gütige Gegnerin zu treffen, die sie begnadigt.

Lesetext

Friedrich Schiller (1759-1805)
Maria Stuart (1801)

DRITTER AUFZUG, VIERTER AUFTRITT

Die Vorherigen (Maria, Hanna Kennedy, Paulet, Graf Shrewsbury = Talbot), Elisabeth, Graf Leicester, Gefolge.

ELISABETH (*zu Leicester*).
Wie heißt der Landsitz?
LEICESTER
Fotheringhayschloss.
ELISABETH (*zu Shrewsbury*)
Schickt unser Jagdgefolg' voraus nach London,
Das Volk drängt allzuheftig in den Straßen,
Wir suchen Schutz in diesem stillen Park.
(Talbot entfernt das Gefolge. Sie fixiert mit den Augen die Maria, indem sie zu Paulet weiterspricht.)
Mein gutes Volk liebt mich zu sehr. Unmäßig,
Abgöttisch sind die Zeichen seiner Freude,
So ehrt man einen Gott, nicht einen Menschen.
MARIA
(welche diese Zeit halb ohnmächtig auf die Amme gelehnt war, erhebt sich jetzt, und ihr Auge begegnet dem gespannten Blick der Elisabeth. Sie schaudert zusammen und wirft sich wieder an der Amme Brust).
O Gott, aus diesen Zügen spricht kein Herz!
ELISABETH
Wer ist die Lady?
(Ein allgemeines Schweigen)

LEICESTER
Du bist zu Fotheringhay, Königin.
ELISABETH *(stellt sich überrascht und erstaunt, einen finstern Blick auf Leicester richtend)*
Wer hat das getan? Lord Leicester! –
LEICESTER
Es ist geschehen, Königin – Und nun
Der Himmel deinen Schritt hierher gelenkt,
So lass die Großmut und das Mitleid siegen.
SHREWSBURY
Lass dich erbitten, königliche Frau,
Dein Aug' auf die Unglückliche zu richten,
Die hier vergeht vor deinem Anblick.
(Maria rafft sich zusammen und will auf die Elisabeth zugehen, steht aber auf halbem Wege schaudernd still, ihre Gebärden drücken den heftigsten Kampf aus.)
ELISABETH
Wie, Mylords?
Wer war es denn, der eine Tiefgebeugte
Mir angekündigt? Eine Stolze find' ich,
Vom Unglück keineswegs geschmeidigt.

Übung

Übung 9

Ein Regieassistent hat versucht, an diese Szene Randbemerkungen zu machen. Kannst du seine Notizen der richtigen Stelle des Dialogs zuordnen?

stellt Scheinfrage – versucht Zeit zu gewinnen – fixierender Blick ist ein Zeichen von Macht! – will abwerten – greift mit Frage an – will Maria herausfordern = Zuspitzung – schweigen – Verhalten eines Kindes – wertet sich auf – will einschüchtern („gegen mich bist du chancenlos")

▶ Lösung Seite 216

Übung 10

Vervollständige zum Dialog auf Schloss Fotheringhay die folgenden Sätze:

Die Körpersprache Marias spiegelt ______________________________

Die Initiative liegt bei ______________________________

Leicester antwortet auf Elisabeths Frage „Wer ist die Lady?" nicht mit dem Namen, weil ______________________________

____

... wahrt Distanz, indem ______________________________

▶ Lösung Seite 216

Übung

Übung 11

Beschreibe das Verhalten Leicesters in der Szene! Gehe dabei besonders auf seine Absichten, die hinter seinen drei Sprechakten im Dialog stehen, ein.

▶ Lösung Seite 216

Übung

Übung 12

Wie behandelt Elisabeth Maria? Wie wird dies durch die Sprechakte deutlich? Wie durch Elisabeths nonverbales Verhalten?

▶ Lösung Seite 216

Übung

Info

Aufbau einer Dialoganalyse

Falls man einen Dialog systematisch analysieren soll, geht man am Besten folgendermaßen vor:

- Zunächst nennt man den Ausgangspunkt des Gesprächs (Königin Elisabeth möchte das Treffen eigentlich nicht, Maria hofft auf Gnade)
- Danach geht man jeden einzelnen Sprechakt durch und beschreibt seine Funktion, also die Absicht, die die Person mit dem Gesagten verbindet, und die Wirkung. Bei längeren Dialogen muss man natürlich Schwerpunkte setzen, indem man die wichtigsten Aussagen auswählt.
- Außerdem geht man auf die Regieanweisungen und evtl. nicht Gesagtes ein. (Auch Schweigen auf eine Frage ist eine Antwort!)
- Man benennt das Ergebnis des Gesprächs (Wurde ein Streit beigelegt? Ist eine Situation eskaliert? usw.)

Manchmal bietet es sich auch an, nicht chronologisch durch den Text zu gehen (von einem Sprechakt zum nächsten), sondern thematisch (erst den Streit der Königinnen untersuchen, dann das Verhältnis Elisabeths zu ihre Vertrauten). Das ist für ungeübte Schreiber aber der schwierigere Weg.

Übung

Übung 13

Schreibe nun – mit Hilfe der Ergebnisse der Übungen 8 bis 12 und der obigen Infobox – eine gesamte Dialoganalyse zum Anfang des 4. Auftritts im 3. Aufzug der „Maria Stuart".

▶ Lösung Seite 216 f.

14.6 Übersicht: eine Dramenszene beschreiben, untersuchen und deuten

Normalerweise erhältst du in den Klassen 9 und 10 noch genaue Aufgaben, wenn eine Klassenarbeit zu einem Drama geschrieben wird. Was aber tun, wenn der Lehrer einfach nur sagt: „Analysiere und interpretiere die vorliegende Szene des Dramas xy!"?

Info

Der Aufbau einer Analyse und Interpretation einer Dramenszene

- Einleitung (Autor, Titel, Entstehungszeit, Szene, Thema der Szene)
- Kurze Einordnung der Szene in den inhaltlichen Zusammenhang (s. hierzu Kapitel 13.1.2)
- Inhaltsangabe der Szene
- Beschreibung der Dialogstruktur (s. Kapitel 14.5)
- Erläuterung der Szenenfunktion (für das weitere Drama)
- Evtl. Schluss (z.B. eigene Stellungnahme)

Übung

Übung 14

Analysiere und interpretiere den Anfang des ersten Auftritts aus dem ersten Aufzug von Schillers „Maria Stuart" (vgl. Kapitel 14.2). Die Einordnung in den inhaltlichen Zusammenhang kannst du aus den Vorbemerkungen übernehmen.

▶ Lösung Seite 217 f.

Übung 15

Übung

Analysiere und interpretiere den Anfang der 18. Szene des Schauspiels „Der Hauptmann von Köpenick“ von Carl Zuckmayer. Beachte besonders das Verhalten der einzelnen Personen zueinander. Um das Verhältnis von „oben“ und „unten“ geht es nämlich in diesem Drama, das du vielleicht aus der berühmten Verfilmung mit Heinz Rühmann kennst.

▶ Lösung Seite 218 f.

Lesetext

Carl Zuckmayer (1896-1977)
Der Hauptmann von Köpenick (1931)
Achtzehnte Szene

Personen: Bürgermeister Obermüller, Stadtsekretär Kutzmann, Stadtrat Rau, Stadtrat Comenius, Stadtschutzmann Kilian, Wäscherin Kähndorf, Landwirt Wendrowitz, Wilhelm Voigt, ein Gefreiter, zehn Mann

Vorhalle mit einem Treppenhaus im Köpenicker Rathhaus. Im Hintergrund ein weit offenes Flügeltor zur Straße. Es regnet draußen. Drinnen herrscht tiefster Friede.

Stadtschutzmann Kilian (ein unförmiger dicker Mann, hockt in seinem kleinen offenen Wachraum rechts vom Hauteingang und liest Zeitung.)
Stadtrat Rau und Stadtrat Comenius kommen von der Seite. Beide sind damit beschäftigt, ihre Frühstücksbrote aus dem Papier zu schälen.

Comenius
: Machen wa rasch ne kleine Frühstückspause. Das dauert noch stundenlang. Bis die Neustraßenbenennungsvorlage drankommt, sind wir längst wieder droben.

Rau
: Sehr richtig, wir gehn in Ratskeller und trinken ne halbe Rotspon.

Comenius
: Ne ganze kann auch nichts schaden. Das eilt ja nicht. Der Bürgermeister is ja noch nich da.

Rau
: Das ist auch nicht sein Ressort. Das macht ja Rosencrantz. Wenn die Steuersache zur Abstimmung gelangt –

Comenius *essend*
: Kommt ja nichts raus bei. Kommt nichts raus bei der Sache, Kilian!

Kilian
: Jawohl, Herr Stadtrat?

COMENIUS

Wenn gefragt wird wegen Abstimmung, wir sitzen im Ratskeller, holense uns.

KILIAN

Sehr wohl, Herr Stadtrat.

COMENIUS und RAU *ab durch eine Tür, über der ein Schild steht: „Zum Ratskeller".*

WÄSCHERIN KÄHNDORF, *ein Mädchen in dünnem Mantel, mit nassen Haaren, kommt von außen.*

KILIAN *ziemlich grob*

Was wollen Sie denn schon wieder hier?

WÄSCHERIN

Ich muss ja nu nochmal, wegen mein Pass, es geht ja nicht ohne.

KILIAN

Hab ich Ihnen nich schon dreimal jesagt, dass hier kein Passamt is?

WÄSCHERIN

Ick brauch'n aber doch.

KILIAN

Soviel Dummheit is ja militärwidrig! Pässe gibt's auf'm Landratsamt, verstehense denn das nicht? Hier is ne städtische Behörde, hier is kein Passamt bei!!

WÄSCHERIN

Da misst ick aber mit de Bahn fahren, und soviel Freizeit hab ick ja nicht, un da hab ick jedacht –

KILIAN

Jedacht!! Sie haben nich zu denken, merkense sich das! Wie oft soll ich mich denn noch mit Ihnen rumärgern!!

WÄSCHERIN

Ick hab ja kein Heimatschein. Ick bin doch ausn Spreewald...

KILIAN

Dann scherense sich in Spreewald! Raus hier!

WÄSCHERIN *geht*

Nu weiß ick wirklich nich mehr, wat ick soll machen – *Ab.*

KILIAN

Dumme Gans. *Setzt sich wieder über seine Zeitung. Gleich darauf erscheinen...*

Bürgermeister Obermüller und Stadtsekretär Kutzmann im Portal. Sie klappen ihre Regenschirme zu und schütteln sie ab.

OBERMÜLLER *mitten im Gespräch*

Lieber Kutzmann, ich stehe auf dem Standpunkt: keinem eine Extrawurst. Wieso soll grade für die Dampfwäschereibesitzer eine Bestimmung geschaffen werden, die für kleine Betriebe nicht gelten kann? Die Leute verdienen sowieso ne Menge Geld.

KUTZMANN
Sehr richtig, Herr Bürgermeister, man muss nur bedenken, dass sie die Hauptsteuerzahler unserer Stadtgemeinde repräsentieren. Diese Leute zahlen unsre Gehälter sozusagen. *Lacht.*

KILIAN *ist beim Erscheinen der beiden aufgesprungen, nimmt ihnen nun dienst-eifrig die Regenschirme ab.*

14.7 Eine Interpretation schreiben

Du hast nun viele Bausteine zur Untersuchung eines Schauspiels bzw. einer Dramenszene kennen gelernt. Diese sollen nun nochmals in einem Interpretationsaufsatz zusammengefügt werden. Beachte dabei den Inhalt, den Aufbau der Szene, die Dialogstruktur und ihre Sprechakte, die Charaktere, die Sprache,...

Übung 16

Übung

Interpretiere den folgenden Auszug aus dem Drama „Maria Stuart" von Friedrich Schiller.

Vorbemerkung: Maria Stuart, die katholische Königin von Schottland, ist Gefangene der protestantischen Königin Elisabeth von England. Sie befürchet, dass über sie das Todesurteil gesprochen wird. Da kommt der junge Mortimer, ein Neffe der Wache Marias mit einer Karte in ihr Gefängnis.

Lesetext

Friedrich Schiller: Maria Stuart
Erster Aufzug, Sechster Auftritt (V. 387-425)

Mortimer. Maria.

MARIA
Von meinem Oheim!
Dem Kardinal von Lothringen aus Frankreich! [Bruder der Maria]
Liest.
„Traut dem Sir Mortimer, der Euch dies bringt,
Denn keinen treuern Freund habt Ihr in England."
Mortimer mit Erstaunen ansehend.
Ist's möglich? Ist's kein Blendwerk, das mich täuscht?
So nahe find ich einen Freund und wähnte mich
Verlassen schon von aller Welt – find ihn
In Euch, dem Neffen meines Kerkermeisters,
In dem ich meinen schlimmsten Feind –

MORTIMER *sich ihr zu Füßen werfend.*
Verzeihung
Für diese verhasste Larve, Königin,
Die mir zu tragen Kampf genug gekostet,
Doch der ich's danke, dass ich mich Euch nahen,
Euch Hülfe und Errettung bringen kann.
MARIA
Steht auf – Ihr überrascht mich, Sir – Ich kann
So schnell nicht aus der Tiefe meines Elends
Zur Hoffnung übergehen – Redet, Sir –
Macht mir dies Glück begreiflich, dass ich's glaube.
MORTIMER *steht auf.*
Die Zeit verrinnt. Bald wird mein Oheim hier sein,
Und ein verhasster Mensch begleitet ihn.
Eh Euch ihr Schreckensauftrag überrascht,
Hört an, wie Euch der Himmel Rettung schickt.
MARIA
Er schickt sie durch ein Wunder seiner Allmacht!
MORTIMER
Erlaubt, dass ich von mir beginne.
MARIA
Redet, Sir!
MORTIMER
Ich zählte zwanzig Jahre, Königin,
In strengen Pflichten war ich aufgewachsen,
In finstern Hass des Papsttums aufgesäugt,
Als mich die unbezwingliche Begierde
Hinaustrieb auf das feste Land. Ich ließ
Der Puritanter [sehr strenge englische Protestanten] dumpfe Predigtstuben,
Die Heimat hinter mir, in schnellem Lauf
Durchzog ich Frankreich, das gepriesene
Italien mit heißem Wunsche suchend.
Es war die Zeit des großen Kirchenfests,
Von Pilgerscharen wimmelten die Wege,
Bekränzt war jedes Gottesbild, es war,
Als ob die Menschheit auf der Wandrung wäre,
Wallfahrend nach dem Himmelreich – Mich selbst
Ergriff der Strom der glaubensvollen Menge,
Und riss mich in das Weichbild [Stadtgebiet] Roms –
Wie ward mir, Königin!

▶ **Lösung Seite 219 f.**

15. Lösungen

1. Bewerbungsschreiben und Lebenslauf

▶ *Lösung zu Übung 1*
Beispiele: Rechtschreibfehler, Eselsohren an den Ecken, verwackeltes / unscharfes Passfoto, Anschreiben mit unordentlicher Handschrift usw.

▶ *Lösung zu Übung 2*
Beispiele: Schulnoten, Adresse, Lieblingsfächer, Hobbies, Aussehen, ehrenamtliche Tätigkeiten, Praktika, Grund, warum Laura den Beruf ergreifen will, unentschuldigte Fehlstunden usw.?

▶ *Lösung zu Übung 3*
Das Datum und die Betreffzeile fehlen. Laura begründet nicht, warum sie diesen Beruf erlernen möchte (z.B. Informationen der Berufsberatung) und warum sie die richtige Bewerberin ist (z.B. großes Interesse, belastbar). Außerdem fehlt eine Grußformel („Mit freundlichen Grüßen") und Lauras Unterschrift. Vermutlich liegen dem Schreiben noch Anlagen bei (Zeugnisse, Lebenslauf usw.), auf diese verweist man im Anschreiben.

▶ *Lösung zu Übung 4*
Lauras Anschreiben

Laura Linke
Am Weiher 32
60123 Frankfurt a. M.
Tel.: (069) 1234567

Immobilien Heintze
Hoher Steinweg 79
60431 Frankfurt a. M.

Frankfurt, den 14.12.2008

Ihre Ausbildungsstelle zur Immobilienkauffrau

Sehr geehrte Damen und Herren,
in den Frankfurter Neuen Nachrichten vom 13.12.20.. las ich in Ihrer Anzeige, dass Sie zur Immobilienkauffrau ausbilden. Da ich im nächsten Sommer voraussichtlich die Schule mit dem Realschulabschluss verlasse, würde ich gerne eine Ausbildung in Ihrem Unternehmen beginnen. Ich habe mich bereits in der Berufsberatung über das Berufsbild informiert

und interessiere mich sehr dafür, da ich gerne mit Menschen umgehe, sehr zuverlässig bin und mich auch die zahlreichen Weiterbildungsmöglichkeiten in dem Beruf sehr interessieren. Weiteres über meine Person entnehmen Sie bitte den beigefügten Anlagen Lebenslauf, Zeugnisse und Praktikumsbescheinigung.

Über die Möglichkeit, mich Ihnen persönlich vorstellen zu dürfen, würde ich mich sehr freuen.

Mit freundlichen Grüßen

Laura Linke

Laura Linke

Anlagen

▶ *Lösung zu Übung 5*
Dein Anschreiben an Hair 4U
Beispiel:

Dein Name
Deine Anschrift
E-Mail: xxx

Haarstudio Hair4U
Marktstraße 17
12345 Glückshafen

Dein Ort, den 16.12.20..

Ihre Ausbildungsstelle zum Friseur / zur Friseurin

Sehr geehrte Damen und Herren,
in der Zeitung „Glückshafener Bote" vom 15.12.20.. las ich in Ihrer Anzeige, dass Sie zur Friseurin ausbilden. Da ich im nächsten Sommer voraussichtlich die Schule mit dem Realschulabschluss verlasse, würde ich gerne eine Ausbildung in Ihrem Unternehmen beginnen. Ich habe mich bereits in der Berufsberatung über das Berufsbild informiert und interessiere mich sehr dafür, da ich gerne mit Menschen umgehe und gerne kreativ bin. Dies zeigt auch meine sehr gute Note im Fach Kunst. Weiteres über meine Person entnehmen Sie bitte den beigefügten Anlagen Lebenslauf, Zeugnisse und Praktikumsbescheinigung.

Über die Möglichkeit, mich Ihnen persönlich vorstellen zu dürfen, würde ich mich sehr freuen.

Mit freundlichen Grüßen

Deine Unterschrift mit Hand

Dein Name in Druckbuchstaben

Anlagen

▶ *Lösung zu Übung 6*

Name und Adresse, Geburtsdatum und –ort, Staatsangehörigkeit, Eltern und Geschwister, Schulausbildung, Praktika, Lieblingsfächer, besondere Kenntnisse und Hobbies

▶ *Lösung zu Übung 7*

Individuell, vergleiche dein Ergebnis am besten Schritt für Schritt mit dem Musterlebenslauf, den du von Laura Linke gefunden hast, lasse ihn zudem von einem Bekannten Korrektur lesen.

2. Umgang mit Sachtexten I: die Sachtextanalyse

▶ *Lösung zu Übung 1*

Der erste Text ist ein fiktionaler Text, also der Auszug aus einer erfundenen Geschichte mit frei erfundenen Personen. Dieser Text ist Teil eines Romans. Der zweite Text ist ein Sachtext, d.h., es werden Fakten zusammengestellt. Er könnte aus einer Zeitschrift für Deutschlehrer stammen.

▶ *Lösung zu Übung 2*

a) Wichtige Begriffe sind unterstrichen, Unklarheiten mit ? am Rand versehen, an besonders wichtiger Textstelle steht „!!!“.
b) Lukas hat Sinnabschnitte mit Überschriften versehen.
c) Der Text ist wesentlich übersichtlicher, mit einem Blick kann Lukas nun die zentralen Aussagen sehen. Außerdem zwingt das Lesen mit dem Bleistift zu überprüfen, ob man wirklich alles verstanden hat, ansonsten könnte man nicht markieren.

▶ *Lösung zu Übung 3*

- Entweder sind sie verstorben oder sie schauen nur noch Fernsehen.
- Beim Schauen von Filmen ist man als Zuschauer völlig passiv, beim Lesen muss man aktiv mitdenken und sich z.B. die Bilder aktiv vorstellen.
- Ein Leser ist zu vergleichen mit jemandem, der Musik spielt. Jemand der Musik macht, muss immer auch aktiv an dem Lied mitgestalten. Es reicht nicht, eine Stimme zu haben und vielleicht eine Gesangsausbildung, sondern man ist als Sänger immer auch Interpretierender des Gesungenen, so wie ein Leser immer in seinem Kopf aktiv an dem Werk mitgestaltet.
- Menschen, die ihren Geist einsetzen wollen, lesen. Sie wollten Ihren Geist vielleicht für Wünsche oder auch aus Angst vor Bedrohungen einsetzen.

▶ *Lösung zu Übung 4* individuell

▶ *Lösung zu Übung 5*

Einleitung, 1. Argument, 2. Argument, 3. Argument, Widerlegung eines Gegenarguments, 4. Argument, 5. Argument, 6. Argument

▶ *Lösung zu Übung 6*

1. Absatz: Einleitung mit eigenem Beispiel; 2 Absätze: Erfahrungen aus der Kindheit; letzter Absatz: Erfahrung als Jugendliche: Lesen als Zugriff und Schutz

▶ *Lösung zu Übung 7*

Stefan gelingt es, die Kernaussagen ganz knapp zu benennen. Sibylle schweift ab und gibt alles wieder, was im Text steht. Das war nicht die Aufgabe des Lehrers.

▶ *Lösung zu Übung 8*

a) In seinem Text „Warum liest man überhaupt?" von Martin Walser beantwortet dieser die Frage aus der Überschrift mit der Aktivierung des Geistes. Beim Lesen wird man zum Denken angeregt.

b) In seinem Text „Warum liest man überhaupt?" stellt Martin Walser zunächst fest, dass die Kultur des Erzählens abgenommen hat. Grund dafür ist besonders die zunehmende Bedeutung des Fernsehens. Im Fernsehen werden alle Inhalte fertig präsentiert, beim Lesen muss der Geist des Lesenden aktiv werden. Der Leser muss den Text mit seinen Gedanken zum Leben erwecken. Dies vergleicht Walser mit der Musik, auch ein Musiker erweckt Noten erst durch das Musizieren zum Leben und muss dazu größere

Fähigkeiten haben als z.B. einfach nur Noten lesen zu können. Abschließend sagt Walser, dass nur von Menschen gelesen wird, die noch Wünsche haben, etwas verändern wollen und nicht von Menschen, die sich sicher an der Macht fühlen.

c) Das Resümee ist deutlich kürzer, weil es nur die zentrale Aussage wiedergibt, während die Paraphrasierung auch erklärt und den gesamten Gedankengang des Autors nachvollzieht.

► *Lösung zu Übung 9*

a) In dem Text „Warum ich chatte" von Fredrika Gers kommt die Autorin zu dem Schluss, dass das Chatten aus verschiedenen Gründen eine positive Freizeitbeschäftigung ist und sie es der persönlichen Kontaktanbahnung, z.B. in der Diskothek, vorzieht.

b) Die Autorin Fredrika Gers sagt in ihrem Text „Warum ich chatte", dass sie eine begeisterte Chatterin ist. Sie begründet dies damit, dass zum einen Männer in der Überzahl in Chats sind, sie also eine gute Chance hat, nette Menschen kennen zu lernen. Zum anderen spielt im Chat zunächst einmal das Aussehen keine Rolle spielt, sondern man sich wirklich auf die Persönlichkeit konzentrieren kann. Den Einwand, dass Menschen sich im Chat verstellen können, wehrt sie mit der Begründung ab, dass diese Lügen spätestens beim ersten Treffen sowieso auffallen.

c) Im Aufgabenteil b werden alle Argumente nochmals genannt, im Aufgabenteil a wird nur das Fazit aus den verschiedenen Gründen genannt.

► *Lösung zu Übung 10*

1. bis 3. Schritt:

Die ersten zwei Schritte musst du individuell lösen, auch den dritten Schritt kann man unterschiedlich lösen, eine mögliche Struktur ist: Frage des Interviewers – eigene Erfahrungen mit der Schule – Problem: Literatur wird nur zum Interpretieren gelesen – verschiedene Interpretationen müssen zugelassen werden – in der Schule: Anpassung an den Lehrer.

4. Schritt:

Günter Grass zeigt zunächst, dass er durch seine Kinder über viel Erfahrung mit dem deutschen Schulsystem und somit auch mit dem Literaturunterricht hat. Das Problem dieses Unterrichts ist es für Grass, dass nie die Lust am Lesen geweckt wird, sondern immer nur dazu aufgefordert wird, zu interpretieren. Literatur als Kunstprodukt hat dabei immer vielschichtige Interpretationsmöglichkeiten, die alle zunächst einmal richtig sind. In der Schule begehen die Lehrer aber immer wieder den Fehler, nur ihre eigene Interpretation als richtig anzusehen. Daraus folgt, dass die Schüler im Literaturunterricht ei-

gentlich nur versuchen, die Absicht des Lehrers zu erraten und sich also daran anzupassen.
5. Schritt:
Günter Grass wirft dem Literaturunterricht der Schule vor, dass er den Spaß am Lesen hemmt, weil die Schüler permanent unter dem Druck stehen, die Interpretation des Lehrers herauszufinden.

b) individuell

▶ *Lösung zu Übung 11*

Der Auszug „Warum ich chatte" von Fredrika Gers aus „Spiegel spezial. Computer verändern die Welt" vom Jahre 1997 stellt die Gründe dar, warum heute so häufig gechattet wird.

Die Autorin stellt zunächst ihre persönliche positive Einstellung zum Chatten dar. Dann stellt sie die Gründe für das Chatten zusammen und geht auch auf die Einwände von Kritikern ein.

Fredrika Gers sagt, dass sie eine begeisterte Chatterin ist. Sie begründet dies damit, dass zum einen Männer in der Überzahl in Chats sind, sie also eine gute Chance hat, nette Menschen kennen zu lernen. Zum anderen, dass im Chat zunächst einmal das Aussehen keine Rolle spielt, sondern man sich wirklich auf die Persönlichkeit konzentrieren kann. Den Einwand, dass Menschen sich im Chat verstellen können, wehrt sie mit der Begründung ab, dass diese Lügen spätestens beim ersten Treffen sowieso auffallen.

Sprachlich ist der Text insgesamt sehr eingängig. Er vermittelt auch in seiner Wortwahl das positive Gefühl beim Chatten. So sagt die Autorin, sie sitze „friedlich, gemütlich und sicher zu Hause", wenn sie chattet. Außerdem bezeichnet sie das Chatten als „schwatzen". Dies zeigt, wie sehr sie diese Art der Kommunikation genießt. Sie betont zudem, dass man jeden, mit dem man nicht kommunizieren möchte, aus seinem Chat herauswerfen kann und beendet diesen Gedanken mit dem elliptischen Satz „Ende der Fahnenstange". Hiermit betont sie nochmals, wie einfach und endgültig man aufdringliche Personen aus dem Chat eliminieren kann.

Zusammenfassend kann man sagen, dass Fredrika Gers die Gründe für das Chatten überzeugend zusammenstellt.

▶ *Lösung zu Übung 12*
Der Auszug „Interpretationssucht" statt „Lust am Lesen"" aus einem Interview der Zeitschrift „Einmischung" vom Jahr 1983 mit dem Autor Günter Grass kritisiert den Literaturunterricht an deutschen Schulen.

Günter Grass zeigt zunächst, dass er durch seine Kinder über viel Erfahrung mit dem deutschen Schulsystem und somit auch mit dem Literaturunterricht hat. Das Problem dieses Unterrichts ist es für Grass, dass nie die Lust am Lesen geweckt wird, sondern immer nur dazu aufgefordert wird, zu interpretieren. Literatur hat als Kunstprodukt immer vielschichtige Interpretationsmöglichkeiten, die alle zunächst einmal richtig sind. In der Schule begehen die Lehrer aber immer wieder den Fehler, nur ihre eigene Interpretation als richtig anzusehen. Daraus folgt, dass die Schüler im Literaturunterricht eigentlich nur versuchen, die Absicht des Lehrers zu erraten und sich also daran anzupassen. (*In diesem Absatz wurden die Schritte 2 und 3 zusammen bearbeitet.*)

Günter Grass stellt seinem Interview voran, dass er fünf Kinder hat, die in die Schule gegangen sind bzw. gehen. Damit schafft er sich selbst Autorität, so dass seine weiteren Ausführungen überzeugender wirken. Sprachlich auffällig sind zudem noch die zahlreichen Einschübe, die zeigen, dass es sich bei dem Text eigentlich um einen gesprochenen spontanen Text handeln.

Abschließend kann man sagen, dass Günter Grass dem Literaturunterricht der Schule vorwirft, dass er den Spaß am Lesen hemmt, weil die Schüler permanent unter dem Druck stehen, die Interpretation des Lehrers herauszufinden.

3. Umgang mit Sachtexten: die kritische Auseinandersetzung mit Sachtexten

▶ *Lösung zu Übung 1* individuell

▶ *Lösung zu Übung 2*
a) Hast du Wichtiges mit dem Bleistift unterstrichen? Zentrale Schlüsselwörter mit dem Textmarker markiert? Den Text mit Überschriften und Strichen am Ende eines Gedankens in Sinnabschnitte eingeteilt?

b) – Intelligente Techniken, wie z.B. Roboter oder neue Computersoftware, ersetzen immer mehr Arbeitsplätze und kommen in immer mehr Berufszweigen zum Einsatz.
– Die Nachfrage nach Arbeitskräften wird sinken, weil immer mehr Arbeitsplätze durch automatisierte Computertechnik ersetzt werden können. Besonders betroffen werden davon die einfachsten, immer gleichen Hilfstätigkeiten sein. Langfristig aber auch alle anderen Berufsgruppen.
– Es wird nur noch wenig Arbeit geben, die von Menschen gemacht werden muss. Die Arbeitslosigkeit wird also ansteigen.
– Nur noch wenige Menschen werden Arbeit haben, also zu einer exklusiven Gruppe gehören. Diese Gruppe wird in der weiteren Entwicklung immer kleiner werden.

c) Der Auszug aus dem Buch „Das Ende der Arbeit und ihre Zukunft" von Jeremy Rifkin aus dem Jahre 2004 erstellt eine Prognose über die zukünftige Entwicklung der Arbeitswelt. Zunächst stellt Rifkin fest, dass die gesamte Welt sich derzeit in einem großen Wandel befindet. Aufgrund der Weiterentwicklung der Computertechnologie werden immer Arbeitsplätze durch Computertechnik ersetzt. Dies belegt Rifkin mit zahlreichen Beispielen und zeigt somit auf, dass alle Industriezweige betroffen sein werden. Im nächsten Abschnitt unterstützt er seine Prognose nochmals mit der Zustimmung zahlreicher Firmenchefs. Er schränkt dann ein, dass es voraussichtlich zahlreiche neue Waren und Dienstleistungen geben wird, die produziert werden müssen. Diese Produktion kann – lauft Rifkin – aber nur von wenigen sehr gut ausgebildeten Arbeitskräften hergestellt werden. Insgesamt kommt Rifkin zu dem Schluss, dass die Arbeitslosigkeit ansteigen und somit ein Arbeitsplatz etwas Exklusives wird. Sprachlich fällt bei Rifkin besonders seine Sachlichkeit und seine klare Sprache auf. Er belegt seine Aussagen immer mit überzeugenden Beispielen, die für den Leser nachvollziehbar sind. Abschließend lässt sich sagen, dass Rifkin sehr überzeugend und drastisch die zu erwartenden Veränderungen der Arbeitswelt aufzeigt.

▶ *Lösung zu Übung 3*

Er will die Leser auf die Zukunft der Arbeitswelt vorbereiten, um sie anzuregen, über neue Modelle der Arbeitsverteilung nachzudenken. Gleichzeitig möchte er auch warnen, nicht auf die Veränderungen zu reagieren, da wir dann bald von der hohen Arbeitslosigkeit „überrollt" werden.

► *Lösung zu Übung 4*

a) Die Arbeitszeit wird nicht mehr an feste Uhrzeiten gebunden (z.B. jeden Tag von 9 – 17 Uhr), sondern man arbeitet flexibel. Zum einen kann man so nach seinen individuellen Wünschen seine Arbeitszeit anpassen (steht man gerne früh auf oder ist man eher ein Nachtmensch?), zum anderen kann man auch je nach Auftragslage des Betriebes arbeiten (im Sommer liegen für den Maurer mehr Aufträge vor als im Winter).
b) Eisdielen/Biergärten, Berufe in der Baubranche, Pelzhändler usw., in diesen Betrieben kommt es nicht so schnell zu Entlassungen, sondern man kann Beschäftigte z.B. im Sommer mehr arbeiten lassen und im Winter Urlaub geben
c) Norbert Blüm will für Mobilzeit begeistern. Er zeigt keinerlei Nachteile auf, lobt nur die Vorteile und besonders am Ende appelliert er nochmals deutlich an die Leser, sich mit der Mobilzeit auseinanderzusetzen.

► *Lösung zu Übung 5*

Weite Teile des Textes sind darstellend, die vielen Beispiele im Text erklären dem Leser die Zusammenhänge aber auch zusätzlich. Daher ist der Text von Rifkin ein erklärender Text.

► *Lösung zu Übung 6*

Man sollte die Funktion des Textes am Ende bei der Zusammenfassung der Ergebnisse nennen und evtl. erklären.

► *Lösung zu Übung 7*

Der Text „Mobilzeit" von Norbert Blüm aus dem Jahr 1998 setzt sich mit verschiedenen Modellen der Arbeitszeitverteilung, besonders der Mobilzeit auseinander.

Zunächst erläutert Blüm den Begriff der Mobilzeit, danach fordert er auf, sich von traditionellen Arbeitsformen zu verabschieden und erläutert dann die Vorteile der Mobilzeit.

Unter Mobilzeit ist etwas anderes zu verstehen als die Teilzeitarbeit, es ist eine Arbeitszeit, die völlig individuell nach Wochen- oder auch Jahresarbeitszeit gestaltet werden kann. Dabei kann auf die Wünsche der Arbeitnehmer, aber auch der Betriebe eingegangen werden. Blüm fordert abschließend dazu auf, über die Vorteile dieses Systems nachzudenken.

Sprachlich fällt auf, dass Blüm immer wieder versucht, den Leser mit in den Gedankengang einzubeziehen. So fragt er am Anfang mit einer rhetorischen Frage „MOBILZEIT – was bedeutet das?", die den Leser sofort zum Denken anregt. Auch am Ende spricht er den Leser direkt an: „Denken Sie verstärkt über die Chancen und Möglichkeiten durch MOBILZEIT nach!". Auch hier will er den Leser zum Nachdenken auffordern.

Abschließend kann man sagen, dass Norbert Blüm mit seinem Text für die MOBILZEIT argumentiert und abschließend auch an den Leser appelliert, die Vorteile dieses Konzeptes zu sehen.

▶ *Lösung zu Übung 8*
Er ist für dieses Arbeitszeitmodell.

▶ *Lösung zu Übung 9*
- Familienväter haben keine sicheren, verlässlichen Arbeitszeiten.
- Freizeit kann man nicht mehr zuverlässig planen, wenn man z.B. regelmäßig zum Fußballtraining gehen möchte.
- Es kommt zu einer sehr unterschiedlichen Belastung, so muss man evtl. in den Sommermonaten sehr viel arbeiten und hat in der Schlechtwetterzeit des Herbstes Urlaub.
- usw.

▶ *Lösung zu Übung 10*
Grass schert den gesamten Literaturunterricht über einen Kamm, sicherlich müsste man zwischen unterschiedlichen Deutschlehrern unterscheiden. Zudem ist zu bedenken, dass Interpretationen nicht willkürlich sind, sondern immer genau am Text belegbar sein müssen und es daher völlig richtig ist, dass einige Interpretationen falsch sind und somit vom Lehrer abgeblockt werden.

▶ *Lösung zu Übung 11*
a und b individuell

c) Es gibt sich wiederholende (repititive) Arbeiten und solche, die das Denken erfordern. Die erste Arbeit ist eine Tätigkeit, bei der immer wieder dieselbe Tätigkeit gemacht werden muss. Als Beispiel kann man einen Monteur am Fließband nennen, der immer nur einen bestimmten Handgriff macht. Die zweite Art der Arbeit erfordert das eigene Denken der Ausführenden, ein Beispiel wäre ein Ingenieur, der ein neues Auto entwirft.
d) Es gibt für beide Arten von Arbeit Menschen, die sie gerne tun. Die Menschen sind unterschiedlich strukturiert und so macht der eine gerne repetitive Arbeit, der andere möchte gerne selbst denken und kreativ sein. Ford ist sich sicher, dass die repetitive Arbeit keinerlei Schäden verursacht.

e) Fords Aussagen zur repetitiven Arbeit sind sehr fragwürdig. Er behauptet, dass es Menschen gibt, die gerne immer das Gleiche tun. Er ist sich sicher, dass diese immer gleichen Bewegungen keinerlei Schaden anrichten. Er bringt als Beleg den Fall eines einzelnen Arbeiters. Untersuchungen, die das Gegenteil belegen, ignoriert er. Ford beschäftigt sehr viele Menschen mit repetitiver Arbeit, sodass es unwahrscheinlich ist, dass er diese Arbeit kritisch hinterfragt oder gar die Gesundheitsgefährdung eingesteht.

4. Texte und Bilder zueinander in Beziehung setzen

▶ *Lösung zu Übung 1*

a) einige Stichworte, die dir aufgefallen sein müssten: Vordergrund: zwei Frauen, die erste (sehr gepflegt, hochhakige Schuhe, Sonnenbrille, lächelnd) mit kleinem Einkaufswagen mit exklusiven Produkten (Champagnerflasche); die zweite mit einem sehr vollen Wagen, sehr gestresst, sehr hektische Kinder, übervoller Wagen, verschwitzt, ungepflegte Frisur; Hintergrund: rechts auf der Seite ein Delikatessengeschäft, links auf der Seite ein Supermarktdiscounter
b) Vorder- und Hintergrund, Schweiß der Mutter, Bewegungsstreifen bei der Mutter und den Kindern, Gesichtsausdruck der Frauen, usw.
c) Die offensichtlich kinderlose (alleinstehende) Frau rechts kann sich exklusive Lebensmittel leisten und sehr entspannt einkaufen, die Mutter mit den zwei Kindern ist gestresst, kann nur im Discounter kaufen. Daraus folgt: Die Erziehung von Kindern ist eine große finanzielle Belastung in Deutschland.
d) Indem er die kinderlose Frau so entspannt und finanziell abgesichert darstellt, zeigt er, dass er der Meinung ist, dass die Belastung der Kindererziehung zumindest finanziell stärker auf alle Teile der Bevölkerung umgeschichtet werden müsste.

▶ *Lösung zu Übung 2*

a) individuell, Überzeichnung von Einzelheiten in der Gestaltung der Personen, Schraffuren. Text in Sprechblase.
b) Die Rente der alten Frau ist sehr niedrig (wenige Münzen auf dem Tisch), ohne eigene finanzielle Vorsorge (Sparschwein) ist man im Alter nicht abgesichert. Die gesetzliche Rentenversicherung reicht heutzutage also nicht mehr aus.

c) Mögliche Antworten: Mitleid mit der Großmutter, Kritik, dass es in unserem Staat Menschen gibt, die sich keine neuen Zähne leisten können, eigene Sorge um die Rente oder auch: überzogen, dass bereits ein Kind sein Taschengeld sparen soll.

► *Lösung zu Übung 3*

In der vorliegenden Karikatur sind zwei Männer auf einer Parkbank dargestellt. Der vom Betrachter aus gesehen links sitzende Mann ist ein wütender Rentner mit Hund. Er wirft dem andere Mann vor, eine gekürzte Rente zu haben, weil der andere Mann nicht arbeite. Er hält dem anderen seinen Gehstock sehr aggressiv entgegen. Der andere Mann ist ein Jugendlicher, dies erkennt man an der sportlichen Kappe und seiner lässigen Körperhaltung. Auch er ist wütend und dem Rentner aggressiv zugewandt. Er sagt, dass er keine Arbeit finde, weil die Kosten für die Rente für Arbeitgeber so hoch seien.

Die beiden Männer machen sich also gegenseitig Vorwürfe, jeweils wechselseitig an der finanziellen Misere Schuld zu sein. Das deutsche Rentensystem basiert darauf, dass die Arbeitnehmer und -geber in die Rentenkasse für die aktuellen Rentner einzahlen. Wenn also viele Menschen arbeitslos sind, müssen wenige für die Kosten der Rentner aufkommen. Damit steigt die Höhe der Abgaben für die Arbeitgeber, wenn sie jemanden einstellen. Genau das wirft der junge Mann dem Rentner vor. Wenn allerdings kaum jemand arbeitet, können die Renten nicht steigen bzw. müssen sogar gekürzt werden. Das wirft der Rentner dem jungen Mann auf der Bank vor. Der Streit ist ein Dilemma, da beide im Recht sind und ihre Meinung stimmig ist.

Ich persönlich denke, dass beide Männer auf der Bank Recht haben und man den Konflikt nicht lösen kann. Es braucht Verständnis auf beiden Seiten, Rentner müssen einsehen, dass die Renten derzeit nicht steigen können und die Jugendlichen müssen erkennen, dass die Abgaben auf ihre Löhne sehr hoch sind, weil auch sie einmal von der Rente der nächsten Generation profitieren wollen.

► *Lösung zu Übung 4*

a) Vgl. deine Überlegungen nochmals mit den Überschriften der Spalten
b) Beispiel: Die geringste Arbeitslosenquote findet man im Bundesland Baden-Württemberg. Die höchste Arbeitslosenquote findet man in Sachsen-Anhalt. In Sachsen-Anhalt ist die Arbeitslosenquote mehr als doppelt so wie in Baden-Württemberg.

c) Beispiele: In Baden-Württemberg gibt es einen großen Zuzug, sowohl aus dem In- als auch aus dem Ausland. Dies führt zu einem Anstieg der Bevölkerungszahl.
d) individuell
e) individuell

► *Lösung zu Übung 5*

a) 1. Säule: Wie viele Geschwister haben Kinder im Westen?
   2. Säule: Wie viele Geschwister haben Kinder im Osten?
   3. Säule: Bei welchen Eltern wachsen Kinder im Westen auf?
   4. Säule: Bei welchen Eltern wachsen Kinder im Osten auf?
b) Westen/Osten = alte Bundesländer/neue Bundesländer (ehemalige DDR) mit Bruder oder Schwester = ein Geschwisterkind mit Elternteil in einer Lebensgemeinschaft = Kind lebt bei einem leiblichen Elternteil und einem Stiefvater bzw. einer Stiefmutter
c) Die Angaben sind die Prozente der Kinder, auf die das jeweilige Merkmal zutrifft. Wenn man die Prozentzahlen addiert, kommt man so in jeder Säule auf 100 %.
d) Die Berechnung ist nicht möglich, da man nicht weiß, welcher Prozentsatz der 14,4 Millionen minderjährigen Kinder aus dem Westen und welcher Satz aus dem Osten kommt.

► *Lösung zu Übung 6*

a) Beispiele: Im Westen wachsen mehr Kinder bei beiden Elternteilen auf als im Osten. Im Osten sind rund 36% der Kinder Einzelkinder usw.
b) Die Anzahl der Einzelkinder ist im Osten größer als im Westen, die Anzahl der Kinder mit drei oder mehr Geschwistern ist im Westen um 2% höher als im Osten usw.
c) Sie zeigen das Thema der Säulen nochmals sehr anschaulich und lenken die Blicke, z.B. eines Zeitungslesers, auf das (ansonsten eher langweilige) Diagramm.

► *Lösung zu Übung 7*

a) Es wird gezeigt, welchen Schulabschluss kinderlose Frauen zwischen 40 und 44 Jahren in Deutschland haben. Dann wird nochmals zwischen West- und Ostdeutschland unterschieden.
b) Es sind Prozentangaben der Frauen zwischen 40 und 44 Jahren.
c) In den alten Bundesländern steigt mit höherem Schulabschluss die Wahrscheinlichkeit, kinderlos zu bleiben.
d) In ganz Deutschland und in den alten Bundesländern kann man sagen, dass je gebildeter eine Frau umso höher die Wahrscheinlichkeit der Kinderlosigkeit ist.

e) Das Bücherregal symbolisiert die Bildung der kinderlosen Frauen. Die beiden Frauen scheinen ungefähr das Alter der untersuchten Personen zu haben. Das Bild veranschaulicht das Thema also nochmals und lenkt die Blicke des Lesers auf die Grafik.

► *Lösung zu Übung 8*

a) x-Achse: Zeitverlauf, jedes Kästchen beinhaltet 5 Jahre
y-Achse: Anzahl in Tausend (in der einen Kurve der Geburten, in der anderen der verstorbenen Menschen)
b) Nach dem Zweiten Weltkrieg nimmt die Zahl der Geburten zunächst konstant zu, ab 1965 nimmt die Zahl dann aber drastisch ab und pendelt sich auf einem niedrigen Niveau ein.
c) Die Bevölkerungszahl nimmt insgesamt ab, da mehr Menschen sterben als neu geboren werden.
d) Der berühmte „Pillenknick“ zeigt sich sehr deutlich in der Kurve. Ab 1965 fällt die Zahl der Geburten rasant ab.
e) Die deutsche Bevölkerung wird immer kleiner. Die Bevölkerung wird im Durchschnitt immer älter.

► *Lösung zu Übung 9*

a) x-Achse: Zeitachse in Jahren
y-Achse: Lebenserwartung in Jahren, d.h. wie lange leben die Menschen durchschnittlich
b) Die Lebenserwartung sowohl der Männer als auch der Frauen nimmt zu.
c) weniger Kriege in Deutschland, medizinische Entwicklung, neue Forschungsergebnisse

5. Erörterung von Thesen

► *Lösung zu Übung 1*

Timo muss sowohl Argumente für als auch gegen das Wahlrecht nennen (Pro und Contra). Tanjas Aufgaben erfordert nur das Nennen der Pro-Argumente.

► *Lösung zu Übung 2*

Tanja schreibt eine lineare oder steigernde Erörterung, während Timo eine dialektische Erörterung schreiben soll.

► *Lösung zu Übung 3*

Das 2. und das 4. Thema fordern eine lineare Erörterung.

▶ *Lösung zu Übung 4*
Gliederung:
- Einleitung: In vielen Zeitungen wird der Flughafenausbau diskutiert.
- Thema: Warum soll der Frankfurter Flughafen nicht ausgebaut werden?
  Hauptteil:
  - Viele Bäume müssen gefällt werden.
  - Die Lärmbelastung in den umliegenden Gemeinden nimmt zu.
  - Die Tiere der Umgebung verlieren ihren Lebensraum.
  - Die Abgase verschmutzen die Umwelt.
- Schluss: Ich komme also zu dem Schluss, dass ich es sehr wichtig finde, die Einwände der Bevölkerung bei der Planung des Ausbaus sehr ernst zu nehmen.

▶ *Lösung zu Übung 5*
a) Die Contra-Argumente müssen von unwichtig nach wichtig angeordnet werden, die Pro-Argumente genau umgekehrt, d.h. hier steht das wichtigste Argument am Ende.
b) Sie ist für den Besitz eines Handys. Handys sind für sie also ein Segen.

▶ *Lösung zu Übung 6*
Individuell, der Briefanfang rechts oben ist allerdings wenig ansprechend.

▶ *Lösung zu Übung 7*
Thema 2: Bezug zu aktuellen Ereignissen und Klärung der aktuellen Rechtslage; Überleitung: Besonders aufgrund der sich verändernden gesellschaftlichen Zusammensetzung ist daher zu überlegen, ob man auch den islamischen Religionsunterricht an staatlichen Schulen einführen möchte.

Thema 3: Stützen auf Statistiken (Umfrage) und Aussagen von Verbänden; Überleitung: Es gibt sicherlich viele Argumente, die für die Herabsetzung des Wahlalters sprechen, es gibt aber auch Gegenargumente. Diese möchte ich im Folgenden abwägen.

▶ *Lösung zu Übung 8* individuell

▶ *Lösung zu Übung 9* individuell

▶ *Lösung zu Übung 10*
a) Version 1 ist induktive Argumentation, Version 2 deduktive (vgl. Infobox, S. 48)
b) Ein Handy in der Schule vereinfacht die Kommunikation, so musste ich schon oft wichtige Telefonate ...

▶ *Lösung zu Übung 11*
a) wägt nur ab, keine weiteren Ausführungen;
b) nennt nochmals das für ihn wichtigste Argument;
c) Forderung nach Kompromiss in Form handyfreier Zonen;
d) Blick in die Zukunft

▶ *Lösung zu Übung 12*
Thema 1: Der Schüler nennt nochmals ein Argument.
Thema 2: Das Fazit ist unklar, der Schüler entscheidet sich für keine Position und begründet dies nicht.

▶ *Lösung zu Übung 13*
Beide Versionen beziehen die eigene Situation mit ein. Version 1 aber ist wesentlich emotionaler abgefasst und führt nicht noch einmal Argumente auf. Der Schreibstil ist an der Grenze zur Angemessenheit in einer Erörterung. Version 2 ist sachbezogener, führt noch Gründe an und erst am Schluss wird die eigene Absicht, was der Schreiber nun tun möchte, genannt.

▶ *Lösung zu Übung 14*
Deine mögliche Reaktion bzw. mögliche Ansätze für deine Überlegungen zum Text: Zustimmung. Vielleicht siehst du es auch so, dass Kinder strengere Regeln brauchen. Vielleicht fällt dir spontan auch Verhalten von Kindern ein, dass dich oft ärgert oder du lehnst den Text ab, weil du nicht findest, dass man Kindern einfach etwas ohne Erklärung verbieten kann. Evtl. ist dir auch der Grund für die unterschiedliche Behandlung in den zwei Fällen nicht klar (warum wird dem Kind vor dem Fernseher nichts erklärt, der Tochter, die in die Disco will, aber wohl?)

▶ *Lösung zu Übung 15*
1. Beispiel: Kind sitzt verbotenerweise vor dem Fernseher. Folgerung für Eltern: Vater darf sich auf keine Debatte einlassen, verliert sonst Autorität.
2. Beispiel: Tochter will in die Disco. Folgerung für die Eltern: Eltern müssen viele Überlegungen abwägen und dann entscheiden, ob sie der Tochter vertrauen.

Schlussfolgerung aus den Beispielen: In der Pädagogik muss man unterscheiden, ob man sich bei Belanglosigkeiten durchsetzen muss (Disziplin fordern) oder etwas ausdiskutiert.

► *Lösung zu Übung 16*

Individuell, allerdings ist die Unterscheidung zwischen den beiden Beispielen fragwürdig und willkürlich. Für ein kleines Kind ist es sicherlich von großer Bedeutung, ob es noch weiter fernsehen darf, und es ist auch nicht klar, warum ein Elternteil seine Autorität verlieren soll, wenn er das Fernsehverbot mit dem Kind bespricht und evtl. sogar zu einem Kompromiss mit dem Kind kommt.

► *Lösung zu Übung 17*

individuell (Kritik könnten z.B. deine Erfahrungen mit „gutem" Literaturunterricht sein)

6. Informierende und kommentierende Textformen

► *Lösung zu Übung 1*

1. Was ist eigentlich passiert? 2. Welche Folgen hatte das? 3. Die Vorgeschichte, wie kam es zu dem Steinewurf? 4. Wie konnte der Täter gefasst werden? 5. Was ist nach der Verhaftung geschehen?

► *Lösung zu Übung 2*

Hauptinformationen: gestern Nachmittag, Steinewurf auf Wagen einer Straßenbahn am Appellhofplatz, keine Verletzten, nur Glas zerbrochen. **Täter:** angetrunkener Mann, Strafanzeige gegen den Mann.

Zusatzinformationen: Gründe für das Werfen (Vorgeschichte zum Streit um die Zigarette), die Verfolgung und Verhaftung, Blutprobe

► *Lösung zu Übung 3*

Köln – Am gestrigen Nachmittag hat ein angetrunkener Mann einen Stein gegen einen Wagen der Straßenbahn an der Haltestelle Appellhofplatz geworfen. Es gab keine Verletzten, lediglich die Glasscheibe des Wagens zerbrach. Der angetrunkene Mann wurde verhaftet und erhält eine Strafanzeige wegen Sachbeschädigung.

▶ *Lösung zu Übung 4*
Montag in der Mittagszeit – in der Coesfelder Innenstadt – erster Mann fragte im Café nach Kleingeld zum Telefonieren - zweiter Mann lenkte die Bedienung während des Wechselns ab – 50-Euro-Schein entwendet – Passanten sahen Männer schnell weglaufen, konnten aber nicht mehr eingreifen - Kellnerin unter Schock - beide ca. 40-45 Jahre alt, graue Haare, schlank, einer mit Brille ohne Gestell – Café hat kleine Belohnung ausgesetzt – Warnung an alle Geschäftsleute durch Polizei – Hinweise an jede Polizeidienststelle

▶ *Lösung zu Übung 5*
Nur Hauptinformationen, keine Zusatzinformation verwenden: Zwei Trickbetrüger haben Montag in der Mittagszeit in einem Coesfelder Café in der Innenstadt 50 Euro erbeutet. Passanten sahen sie flüchten. Eine Belohnung zum Ergreifen der Täter ist ausgesetzt.

▶ *Lösung zu Übung 6*
Steht die wichtigste Information am Anfang, Lead-Stil?:
Mit einem Trick erbeuteten am Montag Mittag zwei Männer in einem Coesfelder Café 50 Euro. Der erste fragte im Café nach Kleingeld zum Telefonieren, der zweite lenkte die Bedienung während des Wechselns ab. Passanten sahen die Täter schnell weglaufen und konnten nicht eingreifen. Beide Täter sind 40 bis 45 Jahre alt, schlank und haben graue Haare. Einer davon trägt eine Brille ohne Gestell. Eine Belohnung zum Ergreifen der Täter ist ausgesetzt.

▶ *Lösung zu Übung 7*
Der erste Text ist eine sachliche Darstellung der Tat, der zweite Text ist kommentierend und wertend, enthält also die eigene Meinung der Journalistin.

▶ *Lösung zu Übung 8*
Erst den Sachtext, dann den Kommentar, damit man weiß, was eigentlich kommentiert wird

▶ *Lösung zu Übung 9*
a) Die Gewaltbereitschaft des Täters könnte auf die ganze Gesellschaft übertragen werden. Die Leser könnten glauben, dass Kölner brutal sind.
b) Sie haben nicht nur zur Verhaftung des Täters geführt, sondern auch bewiesen, dass die Kölner die Tat missbilligt haben und gegen Gewalt sind.

▶ *Lösung zu Übung 10*

Der Kommentar dazu könnte so aussehen:
Öffentliche Plätze und Straßen sollen durch Kameras überwacht werden. Die Polizei kontrolliert ständig Verkehr und Passanten. Vorteilhaft ist, dass Täter wie im Fall des Trickbetrugs in der Coesfelder Innenstadt oder auch beim Randalieren wie in der Kölner Innenstadt schnell erkannt und ebenso schnell gefasst werden können. Gewalttaten können so u. U. verhindert werden. Die Sicherheit in der Stadt wird erhöht, schon durch die abschreckende Wirkung. Andererseits müssen wir als normale Bürger, die sich nichts zu Schulden kommen lassen, uns ständig beobachtet und überwacht fühlen. Die Bürgeraktion erhebt daher zurecht den warnenden Finger. Es kommt also darauf an, wie umfangreich diese Kameraüberwachung in der Stadt praktiziert wird. Da ist das Aufstellen von zehn weiteren Kameras in diesem Jahr schon zuviel.

▶ *Lösung zu Übung 11*

Der Schreiber lehnt die Sendung ganz klar ab, macht sich ironisch über die Prominenten lustig: Anführungsstriche und Frage, ob jemand sie kennt. Er setzt außerdem den Begriff „Bildungsfernsehen" ironisch ein und spielt auf die wahren Motive der Sender an: hohe Einnahmen durch Werbung.

▶ *Lösung zu Übung 12*

Ironie: z.B. schmaler Radweg von drei Metern Breite, angreifend: rhetorische Frage am Ende, Neologismen: Fahrradentgegenkommer

▶ *Lösung zu Übung 13*

a) Hier handelt es sich um einen Gegensatz: Wenn man verliert, kann man kein Meister sein. Das weiß jeder und damit wertet der Fan die Leistung des Vereins ab.
b) Ich habe Angst vor der Arbeit und bin froh, wenn sie vorbei ist.
c) So schlecht warst du noch nie!
d) Schade, das Kleid ist viel zu teuer!

▶ *Lösung zu Übung 14*

Beispiel: günstiger Eintrittspreis von 65 Euro = völlig überteuerte Karten; Unmengen verliebter Mädchen = Mädchen, die einfach nur schwärmen und sich einbilden, der Star könnte sich für sie interessieren usw.

▶ *Lösung zu Übung 15*

Der letzte Satz ist ernst gemeint, damit nimmt der Autor die Mädchen auf dem Konzert in Schutz, weil er sagt, dass er sich zwar gerade über sie lustig gemacht hat, er selbst aber früher genauso war. Er sagt also, dass das Schwärmen für einen Star und das Kreischen auf Konzerten eine ganz normale Lebensphase ist.

▶ *Lösung zu Übung 16*

Individuell, wichtig: Ironie (z.B.: „grauhaarige Männer in der letzten Reihe, die bis gestern nicht einmal wussten, dass ‚Tokio Hotel' keine Übernachtungsmöglichkeit am Stadtrand ist")!

7. Die Analyse einer Rede

▶ *Lösung zu Übung 1*

a) individuell
b) Festreden auf Geburtstagen, Hochzeiten usw. Politische Reden, z.B. im Bundestag oder einer Wahlveranstaltung in deinem Ort, um von einer politischen Meinung zu überzeugen.

▶ *Lösung zu Übung 2*

a) Wer ist Konrad Weiß? Wann hat er gelebt? Zu welchem Anlass und wo hält er die Rede? Auf was bezieht er sich? Wofür schämt er sich? Warum hält er die Rede? Wer sind seine Zuhörer?
b) sehr kurze Sätze, ständige Wiederholung des einprägsamen Satzes „Ich schäme mich."

▶ *Lösung zu Übung 3*

Individuell; der Text muss alle Fragen aus Aufgabe 2a beantworten

▶ *Lösung zu Übung 4*

a) individuell
b) – Die Zeit der DDR, in der die Ostdeutschen keine Reisefreiheit hatten.
   – Falls wir die Rechtsradikalen jetzt nicht stoppen, kann es dazu kommen, dass sie alle Andersdenkenden eines Tages vernichten, also auch uns, egal welche politische Haltung wir haben.
c) – für die Anschläge auf Ausländer, die in Deutschland verübt werden. Er schämt sich aber auch für die Menschen, die selbst nicht schlagen, sondern schweigend zusehen und nicht eingreifen.

- Als Entschuldigung wird die nicht aufgearbeitete Vergangenheit aus der NS-Zeit und die Unterdrückung der Ostdeutschen in der DDR genannt, beide Ansätze lehnt K. Weiß aber ab.
- Man muss sich mit Mut einmischen, sobald rechtsradikale Ansätze erkennbar werden, also auch schon bei einem dummen Witz.
- Gewalt wird in unserer Gesellschaft viel zu sehr toleriert.
- Sie werden uns eines Tages vernichten.

► *Lösung zu Übung 5*

Z. 1–8: Darstellung der eigenen Scham, Z. 9–16: Verhalten derzeit nicht zu entschuldigen, Z. 17–41: Ursachen, Z. 42–Schluss: Appell an Zivilcourage

► *Lösung zu Übung 6*

Konrad Weiß beschreibt in seiner Rede zunächst seine eigene Scham aufgrund der rechtsextremen Übergriffe der letzten Wochen. Er sagt, dass das Verhalten der Täter mit nichts zu entschuldigen sei. Dann geht er auf die Ursachen der Taten ein. Hier beklagt er besonders die fehlende Zivilcourage vieler Bürger und die Toleranz, die wir vielen Gewalttaten gegenüber aufbringen und die uns dazu bringt, vielen Taten nicht klar entgegenzutreten. Abschließend appelliert Weiß an die Zuhörer, sich jeder Form von Gewalt entgegenzustellen, um einen Anstieg dieser zu verhindern.

► *Lösung zu Übung 7*

Kurze Sätze, Wiederholung des Satzes „Ich schäme mich." Folglich wird der Text eindringlicher; der Satz „Ich schäme mich." macht neugierig, für was sich der Redner schämt. Zudem wird sehr stark betont, dass Konrad Weiß auch eine Verantwortung bei sich als Bürger sieht, sonst würde er ja sagen: „Die Täter müssen sich schämen."

► *Lösung zu Übung 8*

Sprachliches Mittel	**Wirkung (Aufgabenteil b)**
Klimax: drei Relativsätze („die") am Ende des ersten Absatzes	Steigerung macht die Dramatik des Verhaltens deutlich, zeigt wie sehr sich der Redner schämt
Zwei rhetorische Fragen im dritten Absatz	lässt den Zuhörer nachdenken; zeigt, dass alle Deutschen betroffen sind

Aufzählung ganz unterschiedlicher politischer Haltungen am Ende des letzten Absatzes	zeigt dem Zuhörer, dass wirklich jeder in der Zukunft betroffen sein könnte; dies rüttelt auf und macht außerdem nochmals die Parallelen zum Nationalsozialismus deutlich.

▶ *Lösung zu Übung 9*

Einige Hinweise, die sich am Aufbau einer Redeanalyse orientieren:

zu 1) Redesituation: kurz nach dem Mauerbau, Publikum: Bevölkerung des „eingemauerten" Westteils der Stadt Berlin

zu 2) lobt Berliner für ihre Stärke, sagt Hilfe zu, lobt Freiheit der demokratischen Staaten, sagt zu, dass sich Freiheit durchsetzen wird

zu 3) will der Bevölkerung Mut in der trostlosen Situation machen

zu 4) Wiederholung des Satzes „Ich bin stolz" und besonders Ausruf „Ich bin ein Berliner!" am Ende der Rede zeigen, dass Berlin und seine Bevölkerung etwas besonderes sind, dass der Präsident unterstützen und schützen will.

Zu 5) einfache, klare Sprache (für das „normale" Volk), leicht verständlich, kämpferisch, macht Mut

▶ *Lösung zu Übung 10*

Grundsätzlich hat Lydia einen guten Aufsatz geschrieben. Verbessern könnte sie Folgendes: Die Hauptaussage wird recht lang dargestellt, hier könnte man kürzen; Lydia überlegt nicht, warum es von Bedeutung ist, dass Kästner gerade vor Schriftstellern diese Rede hält.

▶ *Lösung zu Übung 11*

es regne, ihr sehet, du habest, sie laufe, du spielest, sie esse, er dürfe, ich sei

▶ *Lösung zu Übung 12*

sie zögen, wir führen, du bekämst, sie gäben, sie bäten, wir lägen, sie wüchsen

▶ *Lösung zu Übung 13*

Konrad Weiß sagt, er schäme sich. Er schäme sich, Deutscher zu sein. Er schäme sich, in einem Land zu leben, das eine Mauer der Gewalt, der Gefühllosigkeit der Selbstsucht um sich baue. Er schäme sich, in einem Land zu leben, in dem Menschen Beifall klatschen würden, wenn Menschen angegriffen, verletzt, vertrieben würden. Er schäme sich, Mitbürger von Feiglingen zu sein, die Frauen und Kinder schlügen und drangsalieren würden, die Jagd auf jede Menschen machen würden, die bei uns Zuflucht und Hilfe suchen würden oder anders seien.

John F. Kennedy sagt, er sei stolz, heute in die Stadt zu kommen als Gast des hervorragenden Regierenden Bürgermeisters, der in allen Teilen der Welt als Symbol für den Kampf und den Widerstandsgeist gelte. Er sei stolz, auf dieser Reise die Bundesrepublik Deutschland zusammen mit dem hervorragenden Bundeskanzler besucht zu haben, der während so langer Jahre die Politik bestimmt habe nach den Richtlinien der Demokratie, der Freiheit und des Fortschritts. Er sei stolz darauf, heute in der Stadt in der Gesellschaft eines amerikanischen Mitbürgers gekommen zu sein. General Clay, der hier tätig gewesen sei in der Zeit der schwersten Krise, durch die diese Stadt gegangen sei, und der wieder nach Berlin kommen werde, wenn es notwendig werden sollen würde.

▶ *Lösung zu Übung 14* Geburtstagsfeier, Schulabschluss, Rede in der Schülerversammlung usw.

▶ *Lösung zu Übung 15* individuell

▶ *Lösung zu Übung 16* individuell

8. Gedichtanalyse und Gedichtinterpretation

▶ *Lösung zu Übung 1*
fortlaufender Text mit Handlung, kein Reimschema o.ä., klingt wie der Anfang einer Kurzgeschichte

▶ *Lösung zu Übung 2*
Der Text hat zwar den identischen Inhalt, hat nun aber ein Reimschema und einen Rhythmus beim Lesen. Außerdem fällt die Aufteilung in Verse und Strophen auf. Es handelt sich um ein Gedicht.

▶ *Lösung zu Übung 3*
Kreuzreim (abab)

▶ *Lösung zu Übung 4*

Info

In jeder Gedichtanalyse werden die folgenden **Arbeitsschritte** eingehalten:

1. Schritt: gründliches, mehrfaches Lesen des Gedichtes und Klären der unbekannten Wörter

2. Schritt: sich über den Inhalt des Gedichtes klar werden, indem man den Inhalt in ca. zwei Sätzen zusammenfasst (auf Konzeptpapier)

3. Schritt: erste Intention (Absicht) des Dichters notieren (wiederum auf Konzeptpapier)

4. Schritt: Gedichte in Handlungs- und Sinnabschnitte einteilen, zu jedem Abschnitt eine Überschrift finden

5. Schritt: falls die Aufgabenstellung vom Lehrer keine Interpretationsfragen vorgibt, selbst überlegen, welche Leitfragen man an den Text stellen kann / soll

6. Schritt: Antworten auf diese Leitfragen finden

7. Schritt: Gliederung des Aufsatzes entwerfen

8. Schritt: Aufsatz ausformulieren

9. Schritt: Aufsatz überarbeiten (Rechtschreibung, Ausdruck,...)

Info

Aufbau einer Gedichtanalyse

1. Einleitung: Dichter, Titel, literarische Gattung, Thema, zeitliche Einordnung (z.B. in eine Epoche)

2. Hauptteil: Leitfragen aus der Aufgabenstellung oder Leitfragen, die man sich selbst überlegt hat (wenn der Lehrer keine Leitfragen vorgibt)

3. Schluss: Abschließende Bewertung, Zusammenfassung der Intention (Absicht), evtl. Bezug zur Gegenwart

▶ *Lösung zu Übung 5* individuell

▶ *Lösung zu Übung 6*
Was für ein Bild vom Krieg wird gezeichnet? Wie gelingt dies sprachlich? Auf welche historische Zeit bezieht sich der Dichter? Hat das Gedicht heute noch Relevanz?

▶ *Lösung zu Übung 7*
Krieg wird nur als grausam, elend und zerstörerisch beschrieben, dies geschieht durch jeweils ein negativ besetztes Nomen, das in einem Relativsatz genauer erläutert wird; auffällig ist, dass die negativen Nomen mit ihren Anfangsbuchstaben das Wort Krieg ergeben; Anspielung auf den 30-jährigen Krieg, der von 1618-48 in Europa wütete; Gedicht ist auch heute noch relevant, auch wenn uns in Westdeutschland Kriege nicht so präsent sind, gibt es doch in zahlreichen Teilen der Welt aktuell kriegerische Auseinandersetzungen

▶ *Lösung zu Übung 8*
Einleitung: Autor, Titel, Thema
Hauptteil: das Bild des Krieges, die besondere Form des Gedichtes, die historischen Umstände (Krieg zur Zeit des Dichters)/ heutige Relevanz
Schluss: eigenes Fazit

▶ *Lösung zu Übung 9*
Warnung/Abschreckung vor dem Krieg. Zeigen, dass der Krieg keine positiven Seiten hat.

▶ *Lösung zu Übung 10*
a) Jambus, abwechselnd 4- und 3-hebig, Kreuzreim = ababcdcd
b) Vers 1: Adjektive, die auf einen Neuanfang hindeuten
Vers 4: Busen = Busen der Natur, Symbol
Vers 9: rhetorische Frage an das Auge
Vers 15: Personifikation des Nebels = trinken

▶ *Lösung zu Übung 11*
Mögliche Leitfragen: In welcher Situation befindet sich das lyrische Ich? Wie wird die Natur beschrieben? Welche Wirkung hat die Natur auf das lyrische Ich?

▶ *Lösung zu Übung 12*
Antworten auf die Leitfragen (aus Übung 11): Lyrisches Ich ist traurig, seine Augen sinken immer wieder nieder, d.h. es wird immer

wieder von Trauer und traurigen Träumen überkommen; die Natur wirkt beruhigend und gibt ihm neue Kraft, sie strahlt Geborgenheit und Ruhe aus, dadurch erhält das lyrische Ich neuen Mut.

Aufbau der Analyse:

Einleitung: Autor, Titel, Thema

Hauptteil: Inhaltszusammenfassung, dann eingehen auf Ausgangssituation des Ichs, die Beschreibung und Wirkung der Natur

Schluss: z.B. Fazit über die eigene positive Erfahrung mit dem Rückzug in die Natur

► *Lösung zu Übung 13*

Sinnabschnitte des Aufsatzes: Einleitungssatz mit kurzer Inhaltszusammenfassung, Aufbau und Thema des Gedichtes, Analyse der einzelnen Strophen, Anmerkungen zum Titel, Fazit der Aussageabsicht

► *Lösung zu Übung 14*

Joseph von Eichendorff: Das zerbrochene Ringlein

In dem Gedicht „Das zerbrochene Ringlein" von Joseph von Eichendorff wird der Liebeskummer eines Mannes beschrieben, der von seiner „Liebsten", mit der er bereits verlobt oder verheiratet war, verlassen worden ist. Das lyrische Ich möchte der traurigen Situation auf unterschiedliche Weise entfliehen, sieht als letzten Ausweg aber nur den Selbstmord.

Das Gedicht besteht aus fünf Strophen mit jeweils vier Versen. Das Reimschema ist ein Kreuzreim, das Metrum ein zumeist dreihebiger Jambus, der manchmal etwas unregelmäßig ist.

In der ersten Strophe wird die Ausgangssituation beschreiben. Ein Mann wurde von seiner „Liebsten" verlassen. Diese hat an einer Mühle mit einem „Mühlenrad" (Vers 2) gewohnt, das Rad an der Mühle symbolisiert den Lauf des Lebens, es dreht sich immer weiter, egal, was in der Welt herum passiert.

In der zweiten Strophe berichtet das lyrische Ich, dass es mit der Frau bereits verlobt oder verheiratet war. Die beiden haben sich die Treue geschworen und Ringe getauscht (Vers 5 bis 6). Der Ring ist ein Symbol der unendlichen Liebe, genau wie der Ring kein Ende hat, soll auch die Liebe und das Zusammenleben des Paares nie enden. Die

Frau hat das lyrische ich aber betrogen (Vers 7), somit ist symbolisch auch der Ring zerbrochen, d.h. der unendliche Kreis hat nun doch einen Endpunkt. Der gebrochene Rind (Vers 8) kann somit als Symbol für die Untreue der Frau verstanden werden.

In der dritten Strophe träumt das lyrische Ich davon, sorglos durch die Welt zu reisen. Es scheint dem Liebeskummer entfliehen zu wollen, indem es „als Spielmann" (Vers 9) „in die Welt" (Vers 10) reist. Der Spielmann scheint keine Sorgen zu haben; er ist immer gut gelaunt, singt lustige Lieder (Vers 11) und lernt viele Menschen kennen (Vers 12).

Auch in der vierten Strophe überlegt sich das lyrische Ich einen Fluchtversuch von den traurigen Gedanken an die geliebte Frau. Nun stellt es sich vor, „als Reiter" (Vers 13) in den Krieg zu ziehen. Es möchte in abenteuerlichen Schlachten kämpfen und abends die Ruhe des Lagerfeuers genießen.

Diese Träume werden aber immer unterbrochen, wenn das lyrische Ich durch das Mühlrad an die „Liebste" erinnert wird. Dieses Geräusch bringt für das lyrische Ich wieder Unsicherheit und Verzweifelung. Es ist für das Ich nicht leicht, mit der alten Liebe abzuschließen. Versteht man das Mühlrad als „Rad des Lebens", könnte man die Gefühle des Mannes so deuten, dass man nicht mit schnellen Fluchtversuchen (Strophe 3 und 4) über eine Enttäuschung hinwegkommen kann, sondern es Zeit braucht, bis man mit der Situation abschließen kann. In Vers 18 und 19 findet sich eine Anapher („Ich"), die deutlich macht, wie sehr das lyrische Ich derzeit mit seinen eigenen Gefühlen und Sorgen beschäftigt ist. Diese Sorgen und die Unfähigkeit mit der Situation abzuschließen, treiben das lyrische Ich schließlich in Selbstmordgedanken („Ich möcht am liebsten sterben", Vers 19). Mit diesem Gedanken ist die Sehnsucht nach Ruhe verbunden, besonders die Sehnsucht das Mühlrad nicht mehr zu hören, um nicht immer an die Liebste erinnert zu werden.

Das Gedicht zeigt insgesamt wie verzweifelt ein Mensch sein kann, wenn er vom Liebeskummer gequält wird, besonders dann, wenn man sich der Liebe zu dem anderen Menschen so sicher war und an eine gemeinsame Zukunft geglaubt hat (Strophe 2). Auch wenn er über einen Neubeginn, ein völlig anderes Leben nachdenkt (Strophe 3 und 4), dauert es lange Zeit, die eigene Mutlosigkeit und Hoffnungslosigkeit zu überwinden (Strophe 5).

9. Gedichte vergleichen und interpretieren

▶ *Lösung zu Übung 1*

a) Beide Gedichte sind der modernen Lyrik zuzuordnen. Beide haben kein festes Reimschema oder Metrum. Thema der beiden Gedichte ist die Liebe.

b) Karin Kiwus betont die Vergänglichkeit und Zerstörbarkeit der Liebe, während Rose Ausländer den Genuss der Liebe im Augenblick betont.

▶ *Lösung zu Übung 2*

Einige wesentliche Stichworte: Kiwus bezeichnet die Liebe als ein Geschenk, das man vorsichtig übergeben muss; das Gegenüber behandelt es aber unachtsam und dann ist es sehr schnell zerstört („Scherben"). Liebe erfordert also Geduld und einen sorgfältigen Umgang mit diesem Geschenk; das lyrische Ich ist geprägt von der Angst, die Liebe zu verlieren; Ausländer bezeichnet Liebe als „Zauberzelt", also einem wunderschönen Ort, an dem man mit der Natur eins ist. Obwohl dieser Ort nicht von der Realität geprägt ist („Zauber") genießt sie die Liebe, weil sie so wunderschön ist (vgl. auch Titel)

▶ *Lösung zu Übung 3*

a) Einige wesentliche Stichworte: Logaus Gedicht besteht an jedem Versanfang aus einem Nomen, das dann von einem Relativsatz genauer erläutert wird, die Anfangsbuchstaben der negativ besetzten Nomen ergibt das Wort „Krieg", das Metrum ist gleichmäßig und eingängig (4-hebiger Trochäus), zudem reimen sich alle Verse; das Gedicht von Stramm ist eine Ansammlung von Personifizierungen, die kein Metrum und Reimschema haben, das expressionistische Gedicht spiegelt durch den sprachlichen Aufbau die Grausamkeit und das Chaos des Krieges (hier: 1. Weltkrieg) wieder

b) Das erste Gedicht wirkt melancholischer, trauriger und resignierter. Das zweite Gedicht klingt aufgewühlter, chaotischer und zeigt sprachlich die dynamische Brutalität des Krieges. Man fühlt sich wie auf einem Schlachtfeld.

▶ *Lösung zu Übung 4*

a) Zeit des Zweiten Weltkrieges und Zeit nach der Wiedervereinigung

b) Deutschland ist völlig zerstört; es raucht nur noch und ist verbrannt. Trotz der Flucht aus Deutschland und trotz der Demütigungen durch die Nationalsozialisten bezeichnet Brecht Augsburg aber immer noch als seine Heimat, in die er als Sohn der Stadt zurückkehren möchte.

c) Im Vers 1 vermischt er Grußformeln aus der deutschen Geschichte, die an die Zeit des Nationalsozialismus („Sieg Heil!") und die DDR („Rot Front") erinnern, aber auch an den westdeutsch, christlich geprägten Alltag („Grüß Gott!"); „D-Mark-Leben" ist ein Neologismus, der das neue Lebensgefühl vieler DDR-Bürger nach der (überhasteten oder verspäteten?) Einführung der D-Mark beschreibt. Das letzte Wort „Zu-Zu-Zuversicht" erinnert an Kinderabzählverse und schildert ein heiteres, ironisches Lebensgefühl.

d) In Stichworten: Bild von Deutschland: Das lyrische Ich sieht Deutschland mit einer ironischen Distanz, macht sich ein wenig über die Geschichte lustig („Ich liebe Herren, die Hunde beißen") und belächelt die deutsche Engstirnigkeit („oh Jammerlust"). Gleichzeitig sieht er optimistisch in die Zukunft. Der neue Staat, der durch die Wiedervereinigung entstanden ist, erfüllt ihn mit „Zuversicht".

e) Brechts Gedicht ist von Trauer um das völlig zerstörte Deutschland im Zweiten Weltkrieg geprägt. Sein Gedicht ist melancholisch, die Hoffnung, dass er als Sohn zurückkehren wird, klingt sehr vorsichtig und unsicher. Das Deutschlandbild im Gedicht von Rathenow ist heiter, ironisch und von Zuversicht geprägt. Es geht mit den Erfahrungen der Geschichte spielerisch und lässt diese fast lustig erscheinen („Hammer zerschlug Sichel."). Im Jahr 1994 war aber natürlich die Situation in Deutschland nicht mehr vom Kriegselend bestimmt, sondern von der Aufbruchstimmung in Ost und West.

10. Kurzgeschichten untersuchen und interpretieren

► *Lösung zu Übung 1*

b) 1946, kurz nach dem Ende des Zweiten Weltkrieges herrscht Hungersnot. Gleichzeitig wird in der Geschichte die Solidarität geschildert, mit der die Frau versucht, ihren Mann zu unterstützen.

c und d)
1. Abschnitt: Aufwachen und der Weg in die Küche
2. Abschnitt: das Gespräch in der Küche und seine Rechtfertigungsversuche
3. Abschnitt: zurück im Schlafzimmer und weitere Rechtferigungsversuche
4. Abschnitt: der nächste Abend und sie gibt ihm mehr ab

e) etwas unheimliche und traurige Stimmung, besonders weil alles einsam, dunkel und still wirkt
f) Zunächst räumt sie die „Beweise" weg und gibt ihm eine Ausrede vor. Er plappert ihr immer nach und kann somit sein Gesicht wahren. Sie hilft ihm dann, weitere Erklärungen für das Aufstehen zu finden (Wind, Dachrinne) und bekräftigt ihn in seinen Ausreden. Sie möchte nicht, dass er vor ihr als Lügnerin dasteht, obwohl er wahrscheinlich ahnt, dass sie den Brotteller erkannt hat, da sie ja sogar die Krümmel weggeputzt hat.
g) Entweder ist ihr Hunger so groß, dass sie es nicht erträgt, die gesamte Zeit mit am Tisch zu sitzen, sondern ihm beim Essen etwas mehr Zeit als ihr lassen will, oder sie hat vielleicht Tränen in den Augen und möchte nicht, dass er sie im Schein der Lampe sieht.

► *Lösung zu Übung 2*

Wie ist das Verhältnis zwischen den Eheleuten? Warum stellt die Frau ihren Mann nicht zur Rede? Wie verläuft die Kommunikation der beiden? Was wird über die historischen Umstände der Zeit deutlich?

► *Lösung zu Übung 3*

Einige Hinweise zu den Schritten:

zu 2) Ein altes Ehepaar muss in der Nachkriegszeit hungern und das Brot genau rationieren. Als der Mann nachts heimlich isst, tut die Frau so als bemerke sie es nicht. Am nächsten Tag gibt sie ihm sogar von ihrer Ration ab.
zu 5) s. Aufgabe 2
zu 6) Das Ehepaar kennt sich in- und auswendig, sie wird sogar wach, wenn er nicht neben ihr liegt. Trotzdem können sie nicht miteinander reden, sondern schämen sich für ihre Situation. Sie weiß, dass er Hunger leidet, kann ihn aber nicht zur Rede stellen, weil er dann zugeben müsste, dass er sie heimlich bestiehlt. Es kommt also zu keiner Kommunikation, beide spielen sich gegenseitig etwas vor. Es wird deutlich, dass die Zeit von Hunger und Leid geprägt ist. (in deinem Aufsatz müsstest du jeweils Textbelege liefern)
zu 7) Kurze, abgehakte Sätze, die die Sprachlosigkeit des Ehepaares spiegeln.

► *Lösung zu Übung 4*

Der Text beginnt ohne eine Vorstellung der Personen, Essen in der Küche ist sehr alltäglich, die Handlung wird vom Autor nicht bewertet, am Ende weiß der Leser nicht, was aus den beiden wird: Gibt der Mann von seinem Brot etwas ab? Teilen sie nun immer so ungerecht?

► *Lösung zu Übung 5*
Julia Franck: Ich-Erzähler
Sibylle Berg: auktorialer Erzähler (aus der Sicht des Mädchens, dessen Gefühle der Leser kennt)
Michael Kumpfmüller: personaler Erzähler (aus der Sicht Heinrichs, von dem der Leser weiß, worüber er lieber gesprochen hätte)

► *Lösung zu Übung 6*
Personaler Erzähler aus der Sicht der Frau (vgl. z.B. „Ach so" in Zeile 1)

► *Lösung zu Übung 7*
Beispiel: „Sie fühlte wie die Kälte der Fliesen langsam an ihr hochkroch." (Z. 14 f.) Das kann ein außenstehender Erzähler nicht sehen, das fühlt nur die Frau selbst.

► *Lösung zu Übung 8*
Im ersten Text von Julia Franck findet sich keine Binnenperspektive, in den beiden anderen Texten haben wir Innenansichten des Mädchens (z.B.: „... ich möchte sie nie mehr aufgehen sehen") und Heinrichs („Er hätte lieber über ihr Leben als Bettenverkäuferin gesprochen.").

► *Lösung zu Übung 9*
Sehr kurze Sätze, oft Ellipsen („Nachts. Um halb drei. In der Küche."). Diese Sätze wirken abgehakt und verleihen dem Text einen sprachlosen, traurigen, verarmten Charakter, der genau die Lebenssituation der Eheleute widerspiegelt.

► *Lösung zu Übung 10*
Die beiden unterhalten sich nicht, sondern geben sich immer nur gegenseitig recht. Sie bekräftigen nur ihre Ausflüchte, obwohl beide wissen, dass der Mann aus Hunger aufgestanden ist und heimlich das knappe Brot gegessen hat. Beide wollen sich gegenseitig nicht eingestehen, wie verarmt sie sind und wie viel sie erleiden müssen.

► *Lösung zu Übung 11*
Kurze, abgehakte Sätze, die sprachlich arm sind und somit die Armut des Ehepaares spiegeln

► *Lösung zu Übung 12* individuell

► *Lösung zu Übung 13* individuell

▶ *Lösung zu Übung 14*

1. Einleitung
Die Kurzgeschichte „Der Hampelmann“ von Lutz Rathenow aus dem Jahre 2000 erzählt die Geschichte eines kleinen Jungen, der seiner Schwester immer wieder Angst mit einem Hampelmann macht, bis die Mutter diesen verbrennt.

2. Haupteil: *Inhaltliche Gliederung*
Ein Junge hat über seinem Bett einen Hampelmann. Als der Junge sechs Jahre alt ist, bekommt er eine Schwester, die mit ihm das Zimmer teilt. Der Junge ist eifersüchtig auf die Schwester, weil er seine Eltern plötzlich teilen muss. Er beginnt, der Schwester Geschichten zu erzählen, und verstellt dabei seine Stimme, sodass die Schwester glaubt, der Hampelmann spreche zu ihr. Da die Schwester Angst vor dem Mann hat, gelingt es dem Bruder Süßigkeiten und Ähnliches zu erpressen. Die Eltern erkennen den Ernst dieses Spiels, das der Junge mit seiner Schwester betreibt zunächst nicht. Schließlich verbrennt die Mutter den Hampelmann aber und der Junge verzeiht ihr dies sehr schnell.

2. Hauptteil: *Beschreiben und Deuten des Verhaltens der Personen*
Der Junge ist zunächst neidisch auf seine kleine Schwester, die so viel Aufmerksamkeit auf sich lenkt. Er beginnt, ihr Geschichten zu erzählen und ihr Angst zu machen. Dann gelingt es ihm, mit Hilfe der Stimme des Hampelmanns die Schwester immer mehr unter Druck zu setzen: Sie gibt ihm Süßigkeiten, Geld und spricht Sätze nach. Der Junge erkennt seine Macht immer mehr, dies zeigt sich darin, dass er die Rolle des Hampelmanns auch auf dem Schulweg übt, um Macht über die Schwester zu haben. Dies macht er sehr geschickt, er setzt den Hampelmann immer ein, um an Kleinigkeiten zu kommen, die Taten sind nie so arg, dass die Eltern einschreiten könnten oder müssen.

Die Reaktion der Eltern ist daher zunächst zu nachgiebig. Sie erkennen nicht, wie sehr der Junge seine Schwester quält, sie sagen nur, dass er den „Unsinn“ lassen solle. Erst später erkennt die Mutter, dass der Hampelmann der Auslöser von Angst ist und verbrennt ihn.

Die Geschichte beschreibt die Gefühle des Jungen gegenüber seiner Schwester. Er ist zunächst neidisch, will mit Hilfe des Hampelmanns seine überlegene Position deutlich machen. Der Verlust dieses Hampelmannes führt zunächst zu Hass gegenüber der Mutter, dieser verfliegt aber ganz schnell, als er ein anderes Spiel beginnt, das auch wieder darauf angelegt ist, Macht über andere zu erlangen: Räuber und Gendarme.

Auffällig ist zudem, dass auch der Junge zeitweise von dem Hampelmann abhängig wird. Auch er kann nicht mehr unterscheiden, ob der Hampelmann nur Fantasie ist oder tatsächlich sprechen kann, obwohl die Stimme ja die des Jungen ist.

2. Hauptteil: *Sprachliche Gestaltung*
Sprachlich fallen in der Kurzgeschichte die vielen sehr knappen, fast abgehakten Absätze auf, die das hilflose Ausgeliefertsein der Schwester im dunklen Zimmer spiegeln. So zeigen z.B. die Sätze „Der Hampelmann wollte Süßigkeiten. Er bekam sie." (Z. 22), dass die Schwester sich nicht gegen den Einfluss des Bruders zur Wehr setzt, sondern ihm bzw. dem Hampelmann ohne Widerworte folgen muss.

Als die Mutter dann den Hampelmann verbrennt, wird auch hier die Hierarchie zwischen ihr und dem Jungen deutlich: „Ein Griff nur, der Weg in die Küche, keine zwanzig Sekunden ..." (Z. 48) Die Mutter kann die Macht des Jungen über die Schwester innerhalb weniger Sekunden zerstören, sie ist ihm deutlich überlegen.

3. Schluss
Die Kurzgeschichte zeigt insgesamt, wie Fantasie von Kindern Eigendynamik entwickeln kann, aber auch wie viele Menschen den Wunsch haben, Macht über andere auszuüben. Zudem kann man erkennen, dass die Schwachen (hier: die Schwester) Unterstützung durch die Starken (hier: die Eltern) in der Gesellschaft brauchen, um in Sicherheit zu sein.

11. Die Personencharakteristik

▶ *Lösung zu Übung 1*
Spitzname: Mädchen, zart, empfindlich, Waise seit er sechs Jahre alt ist, spricht sehr wenig (seit dem Autounfall seiner Eltern), lebt bei seiner Großmutter, diese erdrückt ihn mit seiner Liebe, seine Eltern waren nicht reich, sein Internatsaufenthalt wird vom Jugendamt finanziert, hat sich gut eingelebt, hat also Anschluss gefunden und scheint sich wohl zu fühlen

▶ *Lösung zu Übung 2*

Fast alle Informationen aus der Musterlösung von Übung 1 waren aus dem Text entnommen, sind also eine direkte Charakterisierung, indirekt sind nur die folgenden Schlussfolgerungen: Großmutter erdrückt Florian mit seiner Liebe, er hat im Internat Anschluss gefunden und scheint sich wohl zu fühlen

▶ *Lösung zu Übung 3*

Aspekt	**Merkmale**
1. äußere Erscheinung	Kleidung, Aussehen, Geschlecht, Alter, Körperbau
2. soziale Situation	Beruf, gesellschaftliche Stellung
3. äußeres Verhalten	Verhalten- und Handlungsweisen, Eigenarten, Interessen, Sprache und Sprechweise,
4. psychisches Verhalten	Probleme, Gefühle, Denkweise, Gewohnheiten
5. gesellschaftliche Bedingtheit und ihre Wirkung	Einstellung, Sprache oder Sprechweise, Interessen, gesellschaftliche Gründe für Verhalten, Denkweise, Gewohnheiten
6. emotionale und soziale Beziehungen	Soziale Beziehungen, Art des Umgangs mit anderen Personen

▶ *Lösung zu Übung 4*

Aspekt	**Merkmale**
1. äußere Erscheinung	Was erfährt der Leser über die körperlichen Merkmale einer Figur (Geschlecht, Alter, Körperbau, Glieder, Hände, Gesicht, Augen)? Wodurch ist das äußere Erscheinungsbild bestimmt (Kleidung, Frisur, Schmuck, Accessoires)? Welche typischen Ausdrucksmerkmale fallen auf (Gang, Gestik, Mimik, Stimme)?
2. soziale Situation	Welchen Beruf hat diese Figur? Wie ist der Beruf in der Gesellschaft angesehen? Wie wird die Figur von anderen angesehen? Hat diese Figur Einfluss? Wird ihr Wort gehört?

3. äußeres Verhalten	Welches Verhalten gegenüber anderen kennzeichnet die Figur? Welche Interessen verfolgt die Figur gegenüber anderen Menschen, im Beruf usw. Wodurch ist die Sprache gekennzeichnet (Wortwahl, Satzbau, Sprachebene, Dialekt, Eigentümlichkeiten)? Welche Eigenarten der Figur werden beschrieben?
4. psychisches Verhalten	Hat die Person innere Konflikte auszuhalten? Hat sie Probleme in menschlichen Beziehungen, die aber nicht ausgesprochen werden? Welche Gefühle entwickelt die Figur? Wie denkt die Person über sich, über andere über ein behandeltes Problem? Welche Gewohnheiten der Figur werden geschildert?
5. gesellschaftliche Bedingtheit und ihre Wirkung	Welche besonders typischen Eigenschaften werden von einem außenstehenden Beobachtern oder von der Gestalt selbst genannt (direkte Charakterisierung durch eine andere Person bzw. Selbstcharakterisierung)? Wie lässt sich die Herkunft der charakteristischen Merkmale deuten (Vererbung, Erziehung, soziale Einflüsse, Schicksalsschläge)?
6. emotionale und soziale Beziehungen	Wie wirkt die Figur auf ihre Umwelt? Welches Verhalten zeigt sich anderen Personen gegenüber (Verwandte, Freunde, Untergebene)?

Neben diesen Fragen kann man auch noch einige Fragen stellen, die über die eigentlich Personencharakteristik hinausgehen, so z.B.: Welche Wirkung will der Autor mit der Person erzielen (Intention des Autors)? Stellt die Person einen typischen Vertreter einer bestimmten Schicht, Zeit oder weltanschaulichen Richtung dar?

▶ *Lösung zu Übung 5*

.

Aspekt	**Merkmale**
1. äußere Erscheinung	Zart, Körper wirkt empfindlich
2. soziale Situation	Waise seit er sechs Jahre alt ist, Jugendamt finanziert Internatsaufenthalt
3. äußeres Verhalten	Zurückhaltend, spricht wenig
4. psychisches Verhalten	Still, scheint aber zufrieden zu sein
5. gesellschaftliche Bedingtheit und ihre Wirkung	Ist in den Schulferien bei seiner Großmutter, die in mit Liebe zu erdrücken scheint, spricht seit dem Unfall wenig (Tod der Eltern evtl. Ursache), Spitzname: Mädchen
6. emotionale und soziale Beziehungen	Hat sich in der Schülergruppe eingelebt, ist aber sehr zurückhaltend

▶ *Lösung zu Übung 6*

Die Figur „Florian" in dem Roman „Crazy" von Benjamin Lebert ist einer der Schulfreunde der Hauptfigur Benjamin.
Florian ist äußerlich sehr zart und wirkt empfindlich, weshalb ihn die Mitschüler Mädchen nennen. Florian ist Waise, da seine Eltern bei einem Verkehrunfall starben, als er sechs Jahre alt war. Die Eltern waren nicht sehr wohlhabend, daher finanziert das Jugendamt Florians Internatsaufenthalt.
An Florians Verhalten fällt auf, dass er sehr still und zurückhaltend ist. Die Ursache für die Schüchternheit kann vielleicht im Unfalltod der Eltern gesehen werden. Trotzdem ist Florian gut in die Gruppe integriert, er scheint sich in dem Internat wohl zu fühlen.
In den Schulferien ist Florian bei seiner Großmutter, die ihn sehr liebt und ihn fast mit seiner Liebe erdrückt.

▶ *Lösung zu Übung 7*

Individuell, es sollten aber folgende Merkmale deutlich werden: bescheiden, tut alles für ihren Mann, nimmt sich selbst zurück, will ihren Mann in Schutz nehmen, sehr ordentlich, sehr feste Gewohnheiten (macht den Tisch sauber, spürt, wenn ihr Mann nicht neben ihr liegt usw.).

▶ *Lösung zu Übung 8*

Individuell, es sollten aber folgende Merkmale deutlich werden: Vater ist zwar gegen das System der DDR und will sich nicht unterordnen (im Gegensatz zu seiner Frau), so liest er nicht die regierungsnahe Zeitung ND und kündigt immer wieder an, dass er sich mit Eingaben über vieles beschweren möchte. Außerdem ist er sehr misstrauisch gegenüber seinen Mitbürgern, da er immer vermutet, dass diese für die Stasi tätig sein können.

▶ *Lösung zu Übung 9*

Individuell, es sollten aber folgende Merkmale deutlich werden: gilt als großer Parfumeur, in Wahrheit hat er aber noch nie einen Duft erfunden, seine größten Erfolge waren ein geerbtes Rezept von seinem Vater und ein gekauftes Rezept von einem Händler. Dennoch schließt er sich immer ein und gibt vor, künstlerisch tätig zu sein; dies kann er aber gar nicht. Er ist also ein guter Handwerker und kein Künstler. In der vorliegenden Szene versucht er, gerade einen Duft seines Konkurrenten zu kopieren, was auch wieder für seinen Dilettantismus spricht, von dem nur er weiß.

12. Novellen untersuchen und interpretieren

▶ *Lösung zu Übung 1*

Auf den ersten Blick ist der Unterschied dieser Textformen die Länge: Der Roman ist die Langform einer Erzählung wie Novelle und Kurzgeschichte. Figuren und ihre Schicksale, die Handlung, die Darstellung der Welt, in der das Geschehen spielt, usw. werden im Roman wesentlich differenzierter dargestellt. Die Novelle schildert ein nicht so alltägliches, aber besonderes Einzelereignis (z.B. Pest im 14. Jh. oder der Ritter, der seinen besten Falken für das Mahl opfert), bei denen ein einzelner Konflikt oder die besondere Handlungsweise der Hauptfigur die entscheidende Rolle spielt: sprachlich in einem Berichtsstil, ohne Charakterausmalung und Schilderung, bei sich der Erzähler selbst (s. Infokasten S. 101) in das Geschehen kaum einmischt. Eine Kurzgeschichte, zielstrebig und straff auf das Ende der Geschichte hin geschrieben, nimmt einen Moment oder gewöhnlichen Konflikt aus dem Alltagsleben zum Gegenstand. Meist bildet eine unerwartete Wendung der Ereignisse oder Pointe den Höhepunkt am Schluss.

▶ *Lösung zu Übung 3*

- Friedrich Mergel muss für das büßen, was er vielleicht einst dem Juden Aaron angetan hat.

- Friedrich Mergel wächst bei seinem Onkel Simon unter sehr suspekten Bedingungen auf, dies kann eine Ursache für seine kriminelle Karriere sein.
- In der Novelle geht es um die Mordfälle an dem Förster Brandis und dem Juden Aaron.

► *Lösung zu Übung 4*

a) Wer sind die Mörder des Försters? Warum bleibt Friedrich nach dem Geständnis des Mörders von Aaron verschwunden? Warum kommt Friedrich mit einer falschen Identität zurück in den Ort? Warum erhängt er sich am Ende der Novelle?
b) Die offenen Fragen regen zum Nachdenken über die Handlung an, geben Diskussionsstoff und lassen Raum für eigene Spekulationen.

► *Lösung zu Übung 5*

Z. 1–3, 18, 21–28, 32 f., 36–38, 41–44, 49–52

► *Lösung zu Übung 6*

a) klein, unruhig, mager, hässliche Augen, die vor dem Kopf liegen, unheimlich wirkend
b) wäre gerne sehr klug, gibt sich überheblich und selbstbewusst, nimmt seine Schwester nicht ernst
c) sehr überheblich, abfällig, begrüßt sie nicht, zeigt kein Interesse an ihr, nutzt ihre Situation aus und nimmt ihr auch noch den (helfenden) Sohn
d) Fischaugen, sehr spitz zulaufender, hässlicher Kopf; sehr unbeliebt, ein hinterhältiger Dieb
e) schüchtert seine Schwester zunächst ein, dann lobt er den Jungen und hört dann gar nicht zu, was die Schwester sagt, sondern überredet die beiden zur „Adoption"
f) Teufel = Symbol für das Böse, deutet Unglück an, in das Friedrich mit seinem Onkel läuft, da er nun auf die Seite des Bösen gewechselt hat

► *Lösung zu Übung 7* individuell

► *Lösung zu Übung 8*

Da gehen sie hin! Was wohl jetzt aus mir wird, Friedrich hat mir doch immer so fleißig geholfen. Aber ich darf jetzt nicht an mich denken, es ist das beste für meinen Jungen. Hoffentlich erzieht Simon ihn richtig und nicht zu hart. Hoffentlich lernt er, etwas aus seinem Leben zu machen. Aber ich habe auch ein ungutes Gefühl, Simon ist so abfällig und schroff zu mir gewesen, er hat keinen guten Kern. Er hat mich gar nicht ernstgenommen, hoffentlich geht er mit Friedrich besser um.

▶ *Lösung zu Übung 9*

a) Friedrich schaut Simon an, er scheint ihn zu bewundern und zu ihm hoch zu schauen. Aufgrund der – nicht nur äußerlichen – Ähnlichkeit ist zu vermuten, dass Friedrich in Simons Fußstapfen treten wird, also auch eine zwielichtige Karriere einschlagen könnte. Simon ist „das Bild seiner Zukunft".

b) Wenn Friedrich Simon als seinen „Führer" akzeptiert, wird er natürlich nachahmen, was dieser ihm vorgibt. Er wird Simons Erziehung nicht kritisch in Frage stellen, sondern im blind nacheifern, um ihm zu gefallen und um so zu werden wie er.

▶ *Lösung zu Übung 10*

a) Die Uhr symbolisiert Friedrichs Überheblichkeit und seine Fixierung auf Äußerlichkeiten.

b) Es handelt sich um einen Vergleich, dies wird deutlich durch das Wort „wie".

c) Das Zerschneiden des Löffels ist eine Vorausdeutung auf den Selbstmord. Der Löffel ist ein Instrument zur Nahrungsaufnahme, wenn diese nicht mehr möglich ist, stirbt der Mensch.

▶ *Lösung zu Übung 11*

In der Nähe der Buche geschehen die furchtbaren Ereignisse, aber in der Dämmerung oder in der Nacht, mal stürmisch, mal vom Mond erhellt.

▶ *Lösung zu Übung 12*

a) Symbol für Gerechtigkeit

b) Auch wenn vieles in unserer Gesellschaft verloren geht, die Gerechtigkeit bleibt bestehen.

▶ *Lösung zu Übung 14*

Absatz 1 und 2: Einleitung,
1. Höhepunkt: Treffen des alten Schulfreundes,
1. Wendepunkt: Einfangen des Pferdes,
2. Wendepunkt: Unwetter und Verschwinden von Klaus,
2. Höhepunkt: Klaus kehrt wieder zurück, letzter Satz: offenes Ende.

▶ *Lösung zu Übung 15*

Existenzkrise und ihre Bewältigung

▶ *Lösung zu Übung 16*

Offene Einleitung: Der Leser muss sich selbst aus dem Zusammenhang erschließen, wer die beiden Protagonisten eigentlich sind und was sie tun. Man ist als Leser unvermittelt in der Szene an der Promenade

▶ *Lösung zu Übung 17*

Der Leser wird zum aktiven Mitdenken aufgefordert. Er kann sich direkt in Helmut hineinversetzen, vor dem inneren Auge des Lesers entstehen sofort Bilder von der Uferpromenade usw.

▶ *Lösung zu Übung 18*

Personaler Erzähler aus der Sicht von Helmut, der Leser erfährt, das Helmut sich eigentlich nicht wohl fühlt, z.B. die Stühle als zu klein empfindet; diese Perspektive bewirkt, dass der Leser Helmut besser verstehen und auch das Treffen mit Klaus besser einschätzen kann.

▶ *Lösung zu Übung 19*

Es findet keine Kommunikation statt. Helmut ist mit der Wahl des Cafés, die seine Frau getroffen hat, nicht einverstanden, sagt aber nichts. Schon seit drei Tagen wehrt er sich nicht dagegen, immer tun zu müssen, was er eigentlich nicht will. Ihr Aussehen fällt ihm negativ auf. Als Reaktion legt er ihr aber nur die Hand auf den Unterarm, was von Sabine wahrscheinlich als nette Geste und Kompliment verstanden wird. Auch hier tut er eigentlich genau das Gegenteil von dem, was er möchte. Er interessiert sich nämlich eigentlich für die Frauen auf der Straße, nicht für seine eigene Frau. Da die beiden sich aber überhaupt nicht über ihre Wünsche austauschen, bleibt Helmuts Unzufriedenheit völlig unbemerkt.

▶ *Lösung zu Übung 20*

.

Aspekt	**Merkmale**
1. äußere Erscheinung	dick
2. soziale Situation	verheiratet, keine Kinder, Hund
3. äußeres Verhalten	passt sich an, sagt nichts, legt der Frau sogar die Hand auf den Arm
4. psychisches Verhalten	leidet still in sich hinein, äußert seine Unzufriedenheit nicht, Komplexe aufgrund seines Bauches und seiner roten Haut (will nicht in der ersten Reihe sitzen)

5. gesellschaftliche Bedingtheit und ihre Wirkung	tut genau das, was seine Frau erwartet und was er schon seit Jahren im Urlaub immer tut (Gewohnheit, Alltagstrott)
6. emotionale und soziale Beziehungen	hängt an seiner Frau, scheint abhängig von dem Alltagstrott zu sein, kann sich daraus trotz Unzufriedenheit nicht lösen

Zusammenstellung aus der Einleitung ist individuell

▶ *Lösung zu Übung 21*

Textstelle	**Stilmittel**	**Wirkung(-sabsicht)**
Z. 1: „Strom der Promenierenden"	Metapher	Passanten werden wie ein Fluss wahrgenommen, der Einzelne verliert sich in der Masse, ist für Helmut nicht von Interesse
Z. 6 f.: „Otto saß auch schon. Zu Sabines Füßen."	Ellipse	Hund hat sich auf die Seite der Frau gestellt, kurze Sätze erzeugen Pausen, diese zeigen die Entgültigkeit der Entscheidung, in dieses Café zu gehen
Z. 25: „Warum mussten sie überhaupt ...?"	Rhetorische Frage	wird von Helmut nicht laut gestellt, da er eigentlich keine Antwort erwartet, sondern nur innerlich seine Unzufriedenheit spürt
Z. 25 f.: „dieses hin- und herdrängende Dickicht aus Armen und Beinen und Brüsten"	–	Passanten werden wie Gestrüpp wahrgenommen, der Einzelne verliert sich in der Masse, ist für Helmut nicht von Interesse, das Helmut besonders die Brüste der Frauen wahrnimmt, kann als Unzufriedenheit mit Sabines Körper gedeutet werden

Z. 36: „Wehe dir, Sabine, …"	Ausruf, Drohung	innere Wut auf die Frau wird deutlich, dass diese nicht ausgesprochen wird, zeigt die gestörte Kommunikation der beiden
Z. 31 f.: „hinter den geraden Gittern der Ferienwohnung"	–	Die Ferienwohnung ist zwar eigentlich wie ein Gefängnis (und wird eigentlich bei Regenwetter im Urlaub auch als solches empfunden), für Helmut sind die Gitter ein Schutz, er kann sich vor der Menschenmasse zurückziehen und das tun, was er will (lesen).

▶ *Lösung zu Übung 23* individuell

▶ *Lösung zu Übung 24*
Vorschlag: 1. Teil: Klaus hat Freude am Sturm, 2. Teil: Klaus greift sichernd ein, 3. Teil: Klaus stürzt ins Wasser (Unfall?), 4. Teil: Helmut mit Angst und Vorwürfen allein an Bord, 5. Teil: am Ufer/H. gerettet

▶ *Lösung zu Übung 25*
starker Anstieg bis zum Höhepunkt (Klaus fällt ins Wasser), dann rasanter Fall

▶ *Lösung zu Übung 26*
Beispiel/möglicher Ansatz: „Du hast es nicht gewollt. Du hast es doch nicht gewollt! Also bitte. Warum verteidigst du dich dann? Du hast es nicht gewollt. Schluss." (Z. 72–74) = Helmut will sich zunächst selbst beruhigen, im zweiten Satz ruft er sich dann selbst etwas zu, als ob er in diesem Moment die Nerven verliert, danach wird er wieder ruhiger, stellt sich selbst eine Frage, die ihm nochmals verdeutlichen soll, dass er keine Schuld hat. Mit dem elliptischen Satz „Schluss." setzt er dann selbst den Schlusspunkt hinter die Gedanken und versucht nicht mehr über den Unfall nachzudenken.

▶ *Lösung zu Übung 27*
Klaus verwendet nur laute Äußerungen, er ruft, schreit usw. Helmut hält sich hingegen völlig zurück, zumeist denkt er nur und sagt nichts. Nach dem Unfall droht er, zunächst die Kontrolle zu verlieren

und fängt (sinnloserweise) laut an zu rufen. Er gibt dies schnell wieder auf und wird dann ganz still, weil in ihm die Gedanken nagen, ob er an Klaus' Tod mitschuldig ist.

▶ *Lösung zu Übung 28*

Die Personen, die Helmut gefunden haben, sind aktiv. Er selbst ist passiv, zieht sich total zurück.

▶ *Lösung zu Übung 29*

Der vorliegende Textauszug aus der Novelle „Ein fliehendes Pferd" von Martin Walser ist der Anfang der Novelle (S. 11-12), in der die Hauptfigur Helmut im Urlaub eine schwere Existenzkrise durchlebt.

In dem Textauszug wird berichtet, wie sich Helmut und seine Frau Sabine im Urlaub am Bodensee in einem Café an der Uferpromenade niederlassen. Helmut würde eigentlich lieber in der Ferienwohnung lesen und fühlt sich inmitten der vielen Leute unwohl. Er sagt allerdings nichts, sondern lässt sich seinen Unmut nicht anmerken.

Es handelt sich in dieser Textstelle um eine offene Form der Einleitung. Der Leser wird unvermittelt mit in die Handlung gezogen, die Personen Helmut und Sabine werden nicht vorgestellt, sondern der Leser muss sich selbst erschließen, wer diese Figuren sind. Die Szene wird aus der Perspektive eines personalen Erzählers berichtet, der die Gefühle und Gedanken von Helmut wiedergibt.

Helmut ist mit Sabine verheiratet, die beiden haben keine Kinder, sondern lediglich einen Hund. Helmut ist mit seinem Körper unzufrieden, er findet sich dick und leidet unter den Blicken der vielen Touristen („... sah man von ihm wahrscheinlich nichts als Bauch", Z. 18, S. 12). Auch seine Frau empfindet er in dem Moment im Café als unattraktiv („Aufdunsung jedes Fältchens", Z. 22). Eigentlich möchte er nicht im Café sitzen, dennoch passt er sich an, er widerspricht seiner Frau nicht, sondern leidet nur im Inneren („Er hätte zittern können vor Empörung!", Z. 48). Er signalisiert seiner Frau sogar Zufriedenheit, indem er seine Hand auf ihren Arm legt.

Zwischen den Eheleuten findet in der gesamten Szene keinerlei Kommunikation statt. Sie setzt sich mit dem Hund auf einen Caféhausstuhl und fragt Helmut gar nicht, ob ihm der Platz genehm ist. Umgekehrt äußert er auch nicht, dass ihm dieser Platz nicht gefällt, sondern fügt sich schweigend Sabines Wünschen. Sie muss sogar glauben, die richtige Entscheidung getroffen zu haben, da er sie sogar am Arm tätschelt.

Sprachlich wird die Unzufriedenheit Helmuts mit zahlreichen rhetorischen Figuren unterstrichen. So stellt sich Helmut die rhetorische Frage, warum sie schon wieder in ein Café gehen mussten. Auf diese Frage erwartet er keine Antwort, sonst müsste er sie laut aussprechen. Zudem wird deutlich, dass Helmut innerlich wütend auf Sabine ist, dies aber nicht ausspricht. So geht ihm die Drohung bzw. der Ausruf „Wehe dir, Sabine,...!" (Z. 36) durch den Kopf.

Dass Helmuts Unzufriedenheit ihn quält wird besonders im letzten Satz deutlich, in dem er sich vornimmt, dass er morgen mit Sabine reden will. Heute gelingt es ihm noch nicht, dem Urlaubstrott, der seit Jahren gleich ist, zu entfliehen, ob er morgen tatsächlich mit seiner Frau sprechen wird, erscheint dem Leser, so wie er Helmut bisher kennen gelernt hat, fragwürdig.

13. Romane untersuchen und interpretieren

▶ *Lösung zu Übung 1* individuell, hoffentlich: Ja!

▶ *Lösung zu Übung 2*
Mögliche Ansätze. Der Ich-Erzähler wird eine für ihn tragische Geschichte erzählen. Er bezeichnet sich nämlich nun als „seelenkrank". Die Geschichte wird aus der Sicht des Ich-Erzählers beschrieben werden. Sie wird also nicht objektiv sein. Der Ich-Erzähler leidet unter seiner Rolle als erster Menschenklon, vielleicht weil er von vielen bestaunt wird und alle bestimmte Erwartungen an ihn haben. Ihn belastet es offensichtlich, dass er ständig von anderen beobachtet wird wie in einem Forschungslabor.

▶ *Lösung zu Übung 3*
Siri: erster Menschenklon, äußerlich „normal", im Inneren geht es ihr aber nicht gut, bezeichnet sich als seelenkrank, ihre eigene Identität verwirrt sie manchmal. Iris hat MS (tödliche Krankheit), war sehr allein, hat eine Tochter, die ein Klon ist. Offene Fragen: Lebt Iris noch? Wie ist der Klon gezeugt worden? Wie ist das Verhältnis von Mutter und Tochter? Ist Siri legal auf die Welt gekommen? Welche Ursachen hat die Einsamkeit der Mutter?

▶ *Lösung zu Übung 4* individuell

▶ *Lösung zu Übung 5*

An den ersten Absatz (Z. 1–10): Verfasser des Textes, Quelle, Thema des Textes, Vorgeschichte, dann: Gliederung des Textes
1. Sinnabschnitt Z. 11 bis Z. 13
2. Sinnabschnitt bis Z. 17
3. Sinnabschnitt bis Z. 22

▶ *Lösung zu Übung 6*

1. Sinnabschnitt unter Z. 9 = 1. Abschnitt
2. Sinnabschnitt bis Z. 33 „...unser höhnisches Lachen" = 2. Abschnitt
3. Sinnabschnitt bis Z. 44 letzten beiden Abschnitte

▶ *Lösung zu Übung 7*

a) –
b) S. 22: Ich-Erzähler mit Innenperspektive
S. 32: auktorialer Erzähler mit Außenperspektive, Erzähler weiß allerdings ein wenig über die Gefühle der beiden Frauen, deshalb evtl. an einige Stellen personaler Erzähler aus der Sicht von Katharina Sellin
S. 162: auktorialer Erzähler mit Außenperspektive
S. 161: Ich-Erzähler mit Innenperspektive (Wiedergabe von Gedanken)

▶ *Lösung zu Übung 8*

a) Man kann sich sowohl in Siri hineinfühlen, aber auch die äußere Handlung kennen lernen.
b) Der Leser kann das Problem des Menschenklons aus mehreren Perspektiven erfassen und somit multiperspektivisch versuchen zu verstehen.

▶ *Lösung zu Übung 9*

1: blumig-poetisch, 2: pubertär, 3: anklagend, 4: informierend

▶ *Lösung zu Übung 10*

Siri durchläuft ein Wechselbad der Gefühle, sie ist manchmal verständnisvoll, oft aber anklagend und emotional gegen ihre Mutter aufgeladen, diese Gefühlsschwankungen zeigen auch die Komplexität des Themas „Menschenklon"; zudem gibt es Passagen (im auktorialen Erzählstil) in denen im Roman informierend die Handlung berichtet wird, diese spiegeln natürlich nicht Siris Emotionen, sondern sind sachliche Hinweise an den Leser.

▶ *Lösung zu Übung 11*

a) Lebte im 18. Jahrhundert, genial und abscheulich, Genie im Bereich der Gerüche, 17. Juni 1738 geboren, lebte in Paris, Mutter arbeitet an einem stinkenden Fischstand, an dem auch die Wehen einsetzen; fehlend: Welche Taten hat er begangen, was macht ihn zu so einem abscheulichen Menschen?
b) Friedhof, Fischmarkt; Gerüche werden nur negativ eingeführt und mit Begriffen wie Krankenhaus, Tod, fauligen Fischen etc. verbunden, dies löst beim Leser großen Ekel aus.
c) Tod und Geruch werden eng miteinander verbunden, auf dem Friedhof, im Krankenhaus und auch auf dem Fischmarkt findet sich beides. Gerüche werden immer mit ekelhaften Verwesungsgerüchen verbunden.
d) Die Handlung erscheint uns realistischer, wir sind neugieriger, was er für Taten begangen hat.
e) Er ist vermutlich ein Mensch, der bei anderen Abscheu und Ekel hervorruft, er wird eine schwierige Kindheit haben, wenn seine Mutter so wenig Sinneseindrücke wahrnimmt, er wird schreckliche und grausame Taten begehen.

▶ *Lösung zu Übung 12*

Auktorialer Erzähler, überblickt die gesamte Zeit (weiß schon bei der Schilderung der Geburt wie Grenouille sich entwickelt)

▶ *Lösung zu Übung 13*

a) Beispiel: „Zu der Zeit, von der **wir** reden,..."
b) Er lebt in der heutigen Zeit, kennt sich aber in der Geschichte aus, weiß aber auch alles über die Figuren (z.B. dass die Mutter abgestumpft ist).
c) Er lässt ihn schon in den ersten Sätzen in einem ganz negative Licht stehen, der Leser empfindet sofort Abscheu und Ekel.

▶ *Lösung zu Übung 14*

Viele Kinder gingen sehr brutal mit dem armen kleinen Jungen Grenouille um. Sie quälten ihn immer wieder und der Ärmste musste sogar Mordanschläge über sich ergehen lassen, weil die anderen Kinder sich einredeten, von Grenouille würde Gefahr ausgehen. Das unschuldige Kind überlebte die Anschläge immer wie durch ein Wunder.

▶ *Lösung zu Übung 15*

Beispiel: „genialsten und abscheulichsten Gestalten"

▶ *Lösung zu Übung 16*
1. Text: Zeitdehnung, 2. Text: Zeitraffung, 3. Text: Zeitdeckung

▶ *Lösung zu Übung 17*

nach Aussageart bzw. Wirkungsabsicht	**nach Form bzw. Erzählperspektive**	**nach Inhalt / Stoff**
Bildungsroman didaktischer Roman empfindsamer Roman erbaulicher Roman idealistischer Roman satirischer Roman	auktorialer Roman Briefroman Ich-Roman personaler Roman Tagebuchroman	(Anti-) Kriegsroman Detektivroman Entwicklungsroman Abenteuerroman historischer Roman Liebesroman Künstlerroman

▶ *Lösung zu Übung 18*
Historischer Roman, Abenteuerroman, auktorialer Roman, Entwicklungsroman

▶ *Lösung zu Übung 19*
Der vorliegende Textauszug (S. 7f) aus dem Roman „Das Parfum" von Patrick Süskind schildert die Geburt des Protagonisten Grenouille. Seine Mutter gebärt ihn während der Arbeit an einem Marktstand und will ihn schließlich im Abfall sterben lassen.

Den Textauszug kann man in drei Handlungsabschnitte teilen. Im ersten Abschnitt wird die Geburt geschildert. Diese geschieht inmitten des Gestanks des Fischmarktes. Von der Mutter wird sie als lästig und ekelig empfunden. Der Leser erfährt, dass die Mutter bereits vier weitere solcher Geburten hinter sich hat. Für diese Tat wird sie als Kindsmörderin festgenommen und später hingerichtet. Sie hat mit absoluter Emotionslosigkeit die Kinder jeweils mit den Fischabfällen des Tages entsorgt. Eigentlich träumt sie davon, eines Tages noch heiraten zu können und ein bürgerliches Leben zu führen. Am Ende des Abschnitts fällt die Mutter in Ohnmacht, das Neugeborene liegt zwischen den Fischresten.

Im zweiten Sinnabschnitt kommen Helfer zur Mutter, die wissen wollen, was geschehen sei. Die Mutter äußert sich nicht, sondern will Normalität vorspielen.

Im letzten Abschnitt beginnt dann das Neugeborene zu schreien, dies überführt die Mutter. Sie gesteht dann auch vier weitere Kindsmorde und wird verhaftet. In einer Vorausschau sagt der Erzähler, dass sie später hingerichtet wird.

Die Szene ist aus der Sicht eines personalen Erzählers geschrieben, der in die Gefühlslage und Gedanken der Mutter Einblick hat. Zunächst wird die Szene zeitdeckend erzählt, später – beim Nennen der Hinrichtung - wird die Zeit gerafft.

Die Mutter wird in dem Textauszug als ganz kalte, emotionslose Frau beschrieben. Sie empfindet die Geburt als „ekelig" und will sie „so rasch als möglich hinter sich bringen". Der Erzähler erwähnt keinerlei Gefühle von Trauer oder Schuldbewusstsein. Sie geht völlig entwürdigend mit dem Neugeborenen um, indem sie es mit dem Fischmesser abnabelt und im Abfall versteckt, damit es dort stirbt und abends „weggeschaufelt" wird.

Gleichzeitig macht die Beschreibung aber auch deutlich, in welch ärmlichen und erbärmlichen Verhältnissen Grenouilles Mutter lebt. Sie träumt davon, einmal einen Witwer zu heiraten, ein Junggeselle aus der Unterschicht ist für sie wahrscheinlich unerreichbar. Außerdem wird erwähnt, dass sie trotz ihres Alters von Mitte zwanzig noch „fast alle Zähne im Mund" hat, was zeigt, wie schlecht die Gesundheitsversorgung zu der Zeit war.

Sprachlich wird die Emotionslosigkeit der Mutter sehr deutlich, wenn die Neugeborenen als „Ding" bezeichnet werden. Zudem fällt zu Beginn des dritten Sinnabschnitts eine Alliteration („Geschrei, Gerenne") auf, die die plötzlich aufkommende Hektik nach dem Zusammenbrechen der Mutter verdeutlicht.

Auch über Grenouille erfährt der Leser an dieser Stelle schon einiges. Er wird in sehr grausamen Verhältnissen aufwachsen; der Leser vermutet bereits, dass Ammen bzw. Kinderheime zu der Zeit sicherlich wenig Geborgenheit liefern. Außerdem wird deutlich, dass Grenouille sehr zäh ist, sich nicht unterkriegen lässt, sondern sehr viel Kraft hat. Es gelingt ihm, genau im richtigen Moment zu schreien und auf sich inmitten der Fischabfälle aufmerksam zu machen.

Insgesamt kann der Leser diesem Romananfang entnehmen, dass Grenouilles Leben von schwierigen Vorzeichen gekennzeichnet ist. Diese Einleitung deutet zunächst auf die Textsorte des Entwicklungsromans hin.

14. Dramen (Schauspiele) untersuchen und interpretieren

▶ *Lösung zu Übung 1*
Der Text ähnelt eher einem Drehbuch, vorne steht der Name der Person, die dann spricht.

▶ *Lösung zu Übung 2*
Wer ist anwesend? An welchem Ort spielt die Szene? Wie stehen die Personen zueinander? Was tun die Personen?

▶ *Lösung zu Übung 3*
Die Amme Kennedy will ihre Königin Maria beschützen. Der Wächter Paulet will für Elisabeth Beweise und Wertgegenstände sammeln; hinter dem vordergründigen Konflikt zwischen Kennedy und Paulet steht aber der eigentliche Konflikt zwischen Maria und Elisabeth.

▶ *Lösung zu Übung 4*
Bei dem vorliegenden Textauszug handelt es sich um den ersten Auftritt im ersten Aufzug aus dem Drama „Maria Stuart" von Friedrich Schiller. Es streiten sich die Amme der Gefangenen Maria und der Wächter Paulet um die Wertgegenstände der Königin Maria. Kennedy fleht den Wächter an, gnädig mit Maria zu sein. Dieser ignoriert die Bitten der Amme aber.

▶ *Lösung zu Übung 5*
Zunächst beschimpft sie ihn, dann wird sie demütig und appelliert an das Mitleid der Wache.

▶ *Lösung zu Übung 6* individuell

▶ *Lösung zu Übung 7*
Wer befindet sich außer den sprechenden Personen noch auf der Bühne? Wo stehen die Personen in der Szene? Was tun sie? Welche Reaktionen zeigen sie auf das Gesagte? Wann geht eine Person von der Bühne ab?

▶ *Lösung zu Übung 8*
- Marias Anteil ist sehr gering, Elisabeths Anteil ist mit Abstand am größten.
- Frage Elisabeths nach dem Namen des Landsitzes: Sie will so tun, als ahne sie nichts von dem bevorstehenden Treffen mit Maria; Antwort Leicesters: Er will sie nochmals darauf bringen, dass Elisa-

beth gleich Maria trifft; Elisabeth findet einen Vorwand, warum sie in dem Park bleibt. Dann lobt sie sich selbst und betont, wie beliebt sie ist, dies soll Maria einschüchtern; Maria hat Angst vor Elisabeth; Elisabeth wertet Maria ab, indem sie so tut, sie nicht zu erkennen; Leicester will sie nochmals darauf bringen, dass die Frau Maria ist; Elisabeth tut so, als verstehe sie erst jetzt, wer vor ihr steht; Leicester bittet Elisabeth, die Chance wahrzunehmen; Shrewsbury fordert Gnade von Elisabeth; Elisabeth zeigt sich stur.
- Beispiel: Elisabeth fragt, wer die Lady sei; Leicester antwortet mit einer Ortsangabe obwohl er ihr eigentlich sagen will: „Du weißt genau, wer diese Frau ist, weil sie an diesem Ort gefangen gehalten wird.
- Maria ist klar untergeben, sie stützt sich auf und wagt es dann nicht, auf Elisabeth zuzugehen.

▶ *Lösung zu Übung 9* individuell

▶ *Lösung zu Übung 10*
Die Körpersprache Marias spiegelt ihre Angst.
Die Initiative liegt bei Elisabeth, sie lenkt das Gespräch.
Leicester antwortet auf Elisabeths Frage „Wer ist die Lady?" nicht mit dem Namen, weil er genau weiß, dass Elisabeth die Antwort weiß und nur provozieren will.
Elisabeth wahrt Distanz, indem sie sehr überheblich und überlegen auftritt.

▶ *Lösung zu Übung 11*
Er will zwischen Maria und Elisabeth vermitteln, um Maria zu befreien.

▶ *Lösung zu Übung 12*
Abwertend, demütigend und überheblich; so tut sie, als erkenne sie sie nicht und betont ihre eigene Beliebtheit.

▶ *Lösung zu Übung 13*
In dem vorliegenden Textauszug kommt es zum ersten Zusammentreffen der beiden Königinnen Elisabeth und Maria. Elisabeth hat dieses Treffen nicht gewollt, es wurde von ihrem Vertrauten Leicester gegen ihren Willen eingefädelt. Maria erhofft, dass sie im Gespräch um Gnade bitten kann, um nicht zum Tode verurteilt zu werden.

Im ersten Sprechakt fragt Elisabeth, wie der Landsitz heiße, auf dem sie sei. Damit tut sie so, als wisse sie nicht, wo sie ist, sie gibt also vor, noch nichts von dem Treffen zu ahnen. Indem Leicester ihr den Namen des Landsitzes sagt, kündigt er ihr eigentlich auch das Treffen mit Maria an.

Elisabeth reagiert aber auf diese Andeutung nicht, sondern verdeutlicht ihre überlegene Position, indem sie ihre Weisungsbefugnis zeigt und betont, wie sehr sie vom Volk geliebt wird. Damit macht sie deutlich, dass sie eine wahre Königin ist.

Marias Versuch aufzustehen, sich auf Augenhöhe mit Elisabeth zu begeben, scheitert. Elisabeths Einschüchterungsversuche waren also erfolgreich. Maria ist ihr nun sogar von der Körperhaltung her unterlegen.

Elisabeth betont ihre Überlegenheit mit der rhetorischen Frage „Wer ist diese Lady?". Sie weiß bereits genau, wer vor ihr steht. Durch die Scheinfrage gelingt es ihr aber nochmals, Maria zu erniedrigen.

Leicester durchschaut Elisabeths Versuch, ihre Überlegenheit deutlich zu machen und gibt ihr keine direkte Antwort auf die Frage, sondern will Elisabeth mahnen, dass sie sich nicht so überheblich geben soll.

Elisabeth kann nun nicht länger verheimlichen, die Frau zu erkennen, gibt sich aber überrascht, gesteht also nicht ein, dass sie schon lange wusste, wer vor ihr steht. Leicester bittet sie nun, die Situation zu nutzen und gnädig mit Maria umzugehen. Auch Shrewsbury richtet diese Bitte an Elisabeth.

Diese Äußerungen der Männer machen Maria Mut, aufzustehen und auf Elisabeth zuzugehen. Elisabeth geht aber nicht auf Marias Entgegenkommen ein, sondern wendet sich vorwurfsvoll an die beiden Vertrauten und macht ihnen Vorwürfe.

▶ *Lösung zu Übung 14*
Der vorliegende Textauszug ist der Beginn des Ersten Auftritts aus dem Ersten Aufzug aus dem Drama „Maria Stuart" von Friedrich Schiller aus dem Jahre 1801. Die Amme Maria Stuarts, der inhaftierten Königin von Schottland, streitet mit dem Wächter Paulet, da er die Schränke von Maria durchsucht.

Die Szene ist der Anfang der Auftakt des Dramas und beschreibt den Konflikt zwischen der Amme Marias Hanna Kennedy, die möchte, dass die Würde der inhaftierten Königin gewahrt bleibt, während der Wächter, der auf Seiten der Feindin Marias Elisabeth von England steht, möchte alle Habseligkeiten Marias finden.

Vom Kerker aus ist ein Schmuckstück in den Garten geworfen worden, mit dem offenbar der Gärtner bestochen werden sollte. Paulet durchsucht daraufhin Marias Sachen, um festzustellen, ob sie noch weiteren Besitz hat. Er findet französische Schriften des Feindes und weiteren Schmuck, den er gegen den Protest Hannas an sich nimmt.

In dem Dialog fällt besonders das sich verändernde Verhalten der Amme auf. Zunächst befiehlt sie Paulet vom Schrank zurückzutreten (V. 2), sie beschimpft ihn und bezeichnet ihn als „Verwegener" (V. 7). Im Weiteren Verlauf merkt sie dann, dass sie Paulet hilflos ausgeliefert ist und gibt sich nicht mehr autoritär und selbstbewusst, sondern fleht um Gnade („Seid gütig, Sir." V. 24). Sie hat also erkannt, dass Paulet ihr überlegen ist.

Paulet gibt sich im gesamten Dialog selbstbewusst und uneinsichtig, er ist von der Richtigkeit seiner Arbeit überzeugt und gibt seinem Gehilfen Drury Anweisungen. Seine Dominanz zeigt sich auch darin, dass sein Gehilfe nicht zu Wort kommt, sondern nur schweigend seine Befehle ausführt.

Die Szene deutet den grundsätzlichen Konflikt zwischen den Anhängern der Königin Maria und der Elisabeths an. Gleichzeitig kann man in dieser Szene vorausdeutend erkennen, dass Elisabeth in der überlegenen Position ist.

▶ *Lösung zu Übung 15*

In der vorliegenden Szene des Dramas „Der Hauptmann von Köpenick" von Carl Zuckmayer aus dem Jahre 1931 sitzt der Pförtner Killian am Eingang des Köpenicker Rathauses und empfängt verschiedene Gäste, die er auf sehr unterschiedliche Weise behandelt.

Der Stadtschutzmann Killian ist der Pförtner am Rathaus im Berliner Stadtteil Köpenick. Als zunächst zwei Stadträte das Rathaus verlassen und sich mit ihm unterhalten, gibt er sich sehr unterwürfig und dienstbeflissen. Dann kommt eine Wäscherin, also eine sehr einfache Frau, die nicht weiß, wo sie einen Pass beantragen muss. Killian schickt sie sehr unfreundlich weg. Als dann der Bürgermeister und ein Stadtsekretär kommen, ist er wieder sehr eifrig und freundlich.

Betrachtet man die verschiedenen Dialoge des Stadtschutzmanns Killian mit den Bürgern an seiner Pförtnerloge, wird sehr deutlich, dass er die Menschen je nach Herkunft sehr unterschiedlich behandelt. Bei dem Gespräch mit den Stadträten stimmt er bei jeder Antwort nur zu und beendet seinen Satz jeweils mit dem Titel „Herr Stadtrat". Man spürt seine anbiedernde Art und seine Unterwürfigkeit gegenüber den übergeordneten Männern.

Als dann allerdings eine einfache Frau kommt, der Killian gesellschaftlich überlegen ist, gibt er sich völlig anders. Er beleidigt die Frau, ist nicht bereit ihr zu helfen und behandelt sie verachtend („Dumme Gans."). Er spielt seine scheinbar mächtigere Position gegenüber der hilflosen Frau aus.

Als dann der Bürgermeister das Rathaus betritt, springt Killian gleich auf, um beim Ablegen der Schirme zu helfen. Beim Erscheinen der Wäscherin war er nicht aufgestanden. Dies zeigt wiederum seine anbiedernde Art dem Vorgesetzten gegenüber.

Die Figur Killian ist ein Beispiel für die sog. „Radfahrermentalität", jemand der nach oben buckelt und nach unten tritt. Die Kritik am Umgang mit dem Menschen je nach seiner gesellschaftlichen Stellung ist das zentrale Thema des gesamten Dramas von Zuckmayer.

► *Lösung zu Übung 16*

Bei dem vorliegende Textauszug aus dem Drama „Maria Stuart" von Friedrich Schiller handelt es sich um den Anfang des Sechsten Auftritts im Ersten Aufzug. Mortimer, der Neffe der Wache Paulet, kommt überraschend zur gefangenen Maria Stuart, um ihr seine Hilfe anzubieten.

Der Textauszug lässt sich inhaltlich in zwei Teile gliedern. Im ersten Teil (V. 387-407) überreicht Mortimer Maria eine Karte von ihrem Bruder, auf der die Aufforderung steht, Mortimer zu vertrauen. Maria ist erstaunt, weiß nicht, ob sie Mortimer tatsächlich vertrauen kann. Sie ist besorgt, sich vielleicht zu Unrecht Hoffnungen zu machen. Daher fordert sie eine Erklärung von Mortimer. Diese liefert Mortimer dann im zweiten Teil des Auszuges (V. 408-425). Er habe England vor einiger Zeit verlassen, um auch den Kontinent kennen zu lernen. Dort sei er fasziniert gewesen vom katholischen Glauben.

In dem Dialog ist eine ganz deutliche Hierarchie zwischen den beiden Figuren festzustellen. Mortimer wirft sich zunächst auf den

Boden und erniedrigt sich somit vor Maria. Er entschuldigt sich für seinen Onkel und zeigt sich demütig. Maria nimmt die Rolle der erhabenen Königin an, sie gibt Mortimer Befehle („Steht auf ... Redet, Sir"), die dieser annimmt und ausführt. Er bittet sogar um Erlaubnis, sprechen zu dürfen (V. 407). Dies ist bemerkenswert, da Maria nicht die Königin Mortimers ist und eigentlich in der schwächeren Position: Sie ist die Gefangene von Mortimers Onkel. Er zeigt aber schon durch dieses äußere Verhalten, dass Maria mehr für ihn ist, als eine abhängige Gefangene.

Sprachlich fällt in Marias Aussagen auf, dass sie sich zunächst mehrere rhetorische Fragen stellt (V. 390), diese zeigen das Misstrauen und die Zweifel Marias, da sie nicht mit Mortimers Hilfe rechnen konnte. Danach fallen die vielen Imperative in ihrer Sprache auf, sie verdeutlichen, dass Maria sich immer noch als Königin ansieht und sich Mortimer nicht z.B. weinend unterwirft. Sie bewahrt auch in dieser vielleicht lebensentscheidenden Situation ihren Stolz und ihre Haltung.

Mortimer zeigt seine Demut Maria gegenüber, er wirft sich ihr zu Füßen und drängt Maria, sich schnell erklären zu dürfen. Er umschreibt seinen Konfessionswechsel mit zahlreichen sprachlichen Mitteln, so bezeichnet er den protestantischen Glauben abwertend mit der Alliteration „Puritaner dumpfer Predigtstuben" (V. 414), die die Unbeweglichkeit und Weltfremdheit dieser Religion – aus der Sicht Mortimers – betonen. Einen Kontrast bildet sein Bild vom katholischen Glauben, das sich ihm in Rom bietet. Der „Strom der glaubensvollen Menge" (V. 423) reißt ihn mit. Diese Metapher zeigt wie begeisternd und gemeinschaftlich er diesen Glauben erlebt. Dies drückt auch die Alliteration „wimmelten die Wege" (V. 419) aus. Die Begeisterung Mortimers findet ihren Höhepunkt in dem Ausruf in Vers 425, der die Emotionalität nochmals zusammenführt.

Inhaltlich fällt an dieser Stelle allerdings auf, dass Mortimers Begeisterung für den katholischen Glauben sich nur an Äußerlichkeiten und dem Gemeinschaftserlebnis der Wallfahrt festmacht. Dem Zuschauer des Dramas ist an dieser Stelle noch nicht klar, ob Mortimer sich auch inhaltlich mit der katholischen Religion beschäftigt hat. Daher bleibt die Spannung, ob Mortimer es mit seinem Rettungsangebot an Maria ernst meint und dieses tatsächlich in die Tat umgesetzt wird.

16. Literaturverzeichnis

Kapitel 2. Sachtextanalyse I

Lebert, Benjamin: *Crazy*. 11. Auflage. Kiepenheuer & Witsch. Köln 2001. S. 141.

Auszug aus: www.mediendaten.de/relaunch/print/leseverhalten.php von Mediendaten Südwest, c/o Landesanstalt für Kommunikation Baden-Württemberg, Thomas Rathgeb

Walser, Martin: *Warum liest man überhaupt?* Aus: *Über den Leser - soviel man in einem Festzelt sagen soll.* In: literatur konkret. 2. Jg. Neuer Konkret Verlag Hamburg. 1978. Heft 3. S. 59.

Gers, Fredrika: *Bessere Chancen für Individualisten.* In: Spiegel spezial. Computer verändern die Zeit. 3/1997.

Wohmann, Gabriele: *Was hat mich zum Lesen gebracht?* Aus: Leselieben. Hg. v. der Deutschen Lesegesellschaft. Nürnberg 1987. S. 11-12.

Grass, Günter: „Von morgens bis abends mit dem pädagogischen Wahn konfrontiert". Aus: *Einmischung.* Schriftsteller über Schule, Gesellschaft, Literatur. Hg. v. Peter E. Kalb. Beltz Verlag. Weinheim 1983. S. 11-15.

Kapitel 3. Sachtextanalyse II

Rifkin, Jeremy: *Das Ende der Arbeit und ihre Zukunft. Neue Konzepte für das 21. Jahrhundert.* Aktualisierte Neuausgabe. S. Fischer. Frankfurt a. M. 2004. S. 24-25.

Blüm, Norbert: *Mobilzeit.* Aus: *Mobilzeit.* Hrsg. Vom Bundesministerium für Arbeit. Bonn 1998. S. 2f.

Ford, Henry: *Mein Leben und Werk.* List Verlag. Leipzig 1923. S. 120ff.

Kapitel 4. Texte und Bilder einander in Beziehung setzen

Demografischer Wandel. Wir werden älter und wir werden weniger. Heft 1 / 2 - 2007. 33. Jahrgang. S. 5, 43, 21.

Statistiken: auch aus dem Heft s.o. S. 6, 11, 18, 32, 57.

Kapitel 5. Erörterung

Bueb, Bernhard: *Lob der Disziplin.* 5. Auflage. List. München 2006. S. 20-22.

Kapitel 6. Informierende und kommentierende Textarten

Allgemeine Zeitung. Unabhängige Tageszeitung im Wirtschaftsraum Coesfeld seit 1834. Ausgabe vom 10.10.2007. S. 1 (Nachricht und Kommentar)

Kapitel 7. Die Analyse einer Rede

Weiß, Konrad: Rede Aus: Die ZEIT vom 29.10.1992.
Kennedy, John F.: Rede in Berlin. Amerikadienst der Amerikanischen Botschaft in Berlin. Aus: www.berlin.de/rubrik/hauptstadt/geschichte/kennedyrede.html
Kästner, Erich: *Über das Verbrennen von Büchern.* Aus: Ders.: Werke in 9 Bänden, hrsg. v. H. Sarkowicz u. F. J. Görtz. Band „Publizistik", S. 638–646

Kapitel 8. Gedichtanalyse und Gedichtinterpretation

Süß, Peter: *Literarische Fachbegriffe für Schüler. Definitionen und Beispiele*. Manz Verlag. Stuttgart 2003. S. 44.
Rilke, R. M.: *Der Panther.* Aus: *Werke in drei Bänden.* Insel Verlag. Frankfurt a. M. Band 1. S. 261.
Logau, Friedrich von: *Des Krieges Buchstaben.* In: Ders.: *Deutscher Sinn-Getichte Drey Tausen.* Hildesheim 1972. (Nachdruck der Ausgabe Breslau 1654)
Goethe, Johann Wolfgang von: *Auf dem See.* Aus: gutenbergspiegel.de vom 11.4.2008
Hahn, Ulla: *Nie mehr.* Aus: Dies.: *Unerhörte Nähe. Gedichte.* DVA. München
Eichendorff, Joseph v.: *Das zerbrochene Ringlein.* Aus: gutenbergspiegel.de vom 11.4.2008

Kapitel 9. Gedichte vergleichen und interpretieren

Kiwus, Karin: *Angenommen später. Gedichte.* Frankfurt a. M. 1979. (Suhrkamp Taschenbuch) S. 15.
Ausländer, Rose: *Gesammelte Werke in 7 Bänden.* Herausgegeben von Helmut Braun. Band 5. Frankfurt a. M. 1984. S. 21.
Stramm, August: *Krieg.* Aus: Ders.: *Dramen und Gedichte.* Herausgegeben von Rene Radrizzani. Reclam. Stuttgart 1979.
Brecht, Bertolt: Rückkehr. Aus: Ders.: Die Gedichte in einem Band. 9. Auflage. Frankfurt a. M. 1997. (Suhrkamp Verlag) S. 858.
Rathenow, Lutz: *Deutschland.* Aus: Ders.: *Verirrte Sterne.* Gedichte. Merlin. Gifkendorf 1994. S. 28

Zu Kapitel 10. Kurzgeschichten untersuchen und interpretieren

Borchert, Wolfgang: *Das Brot.* Aus: Ders.: *Das Gesamtwerk.* Rowohlt. Reinbek bei Hamburg. 1998. S. 304-306.

Franck, Julia: *Streuselschnecke.* In: Dies.: *Bauchlandung. Geschichten zum Anfassen.* Kiepenheuer & Witsch. Köln 2000. S. 51f.

Berg, Sibylle: *Sex II.* Reclam. Leipzig 1998. S. 89f.

Kumpfmüller, Michael: *Hampels Fluchten.* Kiepenheuer & Witsch. Köln 2000. S. 278-281.

Rathenow, Lutz: *Sisyphos. Erzählungen.* Berlin Vlg. Berlin 1995. S. 62ff.

Zu Kapitel 11. Die Personencharakteristik

Lebert, Benjamin: *Crazy.* 11. Auflage. Kiepenheuer & Witsch. Köln 2001. S. 27.

Brussig, Thomas: *Am kürzeren Ende der Sonneallee. S. Fischer.* Berlin 1999. S. 33-36.

Süskind, Patrick: *Das Parfum. Die Geschichte eines Mörders.* Diogenes. Zürich 1994. S. 66-67.

Zu Kapitel 12. Novellen untersuchen und interpretieren

Definition Novelle aus: Süß, Peter: *Literarische Fachbegriff für Schüler. Definitionen und Beispiele.* Manz. Stuttgart 2003. S. 80.

Inhaltsangabe zu Droste-Hülshoff, Annette v.: *Die Judenbuche. Ein Sittengemälde aus dem gebirgichten Westfalen.* Hrsg. und mit Anmerkungen versehen von Johannes Diekhans und Doris Hönes. Schöningh-Verlag. Paderborn 1998. (= Einfach Deutsch.)

Droste-Hülshoff, Annette v.: *Die Judenbuche. Ein Sittengemälde aus dem gebirgichten Westfalen.* Aus: gutenbergspiegel.de

Nordmann, Elmar: *Erläuterungen zu Martin Walser. Ein fliehendes Pferd.* Hollfeld 2003. (= Königs Erläuterungen und Materialien. Bd. 376.) S. 32–34 und S. 40.

Walser, Martin: *Ein fliehendes Pferd.* Tübingen 2002. S. 11 f. und 79–83 (= Suhrkamp BasisBibliothek. 35.)

Zu Kapitel 13. Romane untersuchen und interpretieren

Kerner, Charlotte: *Blueprint. Blaupause.* Beltz. Weinheim 1999. S. 11 f., 22, 28, 32, 35, 39, 113, 115 und S. 161 f.

Süskind, Patrick: *Das Parfum. Die Geschichte eines Mörders.* Diogenes. Zürich 1994. S. 7 ff., 30, 103 und S. 134 -136

Zu Kapitel 14. Dramen (Schauspiele) untersuchen und interpretieren

Goethe, Johann W. v.: *Faust. Der Tragödie erster Teil.* Reclam Universal-Bibliothek 1. V. 2605-2610.

Schiller, Friedrich: *Maria Stuart. Ein Trauerspiel.* (= 12. Hamburger Leseheft)

Zuckmayer, Carl: *Der Hauptmann von Köpenick.* 72. Auflage. S. Fischer. Frankfurt a. M. 2004. S. 113-115.